高等职业教育财经商贸类专业基础课系列教材

会计基础与实务
（第2版）

刘　维　杨立艳◎主编

张奕奕　黄圳林　吕　雪◎副主编

清华大学出版社
北京

内 容 简 介

本书包括基础理论篇和实务篇两大部分。基础理论篇着重介绍了会计与会计职业、会计要素与会计等式、会计科目与账户和借贷记账法相关知识,通过这些基础理论带读者步入会计的知识殿堂。实务篇首先介绍了企业应该核算的经济业务有哪些,其次按照企业账务处理的顺序,依次介绍了填制和审核会计凭证、设置和登记会计账簿、运用账务处理程序、财产清查和处理财务报告业务,完整地呈现了企业财务核算工作的全过程。本书包含新版会计准则、报表格式,融入课程思政目标,每个项目均有案例导入和项目训练,着重于理论知识的巩固和职业能力的培养。

本书是广东省高水平专业群建设(大数据与审计专业群)系列成果之一,适用于高等职业院校财务会计类专业基础会计课程教学,也适合会计成人教育、会计在职教育,以及有意向从事会计工作的初学者自学使用。

图书在版编目(CIP)数据

会计基础与实务/刘维,杨立艳主编.—2版.—北京:清华大学出版社,2022.5(2024.10重印)
高等职业教育财经商贸类专业基础课系列教材
ISBN 978-7-302-60468-6

Ⅰ.①会…　Ⅱ.①刘…②杨…　Ⅲ.①会计学－高等职业教育－教材　Ⅳ.①F230

中国版本图书馆 CIP 数据核字(2022)第 051423 号

责任编辑:强　溦　刘士平
封面设计:傅瑞学
责任校对:刘　静
责任印制:丛怀宇

出版发行:清华大学出版社
　　　　　网　　　址:https://www.tup.com.cn,https://www.wqxuetang.com
　　　　　地　　　址:北京清华大学学研大厦 A 座　　　　　邮　　编:100084
　　　　　社 总 机:010-83470000　　　　　　　　　　　邮　　购:010-62786544
　　　　　投稿与读者服务:010-62776969,c-service@tup.tsinghua.edu.cn
　　　　　质量反馈:010-62772015,zhiliang@tup.tsinghua.edu.cn
　　　　　课件下载:https://www.tup.com.cn,010-83470410
印 装 者:三河市铭诚印务有限公司
经　　销:全国新华书店
开　　本:185mm×260mm　　　印　张:17.25　　　字　数:396 千字
版　　次:2018 年 3 月第 1 版　　2022 年 5 月第 2 版　　印　次:2024 年 10 月第 3 次印刷
定　　价:49.00 元

产品编号:095475-01

前　言

随着科技进步和经济转型，我国高等职业教育的人才培养目标向培养创新型人才迈进，课程设计需要兼顾职业知识、职业道德和职业能力的培养，突出解决问题的能力和创新能力，以便更好地适应企业的发展。

本书紧扣新版收入准则、金融准则、会计准则，使用新报表格式，并在第 1 版的基础上，与时俱进地更新了相关知识和内容，在全书的编排上，理论知识与实务并重。 本书适用于高等职业院校财务会计类专业基础会计课程教学，也适合会计成人教育、会计在职教育，以及有意向从事会计工作的初学者自学使用。 本书的特点如下。

1. 产学研结合，基于工作过程组织教材内容

本书在开发过程中，积极参加企业调研，根据企业会计工作过程、工作步骤组织和安排教材内容，将会计技能、理论知识融于会计工作的实际，打破了以理论知识为核心、以会计核算方法为主线的教学内容体系，实现了产学研结合。

2.“教、学、做”一体，提高解决问题的能力

本书包含典型的工作任务，针对每个任务安排任务描述模块，用于明确每个任务的学习目的。 每个项目后都有项目训练，用于知识的巩固和职业能力的培养。 本书的整体安排实现了“教、学、做”一体，有利于提高学习者分析问题、解决问题的能力。

3. 岗课证融合，突出职业能力培养

本书内容与初级会计考试大纲对接，将考试的知识内容、技能要求融入其中，每个项目都精心安排了与理论知识相对应的案例、工作任务和项目训练。 在整个学习过程中，学习者带着疑问进入知识殿堂寻找答案，变被动学习为主动学习，并学以致用。 通过案例讨论和案例分析，培养团队意识、敬业精神及职业道德；通过项目训练及时发现学习中存在的问题，帮助学习者巩固强化，提高职业能力，为今后的学习和工作奠定坚实的基础。

本书由刘维、杨立艳担任主编，张奕奕、黄圳林、吕雪担任副主

编，欧昌惠、舒文芳、骆佳佳参编。 各项目编写分工如下：项目一和项目二由杨立艳（广东农工商职业技术学院）编写，项目三和项目四由张奕奕（广东农工商职业技术学院）编写，项目五由欧昌惠（广东农工商职业技术学院）编写，项目六由刘维（深圳市宝安区人民医院）编写，项目七由吕雪（广东农工商职业技术学院）编写，项目八由舒文芳（广东农工商职业技术学院）编写，项目九由骆佳佳（广东农工商职业技术学院）编写，项目十由黄圳林（深圳市中西医结合医院）编写。 全书由刘维、杨立艳负责修改、总纂和定稿。

由于编者水平有限，书中如有不足之处敬请读者不吝赐教，以便通过修订进一步加以完善。

编 者

2022 年 1 月

目 录

上篇　基础理论篇

下篇　实　务　篇

V

VII

上　篇
基础理论篇

上　篇

基础理论篇

项目一　认识会计与会计职业

知识目标

1. 了解会计的概念和目标
2. 熟悉会计的职能与方法
3. 掌握会计基本假设与会计基础
4. 了解会计信息使用者及质量要求
5. 熟悉会计准则体系

技能目标

1. 能初步了解会计基础知识
2. 能制定会计知识学习计划
3. 能对会计职业进行初步规划

课程思政目标

1. 能够了解会计职业及职业发展
2. 能够具有法治意识,遵循法治原则
3. 具备会计职业道德,具有爱岗敬业的精神

案例导入

王华、李小东是广东一所高等职业院校的会计专业大一学生。在入学教育期间,老师布置了一项调查任务,让同学们到人才市场调研从事会计工作需要具备什么条件,然后做出个人的会计职业生涯规划。2020年12月5日,王华和李小东参加了某市人才市场招聘会,他们在一家招聘单位了解到如下情况。

该企业是一家玻璃制品有限责任公司,注册资金2 000万元,是增值税一般纳税人,主要生产特种彩色玻璃和普通白色玻璃。筹建期已经结束,准备于2021年1月开始生产。该公司欲招聘出纳1名,成本会计1名,会计主管1名。招聘条件是各岗位会计人员必须具有会计专业知识,成本会计和会计主管还须熟悉岗位职责,有企业相关工作经历。王华、李小东作为刚入学的会计专业的学生,对该企业这样的招聘条件有些疑问。

问题：

（1）会计人员的工作职责是什么？

（2）招聘企业为什么这样规定？你认为合理吗？

任务一　认识会计

任务描述

本任务主要介绍会计的基本概念和基础理论知识，是会计基础课程的入门内容。本任务内容包括会计的概念与特征、会计对象、会计目标、会计职能、会计基本假设、会计基础和会计信息的质量要求。

一、会计的概念与特征

（一）会计的概念

会计是以货币作为主要计量单位，运用一系列专门的方法，对特定主体的经济活动进行全面、综合、连续、系统的核算和监督，并向有关方面提供会计信息的一种经济管理活动。

会计是社会经济发展到一定阶段的产物，经济的发展推动了会计的发展。会计经历了一个由简单到复杂、由低级到高级的发展过程。生产离不开管理，管理离不开会计；经济发展水平越高，会计便越重要。

"会计"一词在现实生活中至少包括三种含义：其一是指从事会计工作的人，如张会计、李会计等；其二是指会计工作，如张会计从事的是会计工作；其三是指以会计工作或会计活动为研究对象的学科，也就是会计学，如刘老师是教会计的教师。本任务中的会计无特殊说明的，通常指会计工作。

（二）会计的基本特征

与企业其他管理活动相比，会计具有以下五个方面的基本特征。

1. 会计的本质是一种经济管理活动

会计的本质是一种经济管理活动，属于管理的范畴，其基本职能是核算和监督，为企业内部管理者、投资者、政府部门、债权人、职工等提供及时、真实可靠的财务信息。

2. 会计是一个经济信息系统

会计是一个以提供财务信息为主的经济信息系统，具体由凭证组织、账簿组织、报表体系、记账方法和账务处理程序等组成，按照规定的会计制度、法规、方法和程序，完成对价值运动中所产生的数据的收集、加工、存储和传输，形成有助于信息使用者决策的会计信息。

3. 会计以货币为主要计量单位

对任何一种经济活动的核算和记录,都必须应用一定的计量单位,否则就无法进行数量反映。人们经常采用的计量单位主要有三种:实物量度(如千克、米、件等)、劳动量度(如工作日、工时等)和货币量度(元、角、分)。这些计量单位,由于衡量的基础不同,分别应用在不同的方面。

实物量度是为了核算各种不同物资的实物数量而采用的,它对于提供经营管理上所需的实物指标,保护各种物资的安全和完整具有重要意义。但是,实物量度有一定的局限性,它只能用于计量同一种类的物资,而不能用于计量各种不同种类的物资,更无法用于综合反映各种不同的经济活动。

劳动量度是为了核算企业经营活动中消耗的劳动者工作时间的数量而采用的一种计量单位,应用劳动量度可以具体确定某一工作过程的劳动耗费,这在商品经济条件下是非常必要且具有特定作用的。但是,由于价值规律是商品经济下的基本经济规律,社会再生产过程中所消耗的劳动量,还不能广泛利用劳动量度来进行记录和计算,仍需要间接地利用价值形式进行计算,即必须借助于价值形式才能把各种经济性质相同或不同的生产经营业务加以综合,以求得经营管理所必需的资产、负债、成本、利润等这样一些综合性的经济指标,总括反映各个单位错综复杂的经济活动过程及结果。

货币是商品的一般等价物,具有价值尺度的功能。以货币作为统一的计量单位来进行核算是会计的一个重要特点。尽管实物量度和劳动量度也要经常应用,但会计上的主要计量单位还是货币。

4. 会计具有核算和监督两项基本职能

会计的基本职能是对某一单位的经济活动进行核算和监督。会计核算是以货币为主要计量单位,通过会计确认、计量、记录、报告四个环节,运用一系列专门的方法为信息需求者提供信息的功能。会计监督职能是通过对特定主体的经济活动的合法性和合理性进行监督。会计监督就是通过预测、决策、控制、分析、考评等具体方法,促使经济活动按照规定运行,以达到预期的目的。

5. 会计工作需要一系列专门的方法

为了反映和监督会计对象,会计工作需要一系列专门的方法来实现会计目标,这一系列方法包括会计核算方法、会计分析方法和会计检查方法。其中会计核算方法是会计方法中最基本的方法,也是会计从业入门阶段的学习重点,会计分析方法和会计检查方法主要是在会计核算方法的基础上,利用提供的会计资料进行分析和检查,这些方法共同构成了完整的会计方法体系。

(三)会计的发展历史

会计是适应社会生产实践和经济管理的客观需要而产生的,并随着社会生产的发展而发展,它的产生和发展经历了漫长的历史时期。

人类的生存与社会的发展,有赖于物质资料的生产,而在物质资料的生产过程中,又必然发生人力、物力、财力的消耗。所以在生产实践中,人们为了尽量减少生产消耗,创造尽可能多的物质资料,就要对生产过程中的各种经济现象从数量方面记录下来,以所获得的信息去指导与管理生产,从而促进生产的不断发展。会计的发展可以分为古代会计、近代会计和现代会计三个阶段。

1. 古代会计

在原始社会,由于生产过程比较简单,生产力水平非常低下,因此,人们对生产的耗费与成果是通过头脑的记忆或一定方式记载的,如刻契计量、结绳记事等。通常把这种原始的计算与记录方法称为会计的萌芽。会计产生后,最初只是"生产职能的附带部分",会计还不是一项独立的工作。随着生产的发展、剩余产品的出现,简单的记录与计算行为,已无法满足管理的需要,于是会计就逐渐"从生产职能中分离出来,成为特殊的、专门委托当事人的独立的职能",专职会计就应运而生了。随着专职会计的产生,记账技术也相应得到了发展,特别是文字和货币产生以后,生产过程便逐渐过渡到用货币形式来计量和记录,为簿记的形成奠定了基础。

在我国,会计的发展具有悠久的历史。"会计"一词最早出现在奴隶社会的西周时期。"零星算之为计,总合算之为会"是对会计的解释。西周王朝为记录钱粮赋税情况,设立了"司书""司会"等专门从事会计工作的官吏。"司书"是记账的,主要对财务收支进行登记;"司会"是进行会计监督的。

到了封建社会,生产日益社会化,商品经济有了发展,会计的地位与技术也发生了很大的变化。两汉时期的"簿书",南北朝的"账簿"等会计账册,都相继出现。特别是唐宋时期,工商业日益发达,贸易十分活跃,经济空前繁荣,使会计的发展有了良好的社会条件。由"日记账"和"总清账"相结合的账簿体系已经形成,建立了每年一次编制"计册",即会计报表的制度等。比较典型的是宋朝初期,已逐步形成了一套记账、算账的古代会计结算法,即"四柱结算法",也称"四柱清册"。所谓"四柱"是指旧管(相当于"上期结存")、新收(相当于"本期收入")、开除(相当于"本期支出")、实在(相当于"本期结存")四个部分。"四柱结算法"把一定时期内财务收支记录,通过"旧管+新收=开除+实在"(即上期结存+本期收入=本期支出+本期结存)这一平衡公式,既可以检查日常记账的正确性,又可以系统、全面和综合地反映经济活动的全貌。这是我国古代会计的一项杰出成就,即使在现代会计中,人们仍然运用这一平衡关系。

明末清初,随着手工业、商业的进一步发展和资本主义萌芽的出现,我国商人设计了"龙门账",用于计算盈亏。把全部账目分为"进"(相当于各项收入)、"缴"(相当于各项支出)、"存"(相当于各项资产)、"该"(相当于资本、负债)四类,运用"进-缴=存-该"的平衡公式计算盈亏,并设置总账进行"分类记录",开始复式记账。

2. 近代会计

近代会计从单一记账法过渡到复式记账法,复式记账法的出现是近代会计形成的标志,在这一发展阶段,有两个重要的标志性事件,被称为近代会计发展史上的两个里程碑。

在国外,从 12 世纪到 15 世纪,地中海沿岸部分城市的商业和手工业发展很快,呈现出资本主义的萌芽状态。当时,意大利威尼斯出现了借贷资本家,对银行账簿的记录采用了借贷复式记账法。1494 年,意大利数学家卢卡·帕乔利(Luca Pacioli)发表了《算术、几何、比及比例概要》一书,系统地阐述了借贷记账法的原理及其应用,这是近代会计发展的第一个里程碑,标志着近代会计的开始,卢卡·帕乔利也被称为“近代会计学之父”。

随着 18 世纪末和 19 世纪初工业革命的发展,出现了股份有限公司这种经营形式,对会计提出了更高的要求,会计工作不仅仅限于核算,还发展到了需要接受外界的监督,所以 1854 年在英国成立了世界上第一个会计师协会——爱丁堡会计师公会,这被认为是近代会计发展的第二个里程碑。

3. 现代会计

现代会计一般认为是从 20 世纪 50 年代开始至今,其主要标志如下。

第一,电子技术与会计的结合。电子计算机逐渐代替传统手工操作,使会计在操作方法上有了根本的变化。

第二,生产力水平和管理科学的发展。会计理论和方法随着企业内部和外部对会计信息的不同要求而分化,现代会计按服务对象不同,主要分为财务会计与管理会计。财务会计和管理会计基本形成了各自的理论体系及相应的程序和方法。

中华人民共和国成立之后,我国实行高度集中的计划经济体制,引进了与此相适应的苏联计划经济会计模式,对旧的会计制度与方法进行改造与革新。改革开放以后,为适应社会主义市场经济发展的需要,财政部先后制定了分行业的会计制度,强化了对会计工作的组织和指导。1985 年,全国人民代表大会常务委员会颁布《中华人民共和国会计法》(以下简称《会计法》),以法律形式规范了会计行为。《会计法》历经一次修订两次修正,在规范会计行为、提高会计信息质量、维护市场经济秩序、推进法治社会建设中发挥了十分重要的作用。其中,1993 年对《会计法》进行了第一次修正,1999 年进行了修订,2017 年进行了第二次修正。1992 年 11 月,财政部公布了《企业会计准则》和《企业财务通则》,自 1993 年 7 月 1 日起执行。“两则”的实施,表明了我国在会计法规体系、宏观会计管理模式等方面做出了大幅度的改革,并逐步与国际会计惯例接轨。2006 年 2 月,财政部对《企业会计准则》又进行了全面的修订和完善,使我国的会计理论和实务都迈入了国际化的轨道。自 2011 年以来,国际会计准则理事会先后发布、修订了公允价值计量、合并财务报表等一系列准则,发起了国际财务报告准则的新一轮变革。为保持我国会计准则与国际财务报告准则的持续趋同,财政部在 2012 年发布了一系列准则征求意见稿后,于 2014 年正式修订了五项、新增了三项企业会计准则,发布了一项准则解释,并修改了《企业会计准则——基本准则》中关于公允价值计量的表述。2017 年至 2020 年会计准则主要变化如表 1-1 所示。

7

表 1-1 2017 年至 2020 年会计准则主要变化一览表

序号	年 份	变化的会计准则	施 行 日
1	2017 年	修订 《企业会计准则第 14 号——收入》	1. 在境内外同时上市的企业以及在境外上市并采用国际财务报告准则或企业会计准则编制财务报表的企业,自 2018 年 1 月 1 日起执行新收入准则; 2. 其他在境内上市的企业,要求自 2020 年 1 月 1 日起执行新收入准则; 3. 执行企业会计准则的非上市企业,要求自 2021 年 1 月 1 日起执行新收入准则
		修订 《企业会计准则第 22 号——金融工具确认和计量》 《企业会计准则第 23 号——金融资产转移》 《企业会计准则第 24 号——套期会计》 《企业会计准则第 37 号——金融工具列报》	1. 在境内外同时上市的企业以及在境外上市并采用国际财务报告准则或企业会计准则编制财务报表的企业,自 2019 年 1 月 1 日起施行; 2. 其他境内上市企业,自 2019 年 1 月 1 日起施行; 3. 执行企业会计准则的非上市企业,自 2021 年 1 月 1 日起施行
		修订 《企业会计准则第 16 号——政府补助》	本准则自 2017 年 6 月 12 日起施行
		新增 《企业会计准则第 42 号——持有待售的非流动资产、处置组和终止经营》	本准则自 2017 年 5 月 28 日起施行
2	2018 年	修订 《企业会计准则第 21 号——租赁》	1. 在境内外同时上市的企业以及在境外上市并采用国际财务报告准则或企业会计准则编制财务报表的企业,自 2018 年 1 月 1 日起施行; 2. 其他执行会计准则的企业,包括境内上市企业,自 2021 年 1 月 1 日起施行
3	2019 年	修订 《企业会计准则第 7 号——非货币资产交换》	与新收入和新金融准则同步实施
		修订 《企业会计准则第 12 号——债务重组》	与新收入和新金融准则同步实施
4	2020 年	修订 《企业会计准则第 25 号——保险合同》	本准则自 2023 年 1 月 1 日起施行

二、会计对象和会计目标

(一) 会计对象

会计对象是指会计核算和监督的内容,具体来讲就是能用货币表现的经济活动,通常又称为价值运动或资金运动。前已述及,会计需要以货币为主要计量单位,对特定主体的经济活动进行核算与监督。也就是说,凡是特定主体能够以货币表现的经济活动,都是会计核算和监督的内容,即会计对象。

资金运动包括特定对象的资金投入、资金运用(即资金的循环与周转)、资金退出等过程,而具体到企业、行政单位、事业单位又有较大的差异,即同样是企业,工业、商业、建筑业、金融业等也均有各自资金运动的特点,其中工业企业最具代表性。下面以工业企业为例,说明企业会计的具体对象。

工业企业是从事工业产品生产和销售的营利性经济组织。为了从事产品的生产和销售活动,企业必须拥有一定数量的资金,用于建造厂房、购买机器设备、采购原材料、支付职工工资、支付经营管理费中必要的开支等,生产出的产品经过销售后,收回的货款还要补偿生产中的垫付资金、偿还有关债务、上缴有关税金等。由此可见,工业企业的资金运动表现为资金的投入、资金的循环与周转(包括供应过程、生产过程和销售过程三个阶段)、资金的退出三部分,既有一定时期内的显著运动状态(表现为收入、费用、利润等),又有一定时点的相对静止状态(表现为资产、负债和所有者权益),如图 1-1 所示。

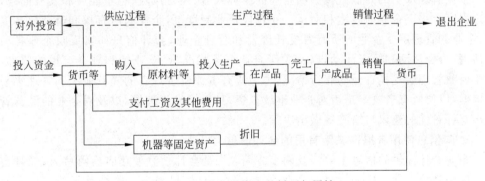

图 1-1　工业企业资金的循环与周转

资金的投入包括企业所有者投入的资金和债权人投入的资金两部分,前者属于企业所有者权益,后者属于企业债权人权益——企业负债。投入企业的资金一部分构成流动资产,另一部分构成非流动资产。

资金的循环与周转分为供应过程、生产过程和销售过程三个阶段。在供应过程中,企业要购买原材料等劳动对象,发生材料买价、运输费、装卸费等材料采购成本,与供应单位发生货款结算关系。在生产过程中,劳动者借助于劳动手段将劳动对象加工成特定的产品,发生材料消耗的材料费、固定资产磨损的折旧费、生产工人劳动耗费的人工费等,构成产品使用价值和价值的统一体,同时还会发生企业与工人之间的工资结算关系、与有关单位之间的债务结算关系等。在销售过程中,将生产的产品销售出去,发生有关销售费用、收回货款、缴纳税金等业务活动,并同购货单位发生货款结算关系、同税务机关发生税务结算关系等。企业获得的销售收入,扣除各项费用后的利润,还要提取盈余公积金,并向所有者分配利润。

资金的退出包括偿还各项债务、上缴各项税金、向所有者分配利润等,这部分资金离开本企业,退出本企业的资金循环与周转。

上述资金运动的三个阶段,构成了开放式的运动形式,是相互支撑、相互制约的统一体。没有资金的投入,就不会有资金的循环与周转;没有资金的循环与周转,就不会有债务的偿还、税金的上缴和利润的分配等;没有这类资金的退出,就不会有新一轮的资金投入,也不会有企业进一步的发展。

(二)会计目标

会计目标是指在一定的历史条件下,人们通过会计所要实现的目的或达到的最终结果。会计目标是会计工作的内在规定性,它决定会计活动的方向。2006年财政部颁布的《基本会计准则》第四条明确规定了会计的目标是向财务会计报告使用者提供与企业财务状况、经营成果、现金流量等有关的会计信息,反映企业管理层受托责任的履行情况,有助于财务会计报告使用者作出经济决策。概括地讲,会计的目标包括了反映企业管理层受托责任的履行情况和向信息使用者提供决策有用的会计信息两个方面,同时,企业提供的会计信息要满足会计信息的质量要求。

1. 反映企业管理层受托责任的履行情况

企业管理水平的高低直接影响企业的经济效益、经营风险、竞争能力和发展前景,在一定程度上决定企业的前途和命运。在现代企业制度下,企业的所有权和经营权高度分离,企业的管理层受企业的所有者受托经营和管理企业,会计信息如实反映企业各项经营活动、投资活动和筹资活动,以及关于企业财务状况、经营业绩和现金流量的信息,有助于反映管理层受托责任的履行情况,也为所有者评价管理者的经营业绩和管理水平提供依据,以便所有者决定是否对企业继续投资,是否更换管理层,以及对企业的经营管理提出有针对性的建议与措施等做出决策。

2. 向信息使用者提供决策有用的会计信息

企业会计提供的信息主要涉及两个方面:一是会计信息使用者有哪些人;二是会计信息使用者需要什么样的信息。企业会计通过以财务报表为主的会计报告对信息使用者提供信息。

会计的目标是会计管理运行的出发点和最终要求。会计的目标决定和制约着会计管理活动的方向,在会计理论结构中处于最高层次;同时在会计实践活动中,会计目标又决定着会计管理活动的方向。随着社会生产力水平的提高,科学技术的进步,管理水平的改进及人们对会计认识的深化,会计目标会逐渐随着社会经济环境的变化而变化。

10

三、会计的职能与方法

(一)会计的职能

会计职能是指会计在经济管理中所具有的功能。正确认识会计的职能,对于正确提出会计工作应担负的任务,确定会计人员的职责和权限,充分发挥会计工作应有的作用,都有非常重要的意义。《会计法》对会计的基本职能表述为会计核算和会计监督。

1. 会计的核算职能

会计的核算职能是会计最基本的职能,也称反映职能。它是指以货币为主要计量单位,对特定主体的经济活动进行确认、计量、记录和报告,为有关各方提供会计信息。会计核算的内容具体表现为生产经营过程中的各种经济业务,包括:①款项和有价证券的收付;②财物的收发、增减和使用;③债权、债务的发生和结算;④资本、基金的增减和经费的收支;⑤收入、费用和成本的计算;⑥财务成果的计算和处理;⑦其他需要办理会计手续、进行会计核算的事项。会计核算的要求是真实、准确、完整和及时。

确认是运用特定的会计方法、以文字和金额同时描述某一交易或事项,使其金额反映在特定主体财务报表的合计数中的会计程序。确认分为初始确认和后续确认。

计量是确定会计确认中用以描述某一交易或事项的金额的会计程序。确认和计量贯穿于会计核算的始终。

记录是指对特定主体的经济活动采用一定的记账方法、在账簿中进行登记的会计程序。

报告是指在确认、计量、记录的基础上,对特定主体的财务状况、经营成果和现金流量情况(行政和事业单位是对其经费收入、经费支出、经费结余及财务状况),以财务报表的形式向有关方面报告。

2. 会计的监督职能

会计的监督职能又称控制职能,是指对特定会计主体经济活动和相关会计核算的合法性、合理性进行审查,即以一定的标准和要求利用会计所提供的信息对各单位的经济活动进行有效的指导、控制和调节,以达到预期的目的。会计监督的内容包括:①监督经济业务的真实性;②监督财务收支的合法性;③监督公共财产的完整性。会计监督是一个过程,它分为事前监督、事中监督和事后监督。

会计监督职能要求会计人员在进行会计核算的同时,也要对特定主体经济业务的合法性、合理性进行审查。合法性审查是指保证各项经济业务符合国家法律、法规,遵守财经纪律,执行国家有关方针政策,杜绝违法乱纪行为;合理性审查是指检查各项财务收支是否符合特定主体的财务收支计划,是否有利于预算目标的实现,是否有奢侈浪费行为,是否有违背内部控制制度要求的现象,为增收节支、提高经济效益严格把关。

3. 会计核算职能和会计监督职能的关系

会计核算职能和会计监督职能是相辅相成、辩证统一的关系。会计核算是会计监督的基础,没有核算所提供的各种信息,监督就失去了依据;而会计监督又是会计核算质量的保障,只有核算,没有监督,就难以保证核算所提供信息的真实性和可靠性。

4. 会计拓展职能

会计作为管理经济的一种活动,它的职能随着会计的发展而发展。理论界认为,会计除了基本的核算、监督职能外,还有预测经济前景、参与经济决策、计划组织,以及评价经营业绩等职能。

（二）会计方法

会计方法是用来核算和监督会计内容,实现会计目标的手段。会计方法包括会计核算方法、会计分析方法、会计检查方法等。会计核算是会计的基本环节,会计分析、会计预测、决策等都是在会计核算的基础上,利用会计核算资料进行的。本书主要介绍会计核算方法,这是初学者必须掌握的基本方法。

会计核算方法一般包括设置会计科目和账户、复式记账、填制和审核会计凭证、登记账簿、成本计算、财产清查、编制会计报表这七种专门方法。其中,复式记账是会计核算方法的核心。在实际运用中,它们相互配合、相互衔接,形成一个完整的会计核算方法体系。

1. 设置会计科目与账户

设置会计科目与账户是对会计对象的具体内容,按其不同特点以及管理需要的不同分类核算与监督的一种专门方法。会计对象的内容是多种多样的,如财产物资就有各种存在的形态,包括厂房建筑物、机器设备、各种材料、半成品等,他们在生产中各有作用,管理的要求也不同,而企业取得的这些财产物资所需的经营资金又来自不同的渠道,有银行贷款、投资者投入等。为了获得有用的会计信息,必须对各自不同的内容分类、归纳,并以账户的形式出现,分门别类地进行计量与记录。

2. 复式记账

复式记账是对每一项经济业务都要以相等的金额在两个或两个以上相互联系的账户中进行登记的一种记账方法。在现实生活中,任何一项经济业务的发生都有其来龙去脉,如企业银行存款支出的 1 000 元是何去向,是购买材料,还是提取现金备用。采用复式记账方法就是对发生的任何一项经济业务,既要在有关账户中登记其资金来源,又要在有关账户中登记其去向。只有这样才能相互联系地反映经济业务的全貌,并通过试算平衡,检查账簿记录的正确性。

3. 填制和审核会计凭证

会计凭证简称凭证,是记录经济业务、明确经济责任的书面证明,是登记账簿的依据。填制和审核会计凭证是会计核算的专门方法之一。任何单位对已经发生或已经完成的经济业务,都应由经办人或有关部门填制原始凭证,并签名盖章,并且所有原始凭证都必须经过会计机构和会计人员的审核。只有经审核无误的会计凭证,才能作为记账的依据。填制和审核会计凭证不仅为经济管理提供真实可靠的数据资料,也为实施会计监督提供重要的依据。

4. 登记账簿

账簿是由具有一定格式又相互联结的账页组成的簿籍。登记账簿就是根据审核无误的会计凭证,运用复式记账法在账簿中全面、连续、系统地记录经济业务的一种专门方法。通过登记账簿可以将分散的经济业务进行汇总,连续系统地提供每一类经济活动的完整的数据资料,为提供会计信息打下基础。

5. 成本计算

成本计算是指在生产经营过程中,按照一定对象归集和分配发生的各种费用支出,以确定该对象的总成本和单位成本的一种专门方法。通过成本计算,可以确定材料的采购成本、产品的生产成本和销售成本,可以反映和监督生产经营过程中发生的各项费用是否节约或超支,并据以确定企业经营的盈亏。

6. 财产清查

财产清查是指通过盘点实物、核对账目,查明各项财产物资、货币资金的实有数的一种专门方法。具体做法是将实物盘点的结果与账面结存相核对,将企业的债权、债务逐笔与其对方核对,如果发现账实不符,应立即查明原因,确定责任该由谁负,并调整账面余额,做到账实相符,以保证会计核算资料的正确性和真实性。

7. 编制会计报表

会计报表是根据账簿记录,按照规定的表格,主要运用数字形式,定期编制的总结报告。通过编制会计报表,能对分散在账簿中的日常核算资料进行综合、分析和加工整理,提供全面反映经济活动所需要的有用信息。同时,基层单位会计报表经逐级汇总后,又可以为国家宏观调控提供依据。

上述各种会计核算方法相互联系、密切配合,构成了一个完整的方法体系。在会计核算方法体系中,就其工作程序和工作过程来说,主要包括三个核心环节:填制和审核会计凭证(最初环节)、登记账簿(中心环节)、编制会计报表(最终环节)。在一个会计期间,所发生的经济业务都要通过这三个环节进行会计处理,将大量的经济业务转换为系统的会计信息,如图 1-2 所示。

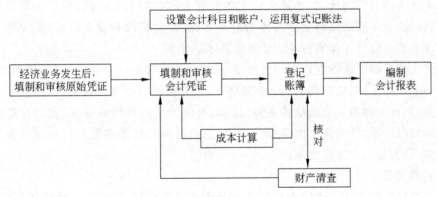

图 1-2 会计核算方法之间的关系

(三)会计循环

会计记录、分类和总结的过程经常被称作会计循环。会计信息起始于商品交易的初始记录,到正式的财务报表的编制(合计资产、负债和所有者权益)。这个循环意味着这些程序必须持续重复,在合理的会计期间准备新的、更新的财务报表。会计循环是在经济业务事项发生时,从填制和审核会计凭证开始,到登记账簿,直至编制财务报告,即完成一个会计期间会计核算工作的过程。企业将一定时期发生的所有经济业务,依据一定的步骤和方法,加以记录、分类、汇总直至编制会计报表的会计处理全过程。在连续的会计期间,这些工作周而复始地不断循环进行。

四、会计基本假设与会计基础

（一）会计基本假设

会计基本假设又称会计核算的基本前提，是对会计核算所处的时间、空间环境所做的合理设定。会计基本假设是为了保证会计工作的正常进行和会计信息的质量，对会计核算的范围、内容、基本程序和方法所做的假定，并在此基础上建立会计原则。国内外会计界公认的会计基本假设有会计主体、持续经营、会计分期和货币计量。

1. 会计主体

会计主体是指会计信息所反映的特定单位或者组织，是会计确认、计量和报告的空间范围，也称为会计实体、会计个体。会计所要反映的是特定的对象，只有明确规定会计核算的对象，将会计所要反映的对象与其他经济实体区别开来，才能保证会计核算工作的正常开展，实现会计的目标。

会计主体作为会计工作的基本假设之一，为日常的会计处理提供了空间依据。第一，明确会计主体，才能划定会计所要处理的经济业务事项的范围和立场。如把 A 公司作为会计主体，只有那些影响 A 公司经济利益的经济业务事项才能加以确认和计量。第二，明确会计主体，才能将会计主体的经济活动与会计主体所有者的经济活动区分开来。无论是会计主体的经济活动，还是会计主体所有者的经济活动，都最终影响所有者的经济利益，但是，为了真实反映会计主体的财务状况、经营成果和现金流量，必须将会计主体的经济活动与会计主体所有者的经济活动区别开来。

会计主体不同于法律主体。一般来说，法律主体往往是一个会计主体，例如，一个企业作为一个法律主体，应当建立会计核算体系，独立反映其财务状况、经营成果和现金流量。但是，会计主体不一定是法律主体，比如，有时为了内部管理需要，也对企业内部的部门单独加以核算，并编制出内部会计报表，企业内部划出的核算单位也可以视为一个会计主体，但不是一个法律主体。

2. 持续经营

持续经营是指会计主体的生产经营活动将无限期地延续下去，在可以预见的将来，企业不会面临清算、解散、倒闭而不复存在，也不会大规模削减业务。

企业是否持续经营对会计政策的选择、正确确认和计量财产计价、收益影响很大。由于持续经营是根据企业发展的一般情况所做的设定，会计核算上所使用的一系列会计处理原则、会计处理方法都是建立在会计主体持续经营的前提下的，但是企业在生产经营过程中缩减经营规模乃至停业的可能性总是存在的，为此，往往要求定期对企业持续经营这一前提作出分析和判断。一旦判定企业不符合持续经营前提，就应当改变会计核算的方法。例如，在持续经营的前提下，企业取得机器设备时，能够确定这项资产在未来的生产加工活动中可以给企业带来经济利益，因此可以按支付的所有价款作为固定资产的账面成本，其磨损的价值，可以在有效的经济寿命年限内按一定折旧方法计提折旧，并将其计入成本费用。如果企业面临清算，那么这项固定资产，只能按当时的公允价值抵偿债务。

3. 会计分期

会计分期这一假设是从第二个基本假设引申出来的,可以说是持续经营的客观要求。会计分期是指将一个企业持续经营的生产经营活动划分为连续、相等的期间,以便分期结算账目和编制财务会计报告,又称为会计期间。

会计分期的目的是将持续经营的生产活动划分为连续、相等的期间,据以结算盈亏,按期编报财务报告,从而及时地向各方提供有关企业财务状况、经营成果和现金流量的信息。

根据持续经营假设,一个企业将要按当前的规模和状况继续经营下去。要最终确定企业的经营成果,只能等到一个企业在若干年后歇业的时候核算一次盈亏。但是,经营活动和财务经营决策要求及时得到有关信息,不能等到歇业时一次性地核算盈亏。为此,就要将持续不断的经营活动划分为一个个相等的期间,分期核算和反映。会计分期对会计原则和会计政策的选择有着重要影响。由于会计分期,产生了当期与其他期间的差别,从而出现权责发生制和收付实现制,进而采用了应收、应付、递延、预提、待摊等会计方法。

会计准则明确规定,会计期间分为年度和中期。这里的会计年度采取公历年度,自每年 1 月 1 日起至 12 月 31 日止。中期是短于一个完整会计年度的报告期间,又分为月度、季度和半年度。此外,国际上会计期间可以按实际的经济活动周期来划分,其周期或长于公历年度,或短于公历年度。

4. 货币计量

货币计量是指企业会计核算采用货币作为计量单位,记录、反映企业的经济活动,并假设币值保持不变。

企业资产、负债和所有者权益,尤其是资产可以采取不同的计量属性,如数量计量(个、台、吨等)、人工计量(工时等)和货币计量。而会计是对企业财务状况和经营成果全面系统的反映,为此,需要货币这样一个统一的量度。企业经济活动中凡是能够用货币这一尺度计量的,就可以进行会计反映,凡是不能用这一尺度计量的,则不必进行会计反映。当然,统一采用货币尺度,也有不利之处,一些影响企业财务状况和经营成果的因素,是无法用货币计量的,比如,企业经营战略、企业在消费者当中的信誉度、企业的地理位置、企业的技术开发能力等。为了弥补货币量度的局限性,要求企业采用一些非货币指标作为会计报表的补充。

企业会计核算采用货币作为经济活动的综合计量单位,如果企业的经济业务是多种货币计量并存的情况,就需要确定一种货币作为记账本位币。记账本位币,是指企业经营所处的主要经济环境中的货币。我国《企业会计准则》规定,企业通常应选择人民币作为记账本位币。业务收支以人民币以外的货币为主的企业,可以选定其中一种货币作为记账本位币,但是,编制的财务报表应当折算为人民币。

上述会计核算的四项基本假设具有相互依存、相互补充的关系。会计主体确立了会计核算的空间范围,持续经营与会计分期确立了会计核算的时间长度,而货币计量则为会计核算提供了必要手段。没有会计主体,就不会有持续经营;没有持续经营,就不会有会计分期;没有货币计量,就不会有现代会计。

(二) 会计基础

会计基础是指会计确认、计量和报告的基础,包括权责发生制和收付实现制。

权责发生制与收付实现制是确定收入和费用的两种截然不同的会计处理基础。正确应用权责发生制是会计核算中非常重要的一条规范。企业生产经营活动在时间上是持续不断的,不断地取得收入,不断地发生各种成本、费用,将收入和相关费用相配比,就可以计算和确定企业生产经营活动所产生的利润(或亏损)。

由于企业生产经营活动是连续的,而会计期间是人为划分的,所以难免有一部分收入和费用出现收支期间和应归属期间不一致的情况。在处理这类经济业务时,应选择合适的会计处理基础。《企业会计准则——基本准则》第九条规定,企业应当以权责发生制为基础进行会计确认、计量和报告。

1. 收付实现制

收付实现制,也称现金制,是以款项是否实际收到或付出作为确定本期收入和费用的标准。采用收付实现制会计处理基础,凡是本期实际收到的款项,不论其是否属于本期实现的收入,都作为本期的收入处理;凡是本期付出的款项,不论其是否属于本期负担的费用,都作为本期的费用处理。反之,凡本期没有实际收到款项和付出的款项,即使应当归属于本期,但也不作为本期收入和费用处理。

《政府会计准则——基本准则》规定,政府会计由预算会计和财务会计构成。预算会计实行收付实现制(国务院另有规定的除外),财务会计实行权责发生制。

收付实现制的会计处理基础,是以款项的实际收付为标准来处理经济业务,确定本期收入和费用,计算本期盈亏,所以也称为现金制。现举例说明采用收付实现制进行会计处理的特点。

【例 1-1】 企业于 7 月 10 日销售商品一批,7 月 25 日收到货款,存入银行。

分析:这笔销售收入由于在 7 月份收到了货款,按照收付实现制的处理标准,应作为 7 月份的收入入账。

【例 1-2】 企业于 7 月 10 日销售商品一批,8 月 10 日收到货款,存入银行。

分析:这笔销售收入虽然属于 7 月份实现的收入,但由于是 8 月份收到了货款,按照收付实现制的处理标准,则应将其作为 8 月份的收入入账。

【例 1-3】 企业于 7 月 10 日收到某购货单位一笔货款,存入银行,但按合同规定于 9 月份交付商品。

分析:这笔销售收入虽然属于 9 月份实现的收入,但由于是在 7 月份收到的款项,按照收付实现制的处理标准,则应将其作为 7 月份的收入入账。

【例 1-4】 企业于 12 月 30 日以银行存款预付下一年全年的保险费。

分析:这笔款项虽然属于来年各月负担的费用,但由于在本年 12 月份支付了款项,按照收付实现制的处理标准,应将其作为本年 12 月份的费用入账。

【例 1-5】 企业于 12 月 30 日购入办公用品一批,但款项暂未支付。

分析:这笔费用虽然属于本年 12 月份负担的费用,但由于此款项本月没付出,按照

16

收付实现制的处理标准,不作费用入账。

【例 1-6】 企业于 12 月 30 日用银行存款支付本月水电费。

分析:这笔费用由于在本年 12 月份付款,按照收付实现制的处理标准,应作为本年 12 月份的费用入账。

从上面的例子可知,无论收入的权利和支出的义务归属哪一期,只要款项的收付在本期,就应确认为本期的收入和费用,无论是预收收入和预付费用,还是应计收入和应计费用,都应如此。到会计期末根据账簿记录确定本期的收入和费用,实际收到和付出的款项已经登记入账,因此,不存在对账簿记录进行期末调整的问题。这种会计处理基础核算手续简单,强调财务状况的真实性,但不同时期缺乏可比性,因此,主要适用于行政、事业单位。

2. 权责发生制

权责发生制,也称应计制,是指企业以收入的权利和支出的义务是否归属于本期为标准来确认收入、费用的一种会计处理基础,即以应收应付为标准,而不是以款项的实际收付是否在本期发生为标准来确认本期的收入和费用。

在权责发生制下,凡是属于本期实现的收入和发生的费用,不论款项是否实际收到或实际付出,都应作为本期收入和费用入账;凡是不属于本期的收入和费用,即使款项在本期收到或付出,也不作为本期的收入和费用处理。

前面所举的例子在权责发生制下,例 1-1 和例 1-6 发生收入和费用的归属期与款项的实际收付属相同的会计期间,确认的收入和费用与收付实现制相同。例 1-2 的情况应作为 7 月份的收入,因为收入的权利在 7 月份就已实现;例 1-3 的情况应作为 9 月份的收入,因为 7 月份只是收到款项,并没有实现收入的权利;例 1-4 的情况应作为第二年的费用,因为支出的义务应在第二年;例 1-5 的情况应作为本年 12 月份的费用,因为在 12 月份已经发生支出的义务。

3. 权责发生制与收付实现制的比较

上述可见,与收付实现制相反,在权责发生制下,必须考虑预收、预付和应收、应付。由于企业日常的账簿记录不能完全地反映本期的收入和费用,需要在会计期末对账簿记录进行调整,未收到款项的应计收入和未付出款项的应付费用,以及收到款项而不完全属于本期的收入和付出款项而不完全属于本期的费用,归属于相应的会计期间,以便正确地计算本期的经营成果。采用权责发生制进行核算比较复杂,但对本期的收入和费用的反映更可靠、真实,因此适用于企业。

五、会计信息的使用者及质量要求

(一)会计信息使用者

会计信息使用者一般分为国家宏观经济管理部门、企业内部管理者和企业外部使用者三个方面。国家宏观经济管理部门,如财政、税收、统计等相关部门;企业内部管理者主要包括企业的权力机构及管理者,如董事会、监事会、总经理等;企业外部使用者如投资人、债权人、客户、供应商等,他们是会计提供信息的主要服务对象。

会计信息使用者需要什么样的信息,取决于信息使用者的目的及需求。

(1) 投资者(含潜在的投资者)。他们是会计信息的主要使用者。他们关心投资的内在风险和投资报酬。投资者利用会计信息,主要结合公司的投资项目、资本结构和股利分配政策,以了解企业的盈利能力及其发展趋势,进而制定投资决策,如是否投资、继续持有还是转让投资、增加还是减少投资等。他们还需要利用会计信息来帮助他们评估企业支付股利的情况。

(2) 债权人(含潜在的债权人)。他们主要关心企业的偿债能力。他们利用会计信息来帮助作出有关决策,例如是否将资金贷给企业,是否增加或减少给企业的贷款,是否应继续保持对企业的债权,是否向企业赊销商品和劳务等。

(3) 政府有关部门,包括财政、税务、物价、银行、审计、统计和证券监管部门。他们需要利用会计信息了解企业的经营状况,并对企业会计信息的真实性、合规性、完整性进行监督和检查。他们将各企业的会计信息汇总后,还可了解国民经济各部门、各地区的整体情况,为制定各项经济政策提供依据。

(4) 社会公众,主要指企业内部职工及企业外部与企业有直接或间接联系的用户,如顾客、证券商、经纪人、中介机构、经济分析人员等。他们有的以主人翁的身份参与企业经营管理,关心企业的利润分配情况及企业的发展前景;有的出于投资决策、购买决策或对企业经营情况进行咨询、审计、鉴证、评价、分析等需要利用会计信息。

(5) 企业管理者。在两权分离的条件下,企业内部管理者是指企业最高管理层的成员。他们受雇于企业投资者,必须完成投资者赋予的经济责任,实现企业的经营目标,进而实现管理者自身的价值。为此,企业内部管理者必须对经营过程中遇到的重大问题进行正确的决策,如新产品的开发、产品的定价、成本费用的控制、工资奖金的分配、对外投资等问题。这些决策的正确与否,直接关系到企业的兴衰成败。所以,企业管理者必须了解本企业的会计信息,并据以作出正确的决策。

(二) 会计信息质量要求

会计作为一项管理活动,其主要目的之一是向企业的利益相关者提供反映经营者受托责任和供投资者决策有用的会计信息。因此,会计信息必须具有一定的质量特征。2006 年 2 月财政部颁布的《企业会计准则——基本准则》中对会计信息质量的要求,包括可靠性、相关性、可理解性、可比性、实质重于形式、重要性、谨慎性和及时性。这些准则都是为了保证会计信息的质量而提出,是会计确认、计量和报告质量的保证。

会计质量特征包括以下八项。

1. 可靠性

《企业会计准则——基本准则》第十二条规定,企业应当以实际发生的交易或者事项为依据进行会计确认、计量和报告,如实反映符合确认和计量要求的各项会计要素及其他相关信息,保证会计信息真实可靠,内容完整。

可靠性,也称客观性、真实性,是对会计信息质量的一项基本要求。因为会计所提供的会计信息是投资者、债权人、政府及有关部门和社会公众的决策依据,如果会计数据不能客观、真实地反映企业经济活动的实际情况,势必无法满足各有关方面了解企业财务状况和经营成果以进行决策的需要,甚至可能导致错误的决策。可靠性要求会计核算的各个阶段,包括会计确认、计量、记录和报告,必须力求真实客观,必须以实际发生的经济活动及表明经济业务发生的合法凭证为依据。

2. 相关性

《企业会计准则——基本准则》第十三条规定,企业提供的会计信息应当与财务会计报告使用者的经济决策需要相关,有助于财务会计报告使用者对企业过去、现在或者未来的情况作出评价或者预测。

相关性,也称有用性,它也是会计信息质量的一项基本要求。信息要成为有用的,就必须与使用者的决策需要相关。当信息通过帮助使用者评估过去、现在或未来的事项或者通过确认或纠正使用者过去的评价,影响到使用者的经济决策时,信息就具有相关性。相关性就要求信息具有预测价值和反馈价值。

3. 可理解性

《企业会计准则——基本准则》第十四条规定,企业提供的会计信息应当清晰明了,便于财务会计报告使用者理解和使用。

可理解性,也称明晰性,是对会计信息质量的一项重要要求。提供会计信息的目的在于使用,要使用就必须了解会计信息的内涵,明确会计信息的内容。可理解性是决策者与决策有用性的连接点。如信息不能被决策者所理解,则毫无用处,因此,可理解性不仅是信息的一种质量标准,也是一个与信息使用者有关的质量标准。

4. 可比性

《企业会计准则——基本准则》第十五条规定,企业提供的会计信息应当具有可比性。

为了明确企业财务状况和经营业绩的变化趋势,使用者必须能够比较企业不同时期的财务报表。为了评估不同企业相对的财务状况、经营业绩和现金流量,使用者还必须能够比较不同企业的财务报表。因此,对整个企业及其不同时点以及不同企业而言,同类交易或其他事项的计量和报告都必须采用一致的方法。

可比性也是会计信息质量的一项重要要求。它包括两个方面的含义,即同一企业在不同时期的纵向可比,不同企业在同一时期的横向可比。要做到这两个方面的可比,就必须做到:同一企业不同时期发生的相同或者相似的交易或者事项,应当采用一致的会计政策,不得随意变更。确须变更的,应当在附注中说明。不同企业发生的相同或者相似的交易或者事项,应当采用规定的会计政策,确保会计信息口径一致、相互可比。

5. 实质重于形式

《企业会计准则——基本准则》第十六条规定,企业应当按照交易或者事项的经济实质进行会计确认、计量和报告,不应仅以交易或者事项的法律形式为依据。

如果要真实地反映交易或其他事项,必须根据它们的实质和经济现实,而不是仅仅根据它们的法律形式进行核实和反映,交易或其他事项的实质,并非与它们的法律的外在面貌一致。实质重于形式就是要求在对会计要素进行确认和计量时,应重视交易的实质,而不管其采用何种形式。

在这一方面,最典型的例子是对融资租入固定资产的确认和计量。从形式上看,该项固定资产的所有权是出租方,企业只是拥有使用权和控制权。也就是说,该项固定资产并不是企业购入的固定资产。因此,不能将其作为企业的固定资产加以核算。但是,由于融资租入固定资产的租赁期限一般超过了固定资产可使用期限的大部分,而且到期企业可以以一定价格购买该项固定资产,因此,为了正确地反映企业的资产和负债状况,对于融资租入的固定资产一方面作为企业的自有固定资产加以核算,另一方面应作为企业的一项长期负债加以反映。另外,企业销售产品如果签订有售后租回和售后回购协议的,也不应作为销售进行处理。

6. 重要性

《企业会计准则——基本准则》第十七条规定,企业提供的会计信息应当反映与企业财务状况、经营成果和现金流量等有关的所有重要交易或者事项。

重要性是指财务报告在全面反映企业的财务状况和经营成果的同时,应当区别经济业务的重要程度,采用不同的会计处理程序和方法。具体来说,对于重要的经济业务,应单独核算、分项反映,力求准确,并在财务报告中作重点说明;对于不重要的经济业务,在不影响会计信息真实性的情况下,可适当简化会计核算或合并反映,以便集中精力抓好关键。

重要性的意义在于,对会计信息使用者来说,对经营决策有重要影响的会计信息是最需要的,如果会计信息不分主次,反而会不利于使用,甚至影响决策。对不重要的经济业务简化会计核算或合并反映,可以节省人力、物力和财力,符合成本效益原则。一般来说,重要性可以从性质和数量两个方面进行判断。从性质方面来说,如果某会计事项的发生可能对决策产生重大影响,则该事项属于具有重要性的事项;从数量方面来说,如果某会计事项的发生达到一定数量或比例可能对决策产生重大影响,则该事项属于具有重要性的事项。

7. 谨慎性

《企业会计准则——基本准则》第十八条规定,企业对交易或者事项进行会计确认、计量和报告应当保持应有的谨慎,不应高估资产或者收益、低估负债或者费用。

谨慎性,又称稳健性,是指在处理不确定性经济业务时,应持谨慎态度,如果一项经济业务有多种处理方法可供选择时,应选择不导致夸大资产、虚增利润的方法。在进行会计核算时,应当合理预计可能发生的损失和费用,而不应预计不确定发生的收入和过高估计资产的价值。

谨慎性的要求体现于会计核算的全过程,在会计上应是多方面的。例如,对应收账款提取坏账准备,就是对预计不能收回的货款先行作为本期费用,计入当期损益,以后确实无法收回时冲销坏账准备;固定资产采用加速折旧法等。

遵循谨慎性,对于企业存在的经营风险加以合理估计,对防范风险起到预警作用,有利于企业作出正确的经营决策,有利于保护投资者和债权人的利益,有利于提高企业在市场上的竞争能力。但是,企业在运用谨慎性时,不能滥用,不能以谨慎性原则为由任意计提各种准备,即秘密准备。例如,按照有关规定,企业应当计提坏账准备、存货跌价准备等减值准备。在实际执行时,有些企业滥用会计准则给予的会计政策,在前一年度大量计提减值准备,待后一年度再予以转回,这种行为属于滥用谨慎性,计提秘密准备,是会计准则所不允许的。

8．及时性

《企业会计准则——基本准则》第十九条规定,企业对于已经发生的交易或者事项,应当及时进行会计确认、计量和报告,不得提前或者延后。

信息的报告如果拖延,就可能失去其相关性。企业需要在及时报告与提供可靠信息之间加以权衡。为了在及时的基础上提供信息,在了解某一交易或其他事项的所有方面之前,就可能有必要作出报告,这就会损坏可靠性。相反,如果推迟到了解所有方面之后再报告,信息可能极为可靠,但对于必须在事中决策的使用者,用处可能很小。要在相关性和可靠性之间达到平衡,决定性的问题是如何最大限度地满足使用者的经济决策需要。

六、会计准则体系

会计准则是反映经济活动、确认产权关系、规范收益分配的会计技术标准,是生成和提供会计信息的重要依据,也是政府调控经济活动、规范经济秩序和开展国际经济交往等的重要手段。我国的会计准则体系是由财政部根据有关法律、法规制定的,具有严密和完整的体系。

(一)企业会计准则

我国企业会计准则依据财政部相关文件的规定,于 2006 年 2 月 15 日发布,自 2007 年 1 月 1 日起在上市公司施行,并鼓励其他企业执行,企业会计准则体系由四部分组成。

1．企业会计准则——基本准则

由财政部发布于 2006 年 2 月 15 日,文号:中华人民共和国财政部令第 33 号,属于财政部部门规章,自 2007 年 1 月 1 日起施行。基本准则主要包括总则、会计信息质量要求、财务会计报表要素、会计计量、财务会计报告等十一章内容。

2．企业会计准则——具体准则

由财政部发布于 2006 年 2 月 15 日,文号:财会〔2006〕3 号,具体准则属于财政部规范性文件,自 2007 年 1 月 1 日起在上市公司范围内施行,鼓励其他企业执行。执行具体准则的企业不再执行原准则、《企业会计制度》和《金融企业会计制度》。具体准则是在基本准则指导下,处理会计具体业务标准的规范,其具体内容可分为一般业务准则、特殊行业和特殊业务准则、财务报告准则三大类。

(1)一般业务准则包括存货、长期股权投资、投资性房地产、固定资产、无形资产、非货币性资产交换、资产减值、职工薪酬、企业年金基金、股份支付、债务重组、或有事项、收入、建造合同、政府补助、借款费用、所得税、外币折算、企业合并、租赁、会计政策、会计估计变更和差错更正、资产负债表日后事项、每股收益、关联方披露、首次执行企业会计准则。

（2）特殊行业和特殊业务准则参考《企业会计准则——应用指南（2006）》，对新准则体系中的行业准则和特殊业务准则的会计确认、计量、披露及列报进行了详细解释，具体包括生物资产、金融资产转移、套期保值、原保险合同、合并报表等。

（3）财务报告准则主要是各类企业通用的报告类准则，例如财务报表列报、现金流量表、合并财务报表、中期财务报告、分部报告等。

3. 企业会计准则——应用指南

由财政部发布于 2006 年 10 月 30 日，文号：财会〔2006〕18 号，应用指南属于财政部规范性文件，自 2007 年 1 月 1 日起在上市公司范围内施行，鼓励其他企业执行。执行应用指南的企业不再执行原准则、《企业会计制度》和《金融企业会计制度》、各项专业核算办法和问题解答。应用指南共计 42 项，并附录《会计科目和主要账务处理》。随着企业会计准则的不断修订、完善，应用指南也随之不断更新。

4. 解释公告

解释公告主要是为了深入贯彻实施企业会计准则，解决执行中出现的问题，同时，实现会计准则持续趋同和等效，财政部于 2007 年 11 月至 2021 年 2 月陆续制定了《企业会计准则解释 1～14 号》。

（二）小企业会计准则

《小企业会计准则》于 2011 年 10 月 18 日由中华人民共和国财政部以财会〔2011〕17号印发，《小企业会计准则》分总则、资产、负债、所有者权益、收入、费用、利润及利润分配、外币业务、财务报表、附则十章九十条，自 2013 年 1 月 1 日起施行。财政部 2004 年发布的《小企业会计制度》（财会〔2004〕2 号）予以废止。

《小企业会计准则》适用于在中华人民共和国境内依法设立的、符合《中小企业划型标准规定》中规定的小型企业标准的企业。

（三）事业单位会计准则

《事业单位会计准则》2012 年 12 月 5 日经中华人民共和国财政部部务会议修订通过，2012 年 12 月 6 日中华人民共和国财政部令第 72 号公布。《事业单位会计准则》分总则、会计信息质量要求、资产、负债、净资产、收入、支出或者费用、财务会计报告、附则九章四十九条，自 2013 年 1 月 1 日起施行。1997 年 5 月 28 日财政部印发的《事业单位会计准则（试行）》（财预字〔1997〕286 号）予以废止。

（四）政府会计准则

2015 年 10 月 23 日，中华人民共和国财政部令第 78 号公布《政府会计准则——基本准则》，自 2017 年 1 月 1 日起施行。

我国政府会计准则体系由政府会计基本准则、具体准则和应用指南三部分组成。

任务二　认识会计职业

任务描述

本任务主要介绍会计职业及特征、会计人员的任职条件、会计人员职业素质和会计人才的成长轨迹。

一、会计职业

职业是人们在社会中所从事的作为谋生手段的工作;从社会角度来看,职业是劳动者获得的社会角色,而劳动者是为社会承担一定的义务和责任,并获得相应的报酬的人;从国民经济活动所需要的人力资源角度来看,职业是指不同性质、不同内容、不同形式和不同操作的专门劳动岗位。

会计职业是专门从事会计工作的职业,是较为特殊但十分重要的岗位,承担着组织命脉的重任。

(一)会计职业特点

提到会计职业,给人的第一印象就是"专业""高薪",中国正面临一个"财务管理的时代",会计职业飞速发展,对有志于从事会计职业的青年具有越来越强的吸引力。

首先,会计职业可以带给高级管理人员必备的知识储备和更大的发展空间。据美国《福布斯》杂志统计,2005 年世界 500 强企业中的首席执行官中,有 25% 以上的教育背景是会计专业,有 35% 是从首席财务官(chief financial officer,CFO)升任的,会计的教育或者职业背景为通向高层管理的道路奠定了坚实的基础。可见,会计确实是充满机遇的职业,造就出无数成功人士。

其次,会计职业具有很大的责任和风险。在传统的观念中,会计人员唯老板之命是从,只需要对老板负责。但按照我国有关法律的规定,企业的会计人员除要向管理者负责之外,更要向国家、社会公众负责,这就使得会计从业人员要面临更多的风险和责任。会计人员只有遵守国家的各项法律法规,恪守职业道德,严格按照国家的财经纪律工作,才能尽可能地降低职业风险。

再次,会计更是充满挑战的职业。我国现在约有 1 200 万人从事会计职业,无论是就业还是升职都面临激烈的竞争,虽然有如此多的会计从业者,具有国际水准和现代经营观念的高水平会计人员却十分匮乏,只有高素质的会计人员才能够脱颖而出,成为人们羡慕的"金领"。

最后,会计职业正在由"劳动密集型"向"智力密集型"转化,需要不断地进行学习。在传统的会计工作中,经验是至关重要的因素,会计技能也往往是通过师傅带徒弟的方式进行传递。但在现代会计工作中,随着经济活动的复杂化,会计技术、会计规则总在不

23

断地变化,需要会计人员不断更新自身的知识结构,不断学习新知识。

（二）会计职业活动的领域

会计职业活动的范围是比较广泛的,一般而言,凡是有经济活动的地方,就会有会计人员所从事的职业活动。按照行业性质不同,可将会计职业分为企业会计、政府与非营利组织会计和会计师事务所的注册会计师。

（1）企业会计。企业会计是在自主经营、自负盈亏的单位中从事会计管理活动的一种会计职业。如在工业企业、商业企业、施工建筑企业、金融企业、服务企业等从事会计核算、成本计算、分析、预测、决策等工作的会计人员。

① 财务会计。财务会计是在各类企业中从事会计核算和监督,以对外提供会计信息为主要目的的一种会计职业。如我们在工业、商业等企业中看见的记账、算账、报账的会计人员。

② 管理会计。即在各类企业中从事会计分析、投资、融资预测与决策,以对内提供会计信息为主要目的的一种会计职业。如企业中从事投资分析、预测、决策等方面的会计人员。

③ 成本会计。成本会计是在各类企业中从事产品成本计算、核算与分析,以提供成本信息为主要目的的一种会计职业。如工业企业中的成本核算员、成本分析员等。

（2）政府与非营利组织会计。政府与非营利组织会计是社会再生产过程中分配领域的专业会计,它以预算管理为中心,对中央与地方政府及行政事业单位的经济业务,进行连续、系统、完整地反映和监督的经济管理活动。主要包括财政总预算会计、行政单位会计和事业单位会计。

（3）会计师事务所的注册会计师。注册会计师（certified public accountant,CPA）指取得注册会计师证书并在会计师事务所执业的人员,有时也指其所在的会计师事务所。

（三）会计人员的任职条件和工作职责

会计职业的从业者是会计人员。会计人员是指在国家机关、社会团体、企事业单位和其他经济组织会计核算和会计监督的专业技术人员,包括会计机构负责人、总会计师、高级会计师、会计师、助理会计师、会计员等。其中总会计师属于行政职务,高级会计师、会计师、助理会计师和会计员属于专业技术职务。

1. 各类会计人员的任职条件和要求

（1）会计员。根据《会计专业职务试行条例》的规定,担任会计员的基本条件是：初步掌握财务会计知识和技能;熟悉并能按照执行有关会计法规和财务会计制度;能担负一个岗位的会计工作;大学、专科或中等专业学校毕业,在财务会计工作岗位上见习一年期满。

会计员的工作职责是,负责具体审核和办理财务收支,编制记账凭证,登记会计账簿,编制会计报表和办理其他会计事项。

（2）助理会计师。助理会计师的任职条件如下。

① 掌握一般的财务会计基础理论和专业知识。

② 熟悉并能正确执行有关财经方针、政策和财务会计法规、制度。

③ 能担负某一方面或某个重要岗位的财务会计工作。

④ 取得硕士学位或取得第二学士学位或研究生班结业证书,具备履行助理会计师职

责的能力,或者大学本科毕业后在财务会计工作岗位上见习一年期满,或者大学专科毕业并担任会计员职务 2 年以上,或者中等专业学校毕业并担任会计员职务 4 年以上。

助理会计师的工作职责是,负责草拟一般的财务会计制度、规定、办法;解释、解答财务会计法规、制度中的一般规定;分析、检查某一方面或某些项目的财务收支和预算执行情况。

(3) 会计师。会计师的任职条件如下。

① 较系统地掌握财务会计基础理论和专业知识。

② 掌握并能正确贯彻执行有关的财经方针、政策和财务会计法规、制度。

③ 具有一定的财务会计工作经验,能担负一个单位或管理一个地区、一个部门、一个系统某个方面的财务会计工作。

④ 取得博士学位并具有履行会计师职责的能力,或取得硕士学位并担任助理会计师职务 2 年及以上,或取得第二学士学位或研究生班结业证书并担任助理会计师职务 2~3 年,或大学本科毕业或大学专科毕业并担任助理会计师职务 4 年及以上。

⑤ 掌握一门外语。

会计师的工作职责是,负责草拟比较重要的财务会计制度、规定、办法,解释、解答财务会计法规、制度中的重要问题;分析、检查财务收支和预算执行情况;培养初级会计人才。

(4) 高级会计师。高级会计师的任职条件如下。

① 较系统地掌握经济、财务会计理论和专业知识。

② 具有较高的政策水平和丰富的财务会计工作经验,能担任一个地区、一个部门或一个系统的财务会计管理工作。

③ 取得博士学位并担任会计师职务 2~3 年,或者取得硕士学位、第二学士学位或研究生班结业证书,或者大学本科毕业担任会计师职务 5 年以上。

④ 比较熟练地掌握至少一门外语。

高级会计师的工作职责是,负责草拟和解释、解答一个地区、一个部门、一个系统或在全国施行财务会计法规、制度、办法;组织和指导一个地区、一个部门、一个系统的经济核算和财务会计工作;培养中级以上会计人才。

2. 会计人员的工作职责

按照国家制定的会计职业标准,会计人员的工作主要包括以下几个方面。

(1) 对单位的会计事项进行会计核算。

(2) 对单位的经济活动实行会计监督和控制。

(3) 根据会计准则和财务会计制度,拟定本单位办理会计事务的具体办法。

(4) 参与制订经济计划,考察、分析预算、财务计划的执行情况。

(5) 办理其他会计事务,例如在本单位实行责任会计、经营决策会计、电算化会计等。

二、会计人员的职业素质要求

作为一种社会职业,会计具有多层面的素质要求。一方面,作为社会行业体系中的重要部分,会计人员必须具备其他行业从业者所共有的素质;另一方面,由于工作性质、岗位要求、技能水平的特殊性,会计人员又具有其特定的素质要求。目前,从业人员普遍认为,高尚的职业道德、丰富的会计专业知识、娴熟的业务技能以及较强的组织管理能力是构成会计人员职业素质的基本要素。

（一）具有高尚的职业道德

（1）爱岗敬业。热爱本职工作,是做好一切工作的出发点。会计人员立足于出发点,才会勤奋、努力地钻研业务技术,使自己的知识和技能适应具体从事的会计工作的要求。

（2）熟悉法规。法制意识是维护社会主义市场经济秩序,在法律范围内进行经营活动的重要前提。会计工作不只是单纯的记账、算账、报账工作,还会时时、事事、处处涉及执法守规方面的问题。会计人员不但应熟悉财经法律、法规和国家统一的会计制度,还要能结合会计工作进行广泛宣传,做到在处理各项经济业务时知法依法、知章循章,依法把关守口,对服务和监督对象进行会计法制宣传,增强他们的法制观念,帮助他们明辨是非,促使他们在日常经济活动中依法办事,避免不轨行为。

（3）依法办事。会计人员应当按照会计法律、法规规定的程序和要求进行会计工作,保证所提供的会计信息合法、真实、准确、及时、完整,这不但要体现在会计凭证和会计账簿的记录上,还要体现在财务报告上,使单位外部的投资者、债权人、社会公众以及社会监督部门能依照法定程序得到可靠的会计信息资料。要做到这一点并不容易,但会计人员的职业道德要求这样做,会计人员应该继续在这一点上树立自己的职业形象,敢于抵制歪风邪气,同一切违法乱纪的行为作斗争。

（4）客观公正。会计人员在办理会计事务中,应当实事求是、客观公正。这是一种工作态度,也是会计人员追求的一种境界。做好会计工作,毫无疑问需要专业知识与专业技能,但这并不足以保证会计工作的质量,实事求是的精神和客观公正的态度也同样重要;否则,就会把知识和技能用错地方,甚至参与弄虚作假或者徇私舞弊。

（5）搞好服务。会计工作的特点决定会计人员应当熟悉本单位的生产经营和业务管理情况,以便运用所掌握的会计信息和会计方法,为改善单位的内部管理、提高经济效益服务。社会主义市场经济体制的建立为企业和实行企业化管理的事业单位开辟了广阔的天地。在这片广阔天地里驰骋需要有过硬的业务本领和服务意识。会计工作是经济管理工作的一部分,把这部分工作做好对所在单位的经营管理至关重要,这也正是会计人员的责任所在。

（6）保守秘密。会计人员应当保守本单位的商业秘密,除法律规定和单位领导人同意外,不能私自向外界提供或者泄露本单位的会计信息。会计人员由于工作性质的原因,有机会了解到本单位的重要机密,如对企业来说,关键技术、工艺规程、配方、控制手段和成本资料等都是非常重要的商业机密,这些机密一旦泄露给明显的或潜在的竞争对手,对被泄露的单位是非常不公平的,会给本单位的经济利益造成重大的损害,因此,泄露本单位的商业秘密,是一种非常不道德的行为。会计人员应当树立泄露商业秘密是大忌的观念,对于自己知悉的内部机密,任何时候、任何情况下都要严格保守,不能信口吐露,更不能为了一己私利而向外界提供。

（二）具有丰富的会计专业知识

会计工作是一种高智力活动,它的正常运作离不开相应的知识储备和必要的技能水平。因此,在会计人员职业活动中,丰富的专业知识是会计人员从事会计工作和实践活动的必备基础。但需要指出的是高职学生的目标岗位并不是高级会计,因此并不需要在专业知识领域有很深的造诣,在理论知识体系的构建上,应遵循的基本原则是"以能够满足岗位工作需要的基础理论知识为基准,适当加深理论知识的学习"。会计专业所需学习的课程有:会计基础、财务会计、成本会计、管理会计、财务管理、审计基础与实务、会计电算化。下面简要介绍一下。

(1) 会计基础。会计基础是会计专业的入门基础课程,解决会计业务处理的基本方法和基本技能。基础会计的主要内容包括:记账原理和方法、账户的设置、会计凭证的编制和审核、会计账簿的设置和登记、会计报表的编制原理等。

(2) 财务会计。财务会计是会计专业重要的课程之一,解决企业经常性业务发生时的会计处理的基本方法和基本技能。财务会计的主要内容包括:购销存各环节的会计处理、投融资业务的会计处理、纳税业务和财务成果核算业务的会计处理,以及财务报告的编制等。

(3) 成本会计。成本会计也是会计专业的重要的课程,解决制造业企业有关产品成本核算的会计处理的基本方法和基本技能。成本会计的主要内容包括:成本核算的原理和方法、不同类型的企业的成本核算方法、产品成本分析和报告等。

(4) 管理会计。管理会计主要是为企业内部管理决策人员提供会计信息的课程,是解决企业有关投资分析、筹资分析、预算分析、责任会计的基本技能。管理会计的主要内容包括预测、决策、全面预算、成本控制、责任会计等。

(5) 财务管理。财务管理是会计专业的一门重要的专业课程,主要研究企业资金运动各环节的筹划与谋略,着重研究如何合理确定企业资金筹集规模和最佳资金结构,如何选择合理的筹资方式,怎样进行投资项目的可行性分析,如何确定最佳投资方式与投资渠道,如何安排股利分配方案,以及怎样实现企业价值增长等。

(6) 审计基础与实务。审计基础与实务是会计专业的一门重要的专业课程,其课程内容包括:审计职业规范体系、审计的分类与方法、审计组织与审计人员、审计准则与审计依据、审计程序、审计证据与审计工作底稿、内部控制的评审、审计报告、审计抽样、销售和收款循环的审计、采购和付款循环的审计、生产循环的审计、投资和筹资循环的审计、货币资金和内部审计等。

(7) 会计电算化。会计电算化是会计专业的一门重要的课程,其课程内容包括:会计电算化概述、系统管理及基础设置、账务处理系统、报表处理系统、工资管理系统、固定资产管理系统、采购与应付款管理系统、销售与应收款管理系统、存货核算与库存管理系统等。

除此之外,学生还应补充税法、统计学、经济法等相关专业知识。

(三) 具有娴熟的业务技能

会计是一种非常讲究实际经验和专业技巧的职业,实际操作能力很重要。会计人员在获得一定专业理论知识的基础上,必须具备实际操作能力及岗位所要求的业务素质。其具体表现有:在会计岗位上能进行经济业务上的各种会计处理,如会计记录的书写、会

27

计科目设置、复式记账法的应用、凭证处理和账簿登记等基本会计业务处理；运用财务会计理论解决实际核算问题，如会计要素的确认、计量与核算；完成会计报表的编制；进行成本核算，如成本费用的归集与分配，产品成本的计算；利用会计报表提供的数据进行分析，如偿债能力分析、营运能力分析、获利能力分析，据此预测企业的发展前景，对企业的未来作出判断。

会计人员不仅要熟悉手工操作，而且要熟练使用和维护计算机应用软件，如 Office系列办公软件（如 Excel、Word 等）、会计核算软件、ERP（企业资源规划）系统等，以适应会计业务电算化的需要。

（四）具有较强的组织管理能力

会计作为一种经济管理能力，会计人员除了具备会计核算和会计监督两个基本职能外，还应具有预测经济前景、参与经营决策、控制经济过程、评价经营业绩等能力，这就需要会计人员具有内外协调能力和管理决策能力。

会计人员的内外协调能力包括两个方面。一是对内的组织、协调、沟通能力；二是对外的协调和沟通能力。由于会计人员要确认、计量、记录、跟踪各方面的会计信息和会计资料，对内必然与企业内部的采购、生产、保管、销售等部门发生财务关系；对外必然与工商、税务、银行以及政府有关部门之间发生财务关系。因此，会计人员应具有团队精神和全局观念，从整体战略出发，公正地组织、协调各部门的关系，形成合力，实现内部控制的有效管理。会计人员还应积极主动地向领导反映经营管理活动中的情况和存在的问题，提出合理化建议，参与管理、参与预测、参与监控，从而使事后反映变为事前的预测分析，成为决策层的参谋和助手。对外部各相关单位除要将企业真实的经营情况和财务状况反映给相关部门外，还要有诚恳的态度，吃苦耐劳的精神，较强的与人沟通的能力才能顺利完成各项任务。

三、会计人员的职业发展

会计人员初入职场要求并不高，但后续发展不易，想要得到更好的发展，应注意在工作中积累经验，不断地提高专业素质和专业技巧，开拓知识阅历并提高业务水平。

随着社会经济的高速发展，会计行业已经开始和其他的专业慢慢融合，产生了许多新职业，这也为会计人员的长期发展提供了更多的选择机会。

目前会计专业主要职业方向可概括成"做会计的""查会计的""管会计的""研究会计的"。"做会计的"即狭义上从事会计核算、会计信息披露的会计人员；"查会计的"包括注册会计师和政府与企事业单位审计部门的审计人员、资产清算评估人员；"管会计的"是指与会计管理有关的政府部门管理人员和其他政府部门及其他非营利组织的会计业务人员，如财政部门的会计业务管理处。"研究会计的"一般指在各类研究部门的专职研究人员和高等院校会计专业的教授和会计专家。

会计职业的从业人员如何走上事业的成功之路，以实现自己的宏伟目标呢？一些成功人士总结了自己成才的经验，可供参考。

会计由于其职业的特殊性,其谨慎性原则也限定了会计人员的一些基本性格特征,如严谨、务实、认真、保密、负责,也正因为有了这些特征,很多会计人员的不善言辞的性格也成为局限因素。这里我们着重从各时期会计人员的知识结构的调整阐述会计人员的特点,希望会对读者有些许帮助。

(一) 从学生到职业人——第一个三年

刚走出校门,一切都是新鲜的,一切又都是陌生的,怀着学生时的豪情和对美好未来的憧憬,在面对现实时会产生很大的失落感。一个真正的职业人需要更全面的打造,需要重新认识社会、认识职业、认识工作。前三年的工作是基础,是认识社会的第一步,是十分重要的积累期,正确的心态、务实的学习总结、良好的习惯是这一时期需要十分注意的。有的人因为第一个职业选择的不恰当,造成了对工作的偏见和失望,不能以积极的心态面对工作。而有的组织则提供了一个很好的成长环境,积极、合作、上进的氛围使新入职者有温暖的感觉,使他对工作、对职业生涯充满信心,养成积极的心态。

很多会计人员都是从出纳做起的,从管理货币资金、票据、有价证券等的进进出出、填制和审核许多原始凭证做起,这些是会计的基础工作。做好出纳工作并不是一件很容易的事,它要求出纳员要有全面精通政策的水平,熟练高超的业务技能,严谨细致的工作作风,以及良好的职业道德修养。经过一段时间积累,就会做到会计的岗位,此时,会计人员的知识特点就应该及时作出调整,从原先的基础工作调整到会计核算和会计监督的职能上,学习职业素养的完善、人脉关系的理解、团队协作的意识等。一个职业人,基本职业素养就是职业化、职业诚信以及职业口碑。

初试会计工作的前三年时间,应将重心放在基础工作的夯实上。全面、扎实地做好本职工作,认真研究本行业的特点,养成良好的学习、工作、生活的习惯,学会有效的沟通,培养自己的职业人意识,这些基础知识对日后进一步发展具有决定性作用,这也是实现从一个学生到职业人的转变的重要条件。

(二) 从普通会计到财务经理——第二个三年

三年过去之后,基础工作已经基本熟悉,基本的职业素养也已养成,会面临第二次的改变,也是会计职业生涯的第二部分。

这三年,应该逐步的从普通会计的角色转变到管理者的角色。也就是从普通会计到财务经理的转变,经过前三年的修炼,基本的业务知识已经熟练,可以胜任自己的岗位。但是从提升的路线来看,若想获得进一步的发展,必须调整自己的知识结构,补充下一步发展所需的知识。

财务经理是专业较强的工作,一般会计师事务所都需要这样的人才,但现代企业对财务管理的要求越来越高,财务经理不但要有丰富的专业知识,还要懂得代理记账的业务,熟悉企业全面的经营管理工作,并积极介入企业各项决策,这样的角色使很多习惯于传统会计角色的财务人员不太适应。

因此,做一个现代的财务经理必须掌握更加全面的知识,基本的理财能力、沟通能力、领导能力、财务决策能力、协作能力、时间管理能力、创新能力、学习总结能力等,以构

29

筑出一个优秀的财务经理的能力结构。

首先是管理意识的培养，站在一个管理者的角度上看财务，角度不同，侧重点也相应不同。如何协调上下级的关系，如何培养、打造团队，如何辅助 CEO 决策当好参谋，都是这一时期重点需要培养和锻炼的能力。

其次是加强自身的学习总结，及时总结成功的经验和失败的教训，不停地解决工作中的问题，不断进步。在这三年时间内，专业知识仍然很重要，但是综合素质的提升却起到决定性作用，一个优秀的财务经理既是此领域的专家，又是一个优秀的管理者。

（三）从财务经理到财务总监——第三个三年

财务总监是财务人员在职业生涯上取得成功的象征，不仅意味着高职位高待遇，而且一直是人才市场上的"抢手货"。许多从事财会工作的人员都将财务总监作为自己的职业发展目标。

财务总监要全面管理和领导企业财务工作，为企业赢利提供理性的决策依据，对企业的财务工作承担主要责任。财务总监作为财务领域的高层人才，必须具备哪些综合素质呢？管理和领导财务工作的能力、社会资源优势和敬业精神是财务总监必备的素质。财务总监应该掌握的 11 种管理能力包括财务组织建设能力、企业内控建设能力、筹措资金能力、投资分析决策和管理能力、税务筹划能力、财务预算能力、成本费用控制能力、分析能力、财务外事能力、财务预警能力和社会资源能力。

在这一时期，综合素质往往对职业生涯的进一步发展起到决定性的作用，一个优秀的财务总监，必须具备较高的综合管理能力以及资源整合能力。这些能力也是实现从财务经理到财务总监的这一飞跃的必备条件。财务总监担任的不仅是企业财务负责人的角色，也是企业决策者的角色。

或许从一个学生成长到财务总监，九年时间太短。现实也许是一段遥远的路，但是认清自己的知识结构，制定好适合自己的发展规划和奋斗目标，加上每天不懈的努力，则会经历从普通到优秀再到卓越的过程，收获累累硕果。

【项目训练】

一、单项选择题

1. 会计的基本职能是(　　)。

    A. 预测和决策　　　　B. 核算和监督　　　　C. 反映和考核　　　　D. 分析和管理

2. 下列各项中，不属于反映会计信息质量要求的是(　　)。

    A. 会计核算方法一经确定不得随意变更

    B. 会计核算应当注重交易和事项的实质

    C. 会计核算应当以权责发生制为基础

    D. 会计核算应当以实际发生的交易或事项为依据

3. 我国实行公历制会计年度是基于(　　)的基本会计假设。

A. 会计主体　　　B. 货币计量　　　C. 会计分期　　　D. 持续经营

4. ( )要求企业应当按照交易或者事项的经济实质进行会计确认、计量和报告，不应仅以交易或者事项的法律形式为依据。

A. 可靠性　　　B. 相关性　　　C. 可理解性　　　D. 实质重于形式

5. 会计对象是企事业单位的( )。

A. 资金运动　　　B. 经济活动　　　C. 经济资源　　　D. 劳动成果

6. 会计是以( )为主要计量单位。

A. 实物　　　B. 货币　　　C. 工时　　　D. 劳动耗费

7. 将本年全额计提坏账准备计入当期损益，当下一年收回应收账款时作为收益，违背了( )的原则。

A. 实质重于形式　　　B. 重要性　　　C. 谨慎性　　　D. 可比性

8. 企业固定资产可以按照其价值和使用情况，确定采用某一方法计提折旧，它所依据的会计核算前提是( )。

A. 会计主体　　　B. 货币计量　　　C. 会计分期　　　D. 持续经营

9. 下列各项经济活动中，不属于企业资金退出的是( )。

A. 偿还借款　　　　　　　B. 上缴税金

C. 发放工资　　　　　　　D. 向投资者分配利润

10. 根据权责发生制原则，以下属于本期的收入和费用的是( )。

A. 支付明年的房屋租金

B. 本期已经收款，但商品尚未制造完成

C. 当期按照税法规定预缴的税费

D. 商品在本期销售，但货款尚未收到

二、多项选择题

1. 会计监督是一个过程，可分为( )。

A. 事前监督　　　B. 事中监督　　　C. 事后监督　　　D. 事实监督

2. 会计对象是指( )的内容。

A. 实物流转　　　B. 会计核算　　　C. 财务活动　　　D. 会计监督

3. 会计信息质量要求主要包括( )。

A. 可靠性　　　B. 相关性　　　C. 可理解性　　　D. 可比性

4. 会计准则具有严密和完整的体系，我国已经颁布的会计准则有( )。

A.《企业会计准则》　　　　　　B.《小企业会计准则》

C.《事业单位会计准则》　　　　D.《上市公司会计准则》

5. 以下属于会计信息的使用者的有( )。

A. 投资者　　　B. 企业管理者　　　C. 政府部门　　　D. 社会公众

6. 从会计核算的具体内容看，会计循环由设置会计科目和账户、复式记账、填制和审核会计凭证( )等组成。

A. 登记会计账簿　　　　　　B. 成本计算

C. 财产清查　　　　　　　　D. 编制财务会计报告

31

7. 下列属于会计主体假设的意义的有（　　　）。

　　A. 明确了会计确认、计量和报告的空间范围

　　B. 明确了所要处理的经济业务事项的范围和立场

　　C. 为会计核算确定了时间范围

　　D. 使会计人员可以选择适用的会计原则和会计方法

8. 会计的发展可划分为（　　　）阶段。

　　A. 古代会计　　　　B. 近代会计　　　　C. 现代会计　　　　D. 未来会计

9. 我国《企业会计准则——基本准则》规定的会计信息质量要求包括（　　　）。

　　A. 可靠性　　　　B. 相关性　　　　C. 重要性　　　　D. 完整性

10. 会计中期包括（　　　）。

　　A. 年度　　　　B. 半年度　　　　C. 季度　　　　D. 月度

三、判断题

1. 会计信息的相关性和可靠性是相对立的。　　　　　　　　　　　　（　　）

2. 会计循环是指按照一定的步骤反复运行的会计程序。　　　　　　　（　　）

3. 法律主体一定是会计主体，但会计主体不一定是法律主体。　　　　（　　）

4. 会计的拓展职能主要有预测经济前景、参与经济决策、评价经验业绩。（　　）

5. 企业会计准则基本准则的主要内容有财务会计报告的目标、会计基本假设、会计基础、会计信息质量要求、会计要素分类及其确认、计量原则等。　　　　（　　）

6. 会计核算所提供的各种信息是会计监督的依据。　　　　　　　　　（　　）

7. 会计中期，是指短于一个完整的会计年度的报告期间，一般指半年度。（　　）

8. 持续经营是指会计主体将一直持续经营下去，不会停业、破产清算，也不会削减业务。　　　　　　　　　　　　　　　　　　　　　　　　　　　　　（　　）

9. 凡是能够以数量表现的经济活动，都是会计核算和监督的内容，也就是会计对象。　　　　　　　　　　　　　　　　　　　　　　　　　　　　　　　（　　）

10. 财政部颁布的《政府会计准则——具体准则》，于 2017 年 1 月 1 日起，在各级各类事业单位施行。　　　　　　　　　　　　　　　　　　　　　　　　　（　　）

四、实务题

某企业本月份发生以下经济业务，请根据权责发生制和收付实现制分别确认本月收入、费用和利润各是多少？

（1）支付上月份电费 5 000 元。

（2）收上月的应收账款 10 000 元。

（3）收到本月的营业收入款 8 000 元。

（4）支付本月应负担的办公费 900 元。

（5）支付下季度保险费 1 800 元。

（6）应收营业收入 250 000 元，款项尚未收到。

（7）预收客户货款 5 000 元。

（8）负担上季度已经预付的保险费 600 元。

（9）本月应负担借款利息 500 元，将在本季度末支付。

（10）计提本月固定资产折旧费 600 元。

项目二　认知会计要素与会计等式

知识目标

1. 掌握各会计要素的内涵
2. 掌握经济业务发生对会计等式的影响
3. 熟悉经济业务具体涉及的会计要素

技能目标

1. 能对企业简单经济业务进行分析，正确判断会计要素的类别
2. 能运用财务状况等式和经营成果等式

课程思政目标

1. 了解《企业会计准则——基本准则》的规定，具备准则意识
2. 能养成严谨、诚信的工作态度
3. 培养求真务实的精神

案例导入

王华、李小东两位同学为了参加广东省大学生创业大赛，在老师的指导下完成了一个校园超市的创业方案，该方案最终获奖。2020 年 1 月，在学院、家长的支持下两人决定按参赛方案创业，开办校园超市，并给其起名为"学子超市"。两人积极筹备校园超市开办事宜。首先要解决资金问题，双方家长为超市共同投资 30 000 元，班上其他同学入股 20 000 元。学校提供场所，第一年免租金，从第二年开始每月租金 500 元。资金到位后，超市购置了一批货架、办公设备和商品，其中货架、办公设备等固定资产价值 20 000 元，商品价值 40 000 元，用银行存款支付货款 40 000 元，另外 20 000 元商品款未支付。王华、李小东又在校园里招聘了一批同学作为超市职工。这样，经过紧张的筹备后，学子超市正式挂牌营业。

问题：

(1) 本案例中涉及了哪些会计要素？金额分别是多少？

(2) 请你思考一下谁会对校园超市的财务报表感兴趣呢？

任务一 认识会计要素

认识会计要素,理解资产、负债、所有者权益、收入、费用和利润六大会计要素的概念、特征及分类。

"案例导入"发生的若干事项,正是学子超市(会计主体)的日常经济活动,作为一名会计,需要将这些交易或事项(会计对象)进行确认、计量、记录和报告(即核算)。那么,如何能够有条理地、专业化地进行核算,帮助"学子超市"进行管理呢?首先需要对这些交易或事项进行分类。

一、会计要素的含义与分类

(一)会计要素的含义

会计要素是指根据交易或者事项的经济特征确定的财务会计对象的基本分类,是会计核算对象的具体化,是进行会计确认和计量的依据,也是设定会计报表结构和内容的依据。

(二)会计要素的分类

《企业会计准则——基本准则》第十条规定,企业应当按照交易或者事项的经济特征确定会计要素。会计要素包括资产、负债、所有者权益、收入、费用和利润。其中,资产、负债和所有者权益反映企业在特定日期的财务状况,是对企业资金运动的静态反映,属于静态要素,在资产负债表中列示;收入、费用和利润反映企业一定时期内的经营成果,是对企业资金运动的动态反映,属于动态要素,在利润表中列示。

二、会计要素的确认

会计要素的确认是指把一个事项作为资产、负债、收入、费用等加以记录并列入财务报表的过程。

会计要素的确认包括用文字和数字来描述一个项目,其数额列示在财务报表的合计数之内,会计确认还包括对各项目事后发生变动或清除的确认。会计确认实际上是分两次进行的,第一次解决会计的记录问题,第二次解决财务报表的披露问题。前者称为初始确认,后者称为再次确认。

1. 初始确认条件

(1)符合要素的定义。有关经济业务确认为一项要素,首先必须符合该要素的定义。

(2)有关的经济利益很可能流入或流出企业。这里的"很可能"表示经济利益流入或流出的可能性在 50% 以上，并且有关的价值以及流入或流出的经济利益能够可靠地计量。如果不能可靠地计量，确认就没有意义。

2. 再次确认条件

经过确认、计量之后，会计要素应该在报表中列示。资产、负债和所有者权益在资产负债表中列示，而收入、费用和利润在利润表中列示。

根据《企业会计准则——基本准则》规定，符合要素定义和要素确认条件的项目，才能列示在报表中，仅仅符合要素定义而不符合要素确认条件的项目，不能在报表中列示。

（一）资产

1. 资产的定义和特征

《企业会计准则——基本准则》第二十条规定，资产是指企业过去的交易或者事项形成的、由企业拥有或者控制的、预期会给企业带来经济利益的资源。

具体来讲，企业从事生产经营活动必须具备一定的物质资源，如货币资金、厂房场地、机器设备、原材料等，这些都是企业从事生产经营的物质基础，都属于企业的资产。此外，专利权、商标权、土地使用权等不具有实物形态，但却有助于生产经营活动进行的属于无形资产，以及企业对其他单位的投资等也都属于资产。

根据资产的定义，资产具有以下基本特征。

（1）资产必须是由过去的交易或者事项形成的，包括购买、生产、建造行为或其他交易或事项。也就是说，资产是过去已经发生的交易或事项所产生的结果，资产必须是现实的资产。未来将发生的交易或者事项不能作为资产确认。例如，某企业将在下月份购入一批存货，并已经与供货方签订了购买合同，将下月份收到商品并付款。则该企业在本月不能将这批货作为资产反映。因为该买卖行为还未发生，尚未产生结果。

（2）资产由企业拥有或者控制。一项资源要作为企业资产予以确认，企业应该拥有此项资源的所有权，可以按照自己的意愿使用或处置。但对一些特殊方式形成的资产，企业虽然对其不拥有所有权，却能够实际控制的，比如融资租入的固定资产，也应该确认为固定资产。例如某企业以融资租赁方式租入一台设备，租期 10 年。虽然从法律形式来讲，该企业并不拥有这台设备的所有权，但是由于租赁合同中规定的租赁期相当长，接近于该设备的使用寿命；租赁结束时该企业有优先购买这台设备的选择权；在租赁期内该企业有权支配设备的使用并从中受益。因此，从其经济实质来看，该企业能够控制该设备创造的未来经济利益。在会计核算上应将这台设备视为该企业的资产。

（3）资产预期能够直接或间接地给企业带来经济利益。这是指资产具有直接或间接导致现金和现金等价物流入企业的潜力。例如，企业可以通过收回应收账款、出售库存商品等方式直接获得经济利益，也可以通过对外投资以获得股利或参与分配利润的方式间接获得经济利益。按照这一特征，那些已经没有经济价值，不能给企业带来经济利益的项目，就不能继续确认为企业的资产。例如，某企业 2015 年购入了一台设备，由于技术更新 2021 年又新购入了一台设备替换原设备，原设备不再使用，同时又没有市场可以出售。由于该设备不能再给企业带来经济利益的流入，因此，不再作为企业的资产进行确认。

2. 资产的确认条件

根据《企业会计准则——基本准则》的规定，符合资产定义的资源，在同时满足以下条件时，才能确认为资产。

（1）与该资源有关的经济利益很可能流入企业。

（2）该资产的成本或者价值能够可靠地计量。

3. 资产的分类

资产是企业期望能为其带来经济利益的资源，而企业在掌控这些资源时，可以从时间角度（即资产的流动性或称变现能力）对这些资源提出不同的希望和要求。对有些资源，企业希望它们能在短期内（一年或一个营业周期内，包括一年）通过周转换回新的资源或转换成其他形式，这样的资产被称为流动资产，如货币资金、应收账款、原材料、库存商品等；而另一些资产则被要求能长期（一年以上）为企业"服役"，这类资产被称为非流动资产，如固定资产、无形资产、工程物资、在建工程等。

【例2-1】 以下条目所涉及的项目是否都能列为资产？为什么？

（1）根据一份合同，公司将在未来的某一时点购买的一套设备。

（2）一家提供渡轮旅游观光服务的公司，其观光渡轮常年运行在某运河系统上（该条目中提及的渡轮和某运河系统）。

（3）一台已经废弃、不能再使用的设备。

（4）完成贷款手续而得到的一笔银行存款。

（5）企业从租赁公司临时租用的一辆汽车。

（二）负债

1. 负债的定义和特征

《企业会计准则——基本准则》第二十三条规定，负债是指企业过去的交易或者事项形成的、预期会导致经济利益流出企业的现时义务。现时义务是指企业在现行条件下已承担的义务。未来发生的交易或事项形成的义务不属于现时义务，不应当确认为负债。企业的负债主要包括短期借款、应付票据、应付账款、预收账款、应付职工薪酬、应交税费、应付利息、应付股利、其他应付款、长期借款、应付债券、长期应付款等。

根据负债的定义，负债具有下列基本特征。

（1）负债必须是由过去的交易或者事项形成的。导致负债的交易或事项必须已经发生。例如，购置货物或使用劳务会产生应付账款（已经预付或是在交货时支付的款项除外），接受银行贷款则会产生偿还贷款的义务。只有源于已经发生的交易或事项，会计上才有可能确认为负债。对于企业正在筹划的未来交易或事项，如企业的业务计划等，并不构成企业的负债。例如，某企业已经向银行借入款项100 000元，该交易属于过去的交易或事项所应形成企业的负债；企业同时还与银行达成3个月后再借入150 000元的借款意向书，该交易就不属于过去的交易或事项，不应确认企业的负债。

（2）负债预期会导致经济利益流出企业。即企业的负债通常是在未来某一时日通过交付资产（包括现金和其他资产）或提供劳务来清偿，有时候企业可以通过承诺新的负债或转化为所有者权益来了结一项现有的负债，但最终一般都会导致企业经济利益的流出。

（3）负债是企业承担的现时义务。现时义务可以是法定义务,也可以是推定义务。其中法定义务是指具有约束力的合同或者法律、法规规定的义务,一般在法律意义上需要强制执行;推定义务是指根据企业多年来的习惯做法、公开的承诺或者公开宣布的政策而导致企业将承担的责任,这些责任也使有关各方形成了企业将履行义务解脱责任的合理预期。例如,某企业购买原材料形成应付账款 100 000 元,向银行贷入款项 200 000元,按照税法规定应当缴纳各种税款 20 000 元,应付给工人的工资 30 000 元,这些均属于企业承担的法定义务,需要依法予以偿还。又如,该企业多年来对家电销售业务制定了一项政策,"对售出的家电类商品三个月内包换、一年内保修、终身维护。"这项服务承诺属于推定义务,应当将其确认为一项负债。

2. 负债的确认条件

根据《企业会计准则——基本准则》的规定,符合负债定义的义务,在同时满足下列条件时,才能确认为负债。

（1）与该义务有关的经济利益很可能流出企业。

（2）未来流出的经济利益的金额能够可靠地计量。

3. 负债的分类

现实的经济活动中,一个企业的负债将导致资产的流出,那么企业有限的资产则需要合理的安排来进行债务清偿。于是企业有必要将负债按偿还期的长短进行分类,一般分为流动负债和非流动负债,并按此列入资产负债表的负债栏目中。要求在一年内(或者一个营业周期内)偿还的债务称为流动负债,如短期借款、应付账款、应付职工薪酬、应交税费等;而需要一年以上(或者一个营业周期以上)才能偿还的债务则被称为非流动负债,如长期借款、应付债券、长期应付款等。

【例 2-2】 请说明:以下事项中的债权债务的发生以什么为标志? 发生后债权人和债务人分别是谁?

（1）小张因需要购房而向银行办理了为期 20 年的购房按揭贷款。

（2）A 公司与广州大华有限责任公司签订了合同,由 A 公司将货物销售给广州大华有限责任公司,广州大华有限责任公司有为期 1 个月的延期付款时间。

（3）根据公司规定,每月 15 日为发放上月工资时间,现为 2021 年 9 月 10 日,职工还没有领取到 8 月份的工资。

（4）某商店推出系列购物卡,一公司购买了一定数额的购物卡发放给职工作为福利。

（三）所有者权益

1. 所有者权益的定义和特征

《企业会计准则——基本准则》第二十六条规定,所有者权益是指企业资产扣除负债后由所有者享有的剩余权益。所有者权益是所有者在企业资产中享有的经济利益,其金额为资产减去负债后的余额,又称为净资产。

所有者权益相对于负债而言,具有以下特点。

（1）所有者权益不像负债那样需要偿还,除非发生减值、清算,企业不需要偿还所有者权益。

（2）企业清算时，负债往往优先清偿，而企业只有在清偿完所有的负债之后才将剩余资产返还给所有者。

（3）所有者权益能够分享利润，但负债不能参与利润分配。

2. 所有者权益的确认条件

根据《企业会计准则——基本准则》的规定，所有者权益的确认、计量不能单独进行，主要取决于资产、负债、收入、费用等其他会计要素的确认和计量。所有者权益在性质上体现为所有者对企业资产的剩余收益，在数量上体现为资产减去负债后的余额。

3. 所有者权益的分类

所有者权益包括实收资本、资本公积、盈余公积和未分配利润四个项目，其中，前两项属于投资者的初始投入资本，后两项属于企业的留存收益。

所有者权益的来源包括所有者投入的资本、直接计入所有者的利得和损失、留存收益等。直接计入所有者权益的利得和损失，是指不应计入当期损益、会导致所有者权益发生增减变动的、与所有者投入资本或者向所有者分配利润无关的利得和损失。其中，利得是指由企业非日常活动所形成的、会导致所有者权益增加的、与所有者投入资本无关的经济利益的流入；损失是指企业非日常活动发生的导致所有者权益减少的、与向所有者分配利润无关的经济利益的流出。

资产、负债、所有者权益三个要素是反映企业财务状况的会计要素，它们反映企业资金价值运动的静态关系，因此被称为静态会计要素，是编制资产负债表的要素。

（四）收入

1. 收入的定义与特征

《企业会计准则——基本准则》第三十条规定，收入是指企业在日常活动中形成的、会导致所有者权益增加的、与所有者投入资本无关的经济利益的总流入。

按照收入的定义，收入具有以下几个特征。

（1）收入应当是企业日常活动中形成的经济利益流入。日常活动是指企业为完成其经营目标所从事的经常性活动以及与之相关的活动。例如，工业企业制造并销售商品、商业企业销售商品、租赁公司出租资产等。明确日常活动是为了区分收入与利得的关系，不属于日常活动所形成的经济利益流入应作为利得处理，如企业处置固定资产、无形资产等取得的经济利益流入计为利得。

（2）收入会导致经济利益的流入，该流入不包括所有者投入的资本。收入应当会导致经济利益流入企业，从而导致资产增加或负债减少。但是并非所有的经济利益的流入都是收入，如所有者投入资本也会导致经济利益流入企业，但应计入所有者权益，而不能确认为收入。

（3）收入应当最终导致所有者权益的增加。由于收入会导致资产增加或负债减少，最终必然导致所有者权益增加，不能导致所有者权益增加的经济利益流入不能确认为收入。

2. 收入确认的条件

根据《企业会计准则——基本准则》的规定，收入在符合定义的基础上，只有同时满足以下三个条件时才能加以确认。

（1）与收入相关的经济利益应当很可能流入企业。

（2）经济利益流入企业的结果会导致资产的增加或负债的减少。

（3）经济利益的流入额能够可靠地计量。

3. 收入的分类

根据收入形成的性质的不同，收入包括商品销售收入、提供劳务收入和让渡资产使用权收入。企业代第三方收取的款项，应当作为负债处理，不应当确认为收入。

根据业务的主次不同，企业的收入可以分为主营业务收入和其他业务收入。

（五）费用

1. 费用的定义和特征

《企业会计准则——基本准则》第三十三条规定，费用是指企业日常活动中形成的、会导致所有者权益减少的、与所有者利润分配无关的经济利益的总流出。

费用是企业在日常活动中发生的，可能表现为资产的减少或负债的增加，或二者兼而有之。同理，费用最终导致所有者权益的减少，但所有者权益的减少并不一定是由费用产生的。

根据费用的定义，费用具有以下几个方面的特征。

（1）费用应当是企业日常活动中发生的。日常活动的界定与收入定义中涉及的日常活动是一致的。

（2）费用会导致经济利益的流出，该流出不包括向所有者分配的利润。费用会导致经济利益的流出，从而导致企业资产的减少或负债的增加（最终导致资产减少）。但并非所有的经济利益的流出都属于费用，如向所有者分配利润也会导致经济利益流出，就属于所有者权益的抵减，不能确认为费用。

（3）费用应该最终导致所有者权益减少。不会导致所有者权益减少的经济利益流出不能确认为费用。如企业偿还一笔短期借款，会导致经济利益流出企业，但负债也同时减少，不会导致所有者权益的减少，因此不能确认为费用。

2. 费用的确认条件

根据《企业会计准则——基本准则》的规定，费用的确认除了费用的定义外，还应当同时符合以下条件才可以确认。

（1）与费用相关的经济利益很可能流出企业。

（2）经济利益流出企业的结果会导致企业资产的减少或者负债的增加。

（3）经济利益的流出额能够可靠地计量。

3. 费用的分类

费用按照经济用途进行分类，可分为计入产品成本、劳务成本的生产费用和不计入产品成本、劳务成本的期间费用两大类。

生产费用是指与企业日常生产经营活动有关的费用，可进一步划分为直接费用和间接费用。其中直接费用包括直接材料、直接人工和其他直接费用，这类费用发生时，能够明确地分清楚是由哪项产品或劳务所引起的；间接费用同样也应计入产品或劳务的费用中,只是在产生时不能分清每项产品承担多少,而暂时计在制造费用中,在期末再依据合适的标准分配计入各产品或劳务的总成本中。计入产品成本或劳务成本的费用,只有在销售产品或提供劳务时才能从获得的收入里得到补偿。

期间费用是指企业本期发生的、不能直接或间接归入生产成本,而是直接计入当期损益的各项费用,可进一步划分为管理费用、财务费用和销售费用,在发生费用的当期从当期取得的收入中得到补偿。

【例 2-3】 以下各项哪些应被视为收入或费用?

(1) 企业根据税法规定计算并代扣的职工个人所得税。

(2) 接受投资者的投资。

(3) 因销售商品而得到的款项。

(4) 支付的罚款。

(5) 每月产生的电话费、水电费和房租。

(6) 因从银行借了半年的贷款而产生的贷款利息。

(六) 利润

1. 利润的定义和特征

《企业会计准则——基本准则》第三十七条规定,利润是指企业在一定会计期间的经营成果。利润反映收入减去费用后的净额、直接计入当期利润的利得和损失后等。通常情况下,如果企业实现了利润,表明企业的所有者权益将增加,业绩提升;如果企业发生了亏损(即利润为负数),表明企业的所有者权益将减少,业绩下降。利润是评价管理层业绩的指标之一,也是投资者等财务会计报告使用者进行决策时的重要参考依据。

2. 利润的确认条件

利润的确认主要依赖于收入、费用、利得和损失的确认,其金额的确定也主要取决于收入、费用、利得和损失金额的计量。

3. 利润的分类

利润包括收入减去费用后的净额、直接计入当期利润的利得和损失等。

利得是指由企业非日常活动发生的、与所有者利润分配无关的、会引起所有者权益增加的经济利益的流入。损失是指由企业非日常活动发生的、与所有者利润分配无关的、会引起所有者权益减少的经济利益的流出。

利得和损失有两个去向:一个是直接计入所有者权益的利得和损失,作为资本公积直接反映在资产负债表中;另一个是直接计入当期利润的利得和损失,作为营业外收入、营业外支出反映在利润表中。

利润的构成有三个层次,营业利润、利润总额和净利润。

营业利润=营业收入－营业成本－税金及附加－期间费用＋投资收益＋公允变动收益
－信用减值损失－资产减值损失＋资产处置收益

其中:

$$营业收入＝主营业务收入＋其他业务收入$$
$$营业成本＝主营业务成本＋其他业务成本$$
$$利润总额＝营业利润＋营业外收入－营业外支出$$
$$净利润＝利润总额－所得税费用$$

收入、费用和利润是反映企业经营成果的三个要素,是企业资金运动的动态表现,是编制利润表的要素,被称为动态要素。

会计六要素的关系如图 2-1 所示。

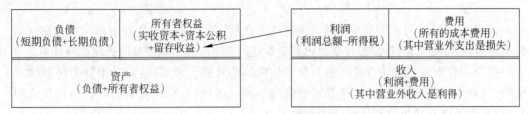

图 2-1　会计六要素的关系

三、会计要素计量及其要求

财务会计的主要内容就是对会计六大要素的确认与计量以及财务报告的编制。因此,会计确认与计量是财务会计的核心内容。在现代会计理论中,会计确认和会计计量既有区别又有联系。

会计计量是指将符合确认条件的会计要素登记入账,并列报于财务报表且确定其金额的过程。

(一)计量单位

计量必须以货币为计量单位。作为计量单位的货币通常是指某国、某地区的法定货币。在不存在恶性通货膨胀的情况下,一般都以名义货币作为会计的计量单位。按名义货币计量的特点是,无论各个时期货币的实际购买力如何发生变动,会计计量都采用固定的货币单位,即不调整不同时期货币的购买力。

(二)计量属性及其构成

1. 历史成本

在历史成本计量下,资产按照购置时支付的现金或者现金等价物的金额,或者按照购置资产时所付出的对价的公允价值计量。负债按照因承担现时义务而实际收到的款项或者资产的金额,或者承担现时义务的合同金额,或者按照日常活动中为偿还负债预期需要支付的现金或者现金等价物的金额。

2. 重置成本

在重置成本计量下,资产按照现在购买相同或相似资产所需要支付的现金或者现金等价物的金额计量。负债按照现在偿付该项债务所需要支付的现金或者现金等价物的金额计量。

3. 可变现净值

在可变现净值计量下,资产按照其正常对外销售所能收到现金或者现金等价物的金额扣减该资产至完工时估计将要发生的成本、估计的销售费用以及相关税费后的金额计量。

可变现净值通常应用于存货的期末资产减值情况下的后续计量。例如,广州某企业年末某商品估计售价为 500 000 元,预计销售费用及相关税费为 50 000 元,则该商品可变现净值应该为 450 000 元。

4. 现值

在现值计量下,资产按照预计从其持续使用和最终处置中所产生的未来净现金流入量的折现金额计量。负债按照预计期限内需要偿还的未来净现金流出量的折现金额计量。

现值通常用于非流动性资产和非流动性负债的计量。例如,企业采用分期付款购入资产,且合同规定的期限较长,超过正常信用条件,这时购入资产就不能以各项付款之和确定,而应该以各期付款额的现值之和确定。

5. 公允价值

在公允价值是指市场参与者在计量日发生的有序交易中,出售一项资产所能收到或者转移一项负债所需要支付的价格。

公允价值计量主要用于交易性金融资产、可供出售金融资产以及投资性房地产的计量,相对于历史成本计量,公允价值计量这些资产具有更高的相关性。

（三）会计要素计量原则

企业对会计要素进行计量时,一般采用历史成本计量,以历史成本为计价基础有助于对各项资产、负债项目的确认和对计量结果的验证和控制;同时,按照历史成本原则进行核算,也使得收入与费用的配比建立在实际交易的基础上,防止企业随意改动资产价格造成经营成果虚假或任意操纵企业的经营业绩。

用历史成本计价比较客观,有原始凭证作证明,可以随时查证和防止随意更改。但这样做是建立在币值稳定假设基础之上的,如果发生物价变动导致币值出现不稳定,则需要研究、使用其他的计价基础,如可变现净值、重置成本等。

任务二　运用会计等式

任务描述

理解会计等式的基本原理,能够运用会计等式分析经济业务发生对会计等式的影响。

42

一、会计等式的定义及表示形式

(一)会计等式的定义

会计等式,又称会计恒等式、会计方程式或会计平衡公式,它是表明各会计要素之间基本关系的等式。

(二)会计等式的表示形式

1. 财务状况等式

会计要素是企业经济活动的具体分类,要素不是孤立存在的,而是有着密不可分的内在联系。被认定为会计主体的资产有各种具体的表现形式,或有形或无形,或价低或价高,或长期存在或很快被消耗。给予企业这些资产的各方都有各自的目的和要求,也因不同的给予形式拥有相应的权益。换言之,一个企业有多少资产,就意味着有关方对这些资产有多大的权益,资产和权益是同一事物的两个方面,即

$$资产=权益$$

资产总额反映了会计主体拥有的经济资源的总量,权益总额反映了有关方对资产总体的要求权的大小,而资产最初有两种获得方式,即投资者投入和向债权人借入。这两种方式使两方角色分别享有不同的权益,即投资人权益和债权人权益,因此

$$资产=债权人权益+所有者权益$$

站在会计主体的角度,债权人权益即会计主体对外的负债,因此又有

$$资产=负债+所有者权益$$

我们将上式称为会计恒等式,它不仅反映了会计主体某一时点的资产、负债、所有者权益三要素之间在数量上的恒等关系,更从经济含义上体现着三者之间的内在联系,是设置账户、复式记账和编制资产负债表的理论依据。

【例2-4】 接"案例导入",学子超市的会计要素构成如下。

银行存款=10 000 元

固定资产=20 000 元

库存商品=40 000 元

应付账款=20 000 元

实收资本=30 000＋20 000＝50 000(元)

则会计等式表示:

$$资产 = 负债 + 所有者权益$$
$$10\,000+20\,000+40\,000 = 70\,000 = 20\,000 + 50\,000$$

2. 经营成果等式

我国企业会计准则对收入和费用的定义是狭义的概念,不包括非日常活动产生的计入损益的利得和损失。而以广义的收入和费用来看,则有

$$收入－费用＝利润$$

3. 财务状况等式与经营成果等式的联系

根据债权人权益和所有者权益的差别,利润仅为所有者享有,损失也由所有者来承担。因此将上式代入会计恒等式,则有

$$资产＝负债＋(所有者权益＋利润)$$

$$资产＝负债＋所有者权益＋收入－费用$$

$$费用＋资产＝负债＋所有者权益＋收入$$

二、企业资金的运动对会计等式的影响

企业的经济业务可以说是复杂多样的,如从银行取得贷款、购进材料、组织生产、产品完工并销售等,但复杂的活动也有一定的规律可循,当我们找到了规律,就可以根据规律去分析复杂的经济活动。会计恒等式"资产＝负债＋所有者权益"就像一台天平,始终保持着平衡。这样,经济业务的变化类型总体来讲就包括两大类:一类活动引起等式两边同增同减;另一类活动引起等式一边此增彼减。在此基础上,对等式两边的要素之间的变化进一步分析,得出九类基本业务类型。

类型 1:资产与负债等额同增。

类型 2:资产与负债等额同减。

类型 3:资产与所有者权益等额同增。

类型 4:资产与所有者权益等额同减。

类型 5:资产内部项目之间等额此增彼减。

类型 6:负债内部项目之间等额此增彼减。

类型 7:所有者权益内部项目之间等额此增彼减。

类型 8:负债增加,所有者权益减少。

类型 9:负债减少,所有者权益增加。

【例 2-5】 广州大华有限责任公司 2021 年 1 月初资产总额 2 000 000 元,负债总额 1 200 000 元,所有者权益总额 800 000 元。该公司 2021 年 1 月发生如下经济业务(部分)。

(1) 采购一批生产用原材料,价值 40 000 元,货款未付。

该项经济业务引起资产要素中的"原材料"项目增加 40 000 元,同时引起负债要素中的"应付账款"项目增加 40 000 元,不涉及所有者权益要素,不影响会计基本等式的平衡关系,但使上笔业务后的等式金额发生了变化,两边同时增加了 40 000 元。

资产	=	负债	+	所有者权益
2 000 000	=	1 200 000	+	800 000
+ 40 000		+ 40 000		
2 040 000	=	1 240 000	+	800 000

（2）用银行存款 10 000 元,偿还一笔购货时的欠款。

该项经济业务引起资产要素中的"银行存款"项目减少 10 000 元,同时引起负债要素中的"应付账款"项目减少 10 000 元,不涉及所有者权益要素,不影响会计基本等式的平衡关系,但使上笔业务后的等式金额发生变化,两边同时减少了 10 000 元。

$$
\begin{array}{ccccc}
资\ 产 & = & 负\ 债 & + & 所有者权益 \\
2\ 040\ 000 & = & 1\ 240\ 000 & + & 800\ 000 \\
-\quad 10\ 000 & & -\quad 10\ 000 & & \\
2\ 030\ 000 & = & 1\ 230\ 000 & + & 800\ 000
\end{array}
$$

（3）某投资人向公司投入一台价值 120 000 元的设备。

该项经济业务引起资产要素中的"固定资产"项目增加 120 000 元,同时引起所有者权益要素中的"实收资本"项目增加 120 000 元,不涉及负债要素。不影响会计基本等式的平衡关系,但使上笔业务后的等式金额发生变化,两边同时增加了 120 000 元。

$$
\begin{array}{ccccc}
资\ 产 & = & 负\ 债 & + & 所有者权益 \\
2\ 030\ 000 & = & 1\ 230\ 000 & + & 800\ 000 \\
+\quad 120\ 000 & & & + & 120\ 000 \\
2\ 150\ 000 & = & 1\ 230\ 000 & + & 920\ 000
\end{array}
$$

（4）用银行存款 60 000 元,归还某投资人投资。

该项经济业务引起资产要素中的"银行存款"项目减少 60 000 元,同时引起所有者权益要素中的"实收资本"项目减少 60 000 元,不涉及负债要素,不影响会计基本等式的平衡关系,但使上笔业务后的等式金额发生变化,两边同时减少了 60 000 元。

$$
\begin{array}{ccccc}
资\ 产 & = & 负\ 债 & + & 所有者权益 \\
2\ 150\ 000 & = & 1\ 230\ 000 & + & 920\ 000 \\
-\quad 60\ 000 & & & - & 60\ 000 \\
2\ 090\ 000 & = & 1\ 230\ 000 & + & 860\ 000
\end{array}
$$

（5）从其开户银行取出现金 10 000 元。

该项经济业务引起资产要素中的"库存现金"项目增加 10 000 元,"银行存款"项目减少 10 000 元,不涉及所有者权益要素和负债要素,不影响会计基本等式的平衡关系,也没有使原有等式金额发生变化。

$$
\begin{array}{ccccc}
资\ 产 & = & 负\ 债 & + & 所有者权益 \\
2\ 090\ 000 & = & 1\ 230\ 000 & + & 860\ 000 \\
+\quad 10\ 000 & & & & \\
-\quad 10\ 000 & & & & \\
2\ 090\ 000 & = & 1\ 230\ 000 & + & 860\ 000
\end{array}
$$

（6）企业开出商业汇票 30 000 元,直接偿还前欠货款。

该项经济业务引起负债要素中的"应付票据"项目增加 30 000 元,"应付账款"项目减少 30 000 元,不涉及资产要素和所有者权益要素,不影响会计基本等式的平衡关系,也没有使原有等式金额发生变化。

资产	＝	负债	＋	所有者权益
2 090 000	＝	1 230 000	＋	860 000
		＋		30 000
				30 000
2 090 000	＝	1 230 000	＋	860 000

（7）某投资人甲购买了另一投资人乙的股份，价值 200 000 元。

该项经济业务引起所有者权益要素中的"实收资本"项目的具体投资人发生了变化，但投资金额未变。投资人乙对公司的投资减少 200 000 元，投资人甲对公司的投资增加 200 000 元，不涉及资产要素和负债要素，不影响会计基本等式的平衡关系，也没有使原有等式金额发生变化。

资产	＝	负债	＋	所有者权益
2 090 000	＝	1 230 000	＋	860 000
				－ 200 000
				＋ 200 000
2 090 000	＝	1 230 000	＋	860 000

（8）根据有关决议，决定向投资人分配利润 100 000 元，红利尚未实际发放。

该项经济业务引起所有者权益要素中的"未分配利润"项目减少 100 000 元，负债要素中的"应付股利"项目增加 100 000 元，不涉及资产要素，不影响会计基本等式的平衡关系，也没有使原有等式金额发生变化。

资产	＝	负债	＋	所有者权益
2 090 000	＝	1 230 000	＋	860 000
		＋ 100 000		－ 100 000
2 090 000	＝	1 330 000	＋	760 000

（9）某投资人代公司偿还到期的 100 000 元短期借款，并协商同意作为对公司的追加投资。

该项经济业务引起负债要素中的"短期借款"项目减少 100 000 元，同时引起所有者权益要素中的"实收资本"项目增加 100 000 元，不涉及资产要素，不影响会计基本等式的平衡关系，也没有使原有等式金额发生变化。

资产	＝	负债	＋	所有者权益
2 090 000	＝	1 330 000	＋	760 000
		－ 100 000		＋ 100 000
2 090 000	＝	1 230 000	＋	860 000

上述九类基本业务的发生均不影响财务状况等式的平衡关系，具体可以归纳为以下四种类型。

（1）会计等式两边项目同时等额增加。

（2）会计等式两边项目同时等额减少。

（3）会计等式左边项目（资产）等额一增一减。

（4）会计等式右边项目（负债及所有者权益）有关项目等额一增一减。

【项目训练】

1. 收入、费用和利润三要素是企业资金运动的（　　）。

　　A. 静态表现　　　　B. 动态表现　　　　C. 综合表现　　　　D. 以上都不正确

2. （　　）是复式记账的理论基础，也是编制资产负债表的理论依据。

　　A. 会计凭证　　　　　　　　　　　B. 会计分录

　　C. 资产＝负债＋所有者权益　　　　D. 利润＝收入－费用

3. 下列各项会引起企业收入增加的是（　　）。

　　A. 销售原材料　　　　　　　　　　B. 出售专利技术

　　C. 出售无形资产　　　　　　　　　D. 取得银行长期贷款

4. 会计计量属性反映的是（　　）。

　　A. 资产金额的确定基础　　　　　　B. 负债金额的确定基础

　　C. 收入金额的确定基础　　　　　　D. 会计要素金额的确定基础

5. 负债是指企业过去的交易或者事项形成的，预期会导致经济利益流出企业的（　　）。

　　A. 现时义务　　　　B. 潜在义务　　　　C. 过去义务　　　　D. 未来义务

6. 下列项目中属于所有者权益的是（　　）。

　　A. 应收账款　　　　B. 应付股利　　　　C. 盈余公积　　　　D. 投资收益

7. 下列项目不属于流动资产的是（　　）。

　　A. 货币资金　　　　　　　　　　　B. 交易性金融资产

　　C. 存货　　　　　　　　　　　　　D. 固定资产

8. 某企业 9 月初的资产总额为 15 万元，负债总额为 6 万元。9 月发生下列业务：取得收入共计 6 万元，发生费用共计 4 万元，则 9 月底该企业的所有者权益总额为（　　）万元。

　　A. 11　　　　　　　B. 17　　　　　　　C. 16　　　　　　　D. 10

9. 银行将短期借款转为对本公司的投资，这项经济业务将引起本公司（　　）。

　　A. 资产增加，所有者权益增加　　　B. 负债增加，所有者权益减少

　　C. 负债减少，所有者权益增加　　　D. 资产减少，负债减少

10. 资产按照现在购买相同或者相似资产所需支付的现金或者现金等价物的金额计量的会计计量属性是（　　）。

　　A. 历史成本　　　　B. 重置成本　　　　C. 公允价值　　　　D. 现值

二、多项选择题

1. 关于利润，下列说法正确的有（　　）。

　　A. 利润是评价企业管理层业绩的重要指标之一

47

B. 利润是指企业在一定会计期间的经营成果

C. 企业实现了利润,表明企业的所有者权益将增加

D. 企业发生了亏损,所有者权益不一定减少

2. 下列属于会计等式的有( )。

A. 资产＝权益　　　　　　　　　　B. 资产＝负债＋所有者权益

C. 利润＝收入－费用　　　　　　　　D. 资产＋所有者权益＝负债

3. 下列各等式不属于会计等式的有( )。

A. 本期借方发生额合计＝本期贷方发生额合计

B. 本期借方余额合计＝本期贷方余额合计

C. 资产＝权益

D. 收入－费用＝利润

4. 直接计入当期损益的利得和损失,是指( )的利得或损失。

A. 应当计入当期损益

B. 与所有者投入资本无关

C. 最终不会引起所有者权益发生增减变动

D. 与向所有者分配的利润无关

5. 期间费用是指企业在日常活动中发生的,应当计入当期损益的费用,包括( )。

A. 管理费用　　　　B. 销售费用　　　　C. 财务费用　　　　D. 制造费用

6. 下列属于所有者投入的资本的有( )。

A. 未分配利润　　　B. 资本公积　　　　C. 盈余公积　　　　D. 实收资本

7. 下列属于流动负债的有( )。

A. 预收款项　　　　B. 预付款项　　　　C. 应交税费　　　　D. 短期借款

8. 下列各项属于会计要素的是( )。

A. 利润　　　　　　B. 收入　　　　　　C. 费用　　　　　　D. 损失

9. 下列说法不正确的有( )。

A. 企业流动负债减去长期负债后的差额

B. 企业流动资产减去流动负债后的差额

C. 企业全部资产减去全部负债后的差额

D. 企业长期负债减去流动负债后的差额

10. 下列不属于企业非流动资产的是( )。

A. 存货　　　　　　　　　　　　　　B. 可供出售金融资产

C. 长期股权投资　　　　　　　　　　D. 无形资产

三、判断题

1. 损失即费用,计入损失即计入当期费用。　　　　　　　　　　　　　( )

2. 收入等于商品销售收入与让渡资产使用权之和。　　　　　　　　　( )

3. 如果资产要素不变,则必然发生负债和所有者权益一增一减的情况。( )

4. 利润包括收入减去费用后的净额、直接计入当期损益的利得和损失等。( )

5. 收入减去费用后的金额如果为正数,则代表盈利,如果为负数,则代表亏损。

（　　）

6. 公允价值计量主要用于交易性金融资产、可供出售金融资产以及投资性房地产的计量。

（　　）

7. 资产、负债与所有者权益的平衡关系式,企业资金运动处于相对静止状态下出现的,如果考虑收入、费用等动态要素,则资产与权益的平衡关系必然被破坏。

（　　）

8. 在现值计量下,资产按照其正常对外销售所能收到现金或者现金等价物的金额扣减该资产至完工时估计将要发生的成本、估计的销售费用以及相关税费后的金额计量。

（　　）

9. 权益就是指债权人权益。

（　　）

10. 会计要素是对财务会计对象的基本分类,是根据交易或者事项的经济特征确定的。

（　　）

四、实务题

某企业 2021 年 7 月 1 日资产、负债、所有者权益的资料如表 2-1 所示。

表 2-1　资产、负债、所有者权益表　　　　　　　　　　单位:元

资产项目	金　额	负债与所有者权益项目	金　额
库存现金	1 000	短期借款	50 000
银行存款	120 000	应付账款	20 000
应收账款	30 000	应交税费	2 000
原材料	20 000	实收资本	360 000
产成品	50 000	盈余公积	100 000
生产成本	11 000		
固定资产	300 000		
合　计	532 000	合　计	532 000

7 月发生如下经济业务。

(1) 购入原材料一批,计 5 000 元,已验收入库,但货款未付。

(2) 从银行提现金 3 000 元。

(3) 以银行存款上缴税费 2 000 元。

(4) 收到应收账款 30 000 元存入银行。

(5) 收到甲投资者以一辆全新汽车投资,价值 120 000 元。

(6) 向银行借入短期借款直接偿还应付账款 20 000 元。

(7) 生产车间领用材料 8 000 元。

(8) 以银行存款偿还银行短期借款 30 000 元。

(9) 向银行借入短期借款 50 000 元存入银行。

(10) 以银行存款购买原材料 18 000 元,材料已验收入库。

要求:计算上述经济业务发生引起有关项目的增减变动及结果,填在表 2-2 中;并说

49

项目二　　认知会计要素与会计等式

明经济业务的发生对会计等式的影响。

表 2-2　资产、负债与所有者权益明细表　　　　　　单位：元

资产项目	变动前金额	增加金额	减少金额	变动后金额	负债与所有者权益项目	变动前金额	增加金额	减少金额	变动后金额
合计					合计				

50

项目三　认知会计科目与账户

知识目标

1. 理解会计科目的概念
2. 理解会计账户的概念
3. 理解会计科目与会计账户之间的关系

技能目标

1. 能使用会计科目对企业经济业务涉及的会计要素进行分类核算
2. 认识账户性质
3. 能正确使用"T"字形账户

课程思政目标

1. 坚持法治原则
2. 树立准则意识
3. 培养诚实守信的工作作风

案例导入

王华、李小东两位同学成立的"学子超市"在经营中使用一定量的现金,并在银行开户用于交易转账。超市拥有货架、各种日用商品、文具等用于销售,仓库中放有大量的库存商品,另外,还有一些用于出租的物品,也有资金用于支付员工及管理人员工资、招待客户、维护公司网站等。

问题:

如何将该超市的各项资产和经营活动进行合理有效的记录呢?

任务一　认知会计科目

任务描述

认知会计科目,熟悉会计科目设置的原则和具体内容。

一、会计科目的定义与分类

(一) 会计科目的定义

企业在经营过程中发生的各种各样的经济业务,会引起各项会计要素发生增减变化。由于企业的经营业务错综复杂,即使涉及同一种会计要素,也常具有不同性质和内容。例如,固定资产和现金虽然都属于资产,但它们反映的经济内容以及在经济活动中的周转方式和所引起的作用各不相同。又如应付账款和长期借款,虽然都是负债,但它们的形成原因和偿付期限也各不相同。再如所有者投入的实收资本和企业的利润,虽然都是所有者权益,但它们的形成原因与用途并不一样。为了实现会计的基本职能,从数量上反映各项会计要素的增减变化,不但需要取得各项会计要素增减变化及其结果的总括数字,还要取得一系列更加具体的分类和数量指标。为了满足所有者对利润构成及其分配情况、负债及构成情况了解的需要,为了满足债务人了解流动比率、速动比率等有关指标并判断其债权人的安全情况的需要,为了满足税务机关了解企业缴纳税金的详细情况的需要,需要对会计要素作进一步分类。

会计科目,简称科目,是对会计要素对象的具体内容进行分类核算的项目,是进行各项会计记录和提供各项会计信息的基础。

设置会计科目是复式记账法中编制、整理会计凭证和设置账簿的基础,并能提供全面、统一的会计信息,以便投资人、债权人以及其他会计信息使用者掌握和分析企业的财务情况、经营成果及现金流量。

(二) 会计科目的分类

为明确会计科目之间的相互关系,充分理解会计科目的性质和作用,进而更加科学规范地设置会计科目,以便更好地进行会计核算和会计监督,有必要对会计科目按一定的标准进行分类。对会计科目进行分类的标准主要有两个:一是会计科目反映的经济内容(即所属会计要素);二是会计科目核算信息的详略程度。

1. 按会计科目反映的经济内容(即所属会计要素)分类

(1) 资产类科目:按资产的流动性分为反映流动资产的科目和反映非流动资产的科目。

(2) 负债类科目:按负债的偿还期限分为反映流动负债的科目和反映长期负债的科目。

(3) 共同类科目:既有资产性质又有负债性质的科目。共同类科目的特点是需要从其期末余额所在方向界定其性质。

(4) 所有者权益类科目:按权益的形成和性质可分为反映资本的科目和反映留存收益的科目。

(5) 成本类科目:包括"生产成本""劳务成本""制造费用"等科目。

(6) 损益类科目:分为收入性科目和费用支出性科目。收入性科目包括"主营业务收入""其他业务收入""投资收益""营业外收入"等科目。费用支出性科目包括"主营业务成本""其他业务成本""税金及附加""营业外支出""销售费用""管理费用""财务费用""所得税费用"等科目。

按照会计科目的经济内容进行分类,遵循会计要素的基本特征,将各项会计要素的

52

增减变化分门别类的进行归集,清晰地反映了企业的财务状况和经营成果。

2. 按其核算信息详略程度分类

为了使企业提供的会计信息更好地满足各会计信息使用者的不同要求,必须对会计科目按照其核算信息的详略程度进行级次划分。一般情况下,可以将会计科目分为总分类科目和明细科目分类。

总分类科目又称一级科目或总账科目,是对会计要素具体内容所做的总括分类,它提供总括性的核算指标,如"固定资产""原材料""应收账款""应付账款"等。

明细分类科目又称明细科目,是对总分类科目所含内容所做的更为详细的分类,如在"原材料"科目下,按材料类别开设"原料及主要材料""辅助材料""燃料"等二级科目。明细科目又可分二级科目和三级科目。明细科目的设置,除了要符合财政部统一规定外,一般根据经营管理需要,由企业自行设置。如在"原料及主要材料"下,再根据材料规格、型号等开设三级科目。

实际工作中,并不是所有的一级科目都需要开设二级和三级科目,根据会计信息使用者所需不同信息的详细程度,有些只需要设置一级科目,有些只需要设置一级科目和二级科目,不需要设置三级科目。会计科目的级别如表3-1所示。

表3-1　"原材料"总账和明细账会计科目

总账科目 (一级科目)	明细分类科目	
	二级科目(子目)	三级科目(细目)
原材料	原料及主要材料	圆钢、角钢
	辅助材料	润滑剂、石炭酸
	燃料	汽油、原煤

在我国,总分类科目一般由财政部统一制定,明细分类科目除会计制度规定设置的以外,各单位可以自行设置,以保证对会计科目的需求。

二、设置会计科目

(一)会计科目设置原则

会计科目作为反映会计要素的构成情况及其变化情况,为投资者、债权人、企业管理者等提供会计信息的重要手段,在其设置过程中应努力做到科学、合理、实用,因此在设计会计科目时应遵循下列基本原则。

1. 合法性原则

合法性原则是指所设置的会计科目应当符合国家统一的会计制度的规定。中国现行的统一会计制度中均对企业设置的会计科目作出规定,以保证不同企业对外提供的会计信息的可比性。企业应当参照会计制度中的统一规定的会计科目,根据自身的实际情况设置会计科目,但其设置的会计科目不得违反现行会计制度的规定,对于国家统一会计制度规定的会计科目。企业可以根据自身的生产经营特点,在不影响统一会计核算要求以及对外提供统一的财务报表的前提下,自行增设、减少或合并某些会计科目。

2. 相关性原则

相关性原则是指所设置的会计科目应当提供有关各方所需要的会计信息服务,满足对外报告与对内管理的要求。根据企业会计准则的规定,企业财务报告提供的信息必须满足对内对外各方面的需要,而设置会计科目必须服务于会计信息的提供,必须与财务报告的编制相协调,相关联。

3. 实用性原则

实用性原则是指在合法性的基础上,企业应当根据组织形式、所处行业、经营内容、业务种类等自身特点,设置符合企业需要的会计科目。会计科目设置应该简单明了,通俗易懂,突出重点,对不重要的信息进行合并或删减,尽量使读者一目了然,便于理解。每一科目,原则上反映一项内容,各科目之间不能相互混淆。企业可以根据本企业具体情况,在不违背会计科目使用原则的基础上,确定适合本企业的会计科目名称。

(二)会计科目内容

根据财政部颁布的《企业会计准则——应用指南》统一制定的企业实际工作中需要使用的会计科目,如表 3-2 所示。

表 3-2 《企业会计准则——应用指南》会计科目名称

序号	编号	会计科目名称	序号	编号	会计科目名称
		一、资产类	24	1474	合同资产减值准备
1	1001	库存现金	25	1475	合同履约成本
2	1002	银行存款	26	1476	合同履约成本减值准备
3	1015	其他货币资金	27	1477	合同取得成本
4	1101	交易性金融资产	28	1478	合同取得成本减值准备
5	1121	应收票据	29	1485	应退货成本
6	1122	应收账款	30	1501	持有至到期投资
7	1123	预付账款	31	1502	持有至到期投资减值准备
8	1131	应收股利	32	1503	可供出售金融资产
9	1132	应收利息	33	1511	长期股权投资
10	1231	其他应收款	34	1512	长期股权投资减值准备
11	1241	坏账准备	35	1521	投资性房地产
12	1321	代理业务资产	36	1531	长期应收款
13	1401	材料采购	37	1532	未实现融资收益
14	1402	在途物资	38	1601	固定资产
15	1403	原材料	39	1602	累计折旧
16	1404	材料成本差异	40	1603	固定资产减值准备
17	1405	库存商品	41	1604	在建工程
18	1406	发出商品	42	1605	工程物资
19	1407	商品进销差价	43	1606	固定资产清理
20	1408	委托加工物资	44	1701	无形资产
21	1411	周转材料	45	1702	累计摊销
22	1471	存货跌价准备	46	1703	无形资产减值准备
23	1473	合同资产	47	1711	商誉

序号	编号	会计科目名称	序号	编号	会计科目名称
48	1801	长期待摊费用	74	4002	资本公积
49	1811	递延所得税资产	75	4101	盈余公积
50	1901	待处理财产损溢	76	4103	本年利润
		二、负债类	77	4104	利润分配
51	2001	短期借款	78	4201	库存股
52	2101	交易性金融负债			五、成本类
53	2201	应付票据	79	5001	生产成本
54	2202	应付账款	80	5101	制造费用
55	2203	预收账款	81	5201	劳务成本
56	2205	合同负债	82	5301	研发支出
57	2211	应付职工薪酬			六、损益类
58	2221	应交税费	83	6001	主营业务收入
59	2231	应付利息	84	6051	其他业务收入
60	2232	应付股利	85	6101	公允价值变动损益
61	2241	其他应付款	86	6111	投资收益
62	2401	递延收益	87	6115	资产处置损益
63	2501	长期借款	88	6301	营业外收入
64	2502	应付债券	89	6401	主营业务成本
65	2701	长期应付款	90	6402	其他业务支出
66	2702	未确认融资费用	91	6403	税金及附加
67	2711	专项应付款	92	6601	销售费用
68	2801	预计负债	93	6602	管理费用
69	2901	递延所得税负债	94	6603	财务费用
		三、共同类	95	6604	勘探费用
70	3101	衍生工具	96	6701	资产减值损失
71	3201	套期工具	97	6702	信用减值损失
72	3202	被套期项目	98	6711	营业外支出
		四、所有者权益类	99	6801	所得税费用
73	4001	实收资本	100	6901	以前年度损益调整

注：(1) 共同类项目的特点是，既可能是资产也可能是负债。在某些条件下是一项权益，形成经济利益的流入，就是资产；在某些条件下是一项义务，将导致经济利益流出企业，这时就是负债。

(2) 损益类项目的特点是，其项目是形成利润的要素。如反映收益类的科目"主营业务收入"；反映费用类的科目"主营业务成本"。

表 3-2 的内容看似复杂，如果我们把它们先按要素进行分类，再针对具体项目的特点分别命名：公司的人民币(库存现金)、银行里的存款(银行存款)、公司用于生产的机器设备(固定资产)、钢板(原材料)、电机(固定资产)、车床(固定资产)、螺丝(周转材料)以及车间里完工的设备(库存商品)都是企业的资产，而括号里的就被称为会计科目。如果几个事项在会计核算中具有相同的特点和性质，就可以使用相同的会计科目，比如，该公司的汽

车因为和电机、车床一样能长期为企业服务,单位价值也较高,则被纳入固定资产的范畴。

　　会计科目的设置取决于企业的管理要求、管理水平、规模大小、业务繁简。既不要过于复杂烦琐,增加不必要的工作量,又不要过于简单粗糙,使各项会计要素混淆不清,不能满足会计信息使用者的需要。设置会计科目,是填制会计凭证和设置账户的依据,是编制会计报表的基础。

　　由表3-2可知,会计科目按其反映的经济内容的不同可以分为资产类、负债类、共同类、所有者权益类、成本类和损益类六大类。

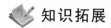 **知识拓展**

会计科目的排序与编号

　　会计科目是对会计要素作进一步的划分,在排列上既要适应财务报表内容、格式及编报的传统,又须显示会计要素之间的性质区别。六大类的排列顺序是按先资产后权益、先静态后动态进行排列的,而各项目内的顺序又分别按照流动性、永久性、重要性等排列。

　　会计科目编号供企业填制会计凭证、登记会计账簿、查阅会计账目、采用会计软件系统时参考,方便确定科目类别和位置,满足制证、记账的工作要求,提高工作效率和实行会计电算化。会计科目的编号应达到以下要求:①专一性;②简单明了便于记忆;③排列有序,层次分明;④有一定的弹性,留有余地;⑤分类合理。会计科目的一级科目是规定的,一般为固定的四位数,不能随意更改;二级以下的科目可根据自己企业的业务情况自行设置。第一位数代表该科目所属科目类别,如1代表资产,第二位数代表在该类中的小类,后两位数则对应具体科目。科目编号并不连续,以便今后为新发生的业务设置新科目时进行分类编号。

任务二　认识会计账户

任务描述

　　认识会计账户,理解会计科目与账户的关系,熟悉会计账户结构和具体内容。

　　会计科目只是对会计对象的具体内容(会计要素)进行分类的项目。为了能够分门别类地对各项经济业务的发生所引起会计要素的增减变动情况及其结果进行全面、连续、系统、准确地反映和监督,为经营管理提供需要的会计信息,必须设置一种方法或手段,以核算指标的具体数字资料,即必须根据会计科目开设账户。

一、会计账户的定义

　　会计账户是指具有一定格式,用来分类、连续地记录经济业务,反映会计要素增减变动及其结果的一种核算工具。在设置会计科目以后,应根据规定的会计科目开设一系列反映不同经济内容的账户。每个账户都有一个科学而简明的名称,账户的名称就是会计科目。会计账户是根据会计科目设置的。设置账户是会计核算的一种专门方法,运用账户,把各项经济业务的发生情况及由此引起的资产、负债、所有者权益、收入、费用和利润各要素的变化,系统地、分门别类地进行核算,以便提供所需要的各项指标。

二、会计账户与会计科目的关系

会计科目与账户是两个既有区别,又相互联系的不同概念。它们的共同点是:会计科目是设置会计账户的依据,是会计账户的名称,会计账户是会计科目的具体运用,会计科目所反映的经济内容,就是会计账户所要登记的内容。它们之间的区别在于:会计科目只是对会计要素具体内容的分类,规定了具体核算的内容,但本身没有结构;会计账户则有相应的结构,是一种核算方法,能具体反映资金运用状况。

在实际工作中,对会计科目与会计账户并不严格区分,有时相互通用。

三、账户的分类

(一)根据经济内容分类

账户按经济内容的分类也可以分为资产类账户、负债类账户、共同类账户、所有者权益类账户、成本类账户和损益类账户六大类。

1. 资产类账户

资产类账户是用来核算企业资产的增减变动和结余情况的账户。按照资产的流动性不同,可划分为以下两类。

(1)核算流动资产的账户,如库存现金、银行存款、应收账款、其他应收款、原材料、库存商品等。

(2)核算非流动资产的账户,如长期股权投资、固定资产、累计折旧、无形资产等。

2. 负债类账户

负债类账户是用来核算企业负债的增减变动和结存情况的账户。按照负债偿还期限长短,可划分为以下两类。

(1)核算流动负债的账户,主要有短期借款、应付票据、预收账款、应付职工薪酬、应交税费等。

(2)核算长期负债的账户,主要有长期借款、应付债券、长期应付款等。

3. 共同类账户

共同类账户是用来核算有关业务而形成的资产或负债。一般企业共同类账户有衍生工具、套期工具和被套期项目。共同类账户具有资产或负债的双重性质。

4. 所有者权益类账户

所有者权益类账户是用来核算企业所有者权益的增减变动和结余情况的账户。按照所有者权益的来源不同,可划分为以下两类。

(1)核算所有者原始投资的账户,如实收资本(或股本)。

(2)核算所有者投资积累的账户,如资本公积、盈余公积、本年利润和利润分配。

57

5. 成本类账户

成本类账户是用来核算企业生产经营过程中发生的费用,并计算成本的账户。成本类账户主要有生产成本、制造费用、劳务成本、研发成本等。

从某种意义上来说,成本类账户也是资产类账户,该类账户的期末余额属于企业的资产。例如,生产成本账户的期末余额表示企业尚未完工的产品(也称在产品)的成本,是属于企业的流动资产。

6. 损益类账户

损益类账户是用来核算与损益计算直接相关的账户,核算内容主要是企业的收入和费用。该类账户又可以划分为以下两类。

(1) 核算收入的损益类账户,主要有主营业务收入、其他业务收入、投资收益和营业外收入账户。

(2) 核算支出的损益类账户,主要有主营业务成本、税金及附加、其他业务成本、销售费用、管理费用、财务费用、营业外支出、所得税费用等。

(二) 账户按照反映经济内容的详细程度分类

账户按照反映经济内容的详细程度分类与会计科目按其分类相同,也可以分为总分类账户(一级账户)和明细分类账户(二级或三级账户)。按总分类科目(一级科目)开设的账户就是总分类账户,又称一级账户,以货币为计量单位,用于对会计要素具体内容进行总分类核算,提供总括核算资料的账户。按明细分类科目(二、三级科目)开始的账户就是明细分类账户,又称二级或三级账户,以货币、实物等为计量单位,用来对会计要素具体内容进行明细分类核算,提供详细核算资料的账户。它们之间的关系是:统驭与被统驭、制约与被制约的关系,前者统驭后者,后者对前者起补充说明的作用,从属于前者。

【例 3-1】 一个企业就如同一个家庭,假设有一个家庭有这样一些事项:该家庭在建设银行开设两个账户,账号分别是 JS1234 和 JS5678,在工商银行开设三个账户,账号分别是 GS1234、GS4567 和 GS5678;有房产两处,一处为一套三居室的住房,另一处为车库一间;有一辆轿车和一辆电动自行车;还有一台液晶电视、一台冰箱和一台洗衣机。试想,如何填写表 3-3?

表 3-3　总分类科目与明细分类科目

总分类科目 (一级科目)	明细分类科目	
	二级科目	三级科目
银行存款	建设银行	

总分类科目 （一级科目）	明细分类科目	
	二级科目	三级科目
固定资产	家电类	
	房产类	

四、会计账户的内容

为了正确地记录和反映经济业务，账户不仅要有明确的核算内容，还要有一定的结构，也就是账户的格式。在实际业务中，每一个账户表现为账簿中的某页或某些页。一般包括以下内容。

(1)账户名称。填写设置账户所依据的会计科目的名称。

(2)日期栏。记录经济业务发生的日期。

(3)凭证号栏。填写该笔账目记录所依据的记账凭证的编号。

(4)摘要栏。填写某项经济业务的简要说明。

(5)金额栏。金额栏分为发生额栏和余额栏。发生额栏填写某项经济业务发生时引起该账户增加或减少的金额；余额栏填写一定日期该账户的增减金额变动的结果。由于会计分期而有了相对的期初余额和期末余额。

账户的记录应是连续的，各金额之间存在着如下的关系。

$$期末余额＝期初余额＋本期增加发生额－本期减少发生额$$

会计的记录是以货币计量为主要计量形式，因此在一个账户中，金额栏成为其主要部分，人们关注的首要内容也是某项目的金额变化。而一个账户的金额变化不外乎增加和减少两种情况，为突出账户的主要部分，又便于教学，我们常把账户结构简单地表示为"T"字形，如图 3-1 所示。

图 3-1　"T"字形账户

"T"字形账户的左右两边用以登记该账户增减变动时的金额，增减多少以及应计入左右哪方,要根据不同的记账方法及账户的性质来决定。

【项目训练】

1.(   )是具有一定的格式和结构,用于分类反映会计要素增减变动情况及其结果的载体。

    A. 账户   B. 明细账   C. 记账凭证   D. 会计科目

2. 下列关于账户和会计科目的表述中,错误的是(   )。

    A. 账户是会计科目的名称,会计科目是账户的具体应用

    B. 两者之间的区别在于账户具有一定的格式和结构

    C. 在实际工作中,对账户和会计科目不加严格区别,而是互相通用

    D. 账户能反映会计要素增减变化的情况及其结果,而会计科目不能

3. 下列各项中,(   )属于反映费用的科目。

    A. 制造费用   B. 应交税费   C. 管理费用   D. 待摊费用

4. 资产负债表中所有者权益类科目的排列顺序是(   )。

    A. 实收资本、盈余公积、资本公积、未分配利润

    B. 资本公积、实收资本、盈余公积、未分配利润

    C. 资本公积、实收资本、未分配利润、盈余公积

    D. 实收资本、资本公积、盈余公积、未分配利润

5. "待处理财产损溢"科目属于(   )科目。

    A. 资产类   B. 负债类

    C. 所有者权益类   D. 成本类

6.(   )是对会计要素的具体内容进行分类核算的项目。

    A. 会计报表   B. 会计科目   C. 会计账户   D. 会计账簿

7. "主营业务成本"科目按其反映的经济内容不同,属于(   )类科目。

    A. 成本   B. 资产   C. 损益   D. 所有者权益

8. 以下表述不正确的是(   )。

    A. 总分类科目提供会计要素总括信息的会计科目

    B. 明细分类科目提供更详细和更具体会计信息的科目

    C. 明细科目较多的总账科目,可在总账科目和明细科目之间设立二级科目或多级科目

    D. 会计科目按经济内容不同分为资产类、负债类、所有者权益类、收入类、费用类和利润类六大类

9. 二级会计科目要不要设,设置多少,主要取决于(   )的需要。

    A. 领导意图   B. 企业规模   C. 一级会计科目   D. 企业经营管理

10. 账户的"期末余额"一般在(   )。

A. 增加方   B. 减少方   C. 账户的左方   D. 账户的右方

二、多项选择题

1. 下列各项属于会计科目设置原则的有(   )。
    A. 合法性   B. 相关性   C. 实用性   D. 真实性

2. 下列关于会计科目设置的表述中,正确的有(   )。
    A. 应当遵循谨慎性原则
    B. 应当符合单位自身特点
    C. 应当满足相关各方的信息需求
    D. 应当符合国家统一会计制度的规定

3. 账户分类的依据有(   )。
    A. 根据经济内容
    B. 根据会计科目流动性
    C. 根据会计核算的复杂程度
    D. 根据所反映经济内容的详细程度

4. 账户包括的内容主要有(   )。
    A. 账户名称   B. 日期   C. 凭证字号   D. 金额

5. 属于资产类会计科目的有(   )。
    A. 应收账款   B. 预收账款   C. 预付账款   D. 应付账款

6. 关于"明细分类科目"的说法中正确的有(   )。
    A. 属于一级科目
    B. 属于二级科目
    C. 是对总分类科目的核算内容进行详细分类的科目
    D. 提供更加详细具体的指标

7. 下列关于会计科目设置应遵循的相关性原则的表述中,正确的有(   )。
    A. 所设置的会计科目应当为提供有关各方所需要的会计信息服务
    B. 所设置的会计科目应当满足对外报告与对内管理的要求
    C. 所设置的会计科目应当符合单位自身特点,满足单位实际需要
    D. 所设置的会计科目主要是为了提高会计核算所提供的会计信息的相关性

8. 根据核算的经济内容,账户分为(   )。
    A. 资产类账户   B. 负债类账户
    C. 共同类账户   D. 所有者权益类账户

9. 下列属于总分类科目的有(   )。
    A. 库存现金   B. 辅助生产成本
    C. 甲材料   D. 其他应收款

10. 下列会计科目属于损益类的有(   )。
    A. 营业外支出   B. 其他业务收入
    C. 主营业务收入   D. 销售费用

61

三、判断题

1. 会计科目按其所提供信息的详细程度及其统驭关系,分为一级科目或二级科目。（　　）

2. 账户的日期依据的是记账凭证中注明的日期。（　　）

3. 在会计核算中除了要按照各会计要素的不同特征,还应该根据经营管理的要求进行系统的分类,设置会计科目。（　　）

4. 总分类账户和所属明细分类账户核算的内容不同,反映内容的详细程度也有所不同。（　　）

5. 总分类科目对明细分类科目起着统驭控制的作用。（　　）

6. "财务费用"核算企业产生的利息费用,因此"财务费用"属于负债类科目。（　　）

7. 合法性原则是指企业设置的会计科目应该与企业自身的经济业务相关。（　　）

8. 会计科目的作用主要是为了开设账户、填凭证所运用;而账户的作用主要是提供某一具体会计对象的会计资料,为编制财务报表所运用。（　　）

9. 为了全面、序时、连续、系统地反映和监督会计要素的增减变动,必须设置账户。（　　）

10. 账户仅反映经济内容是什么,而会计科目不仅反映经济内容是什么,而且系统地反映某项经济内容的增减变动及其余额。（　　）

项目四　运用借贷记账法

知识目标

1. 掌握复式记账法的基本原理和主要特点
2. 掌握借贷记账法的具体内容和基本操作
3. 掌握借贷记账法下账户的基本结构和各类账户的具体结构

技能目标

1. 能正确使用借贷记账法
2. 能运用借贷记账法初步分析、处理简单经济业务

课程思政目标

1. 树立法治意识
2. 培养遵纪守法的社会公德
3. 培养严格自律的职业道德

案例导入

王华和李小东的"学子超市"运行得不错，最近他们决定将部分柜台采用对外招租的方式租赁出去，让更多的学生参与创业。

食品系小赵和小张是一对好朋友，经与家人商量后决定共同投资经营一个面包房。他们虽然不懂会计，但相信只要顾客盈门就会赚钱。他们认为，会计方面只要有简单的算术知识就可以了，况且即使不算账，钱也不会跑掉，因此，懂不懂会计知识是无所谓的。面包房刚开张时由于业务量较小，他们根据收入现金的多少确定盈亏也没有感到有什么不便。但一年后，生意越做越大，他们招聘了部分新职员，扩大了规模，这时，他们才发现原来的管理方法存在问题。下面是2020年12月面包房发生的一些交易。

（1）本月对外销售面包价款总计10 000元，收到现金8 000元，另有2 000元的货款，因为是同班同学购买，约定下月付款。

（2）学院定于下月初为单位职工举办生日晚会，向面包店预定下月用的面包及相关食品，预付账款3 000元，面包店预计将于下月为其供货。

（3）因面粉价格不断上涨，为节约成本，本月一次性采购了9 000元的面粉，其中，本月实际耗用了4 000元的面粉，另有5 000元的面粉库存待用。

（4）本月支付职工工资 1 500 元，但另有一名同学请事假回家，其本月 500 元的工资未支付。

（5）本月一次性支付了本季度的租金共计 600 元。

（6）每季度末需向环卫部支付 600 元卫生费（每月 200 元）。

小赵和小张确认本月损益的方法如下。

　　　本月收入（本月实际收到的现金）＝8 000＋3 000＝11 000（元）

　　　本月成本（本月实际支付的现金）＝9 000＋1 500＋600＝11 100（元）

　　　本月利润＝收入－成本＝11 000－11 100＝－100（元）

算完账，小赵和小张很沮丧，明明本月生意兴隆，却怎么不赚钱还亏损呢？钱到底跑到哪儿去了呢？

问题：

（1）请帮助解决小赵和小张的困惑，并说明收付实现制的不足。

（2）如果按权责发生制来处理，请你为小赵和小张算算面包店本月的净收益。

（3）请你说明营利性会计主体选择权责发生制的优点及不足。

任务一　认识记账方法

任务描述

认识记账方法，了解记账方法的种类、复式记账法以及复式记账法的特点。

一、记账方法

在会计工作中，为了有效地反映和监督会计对象，各会计主体除了要按照规定的会计科目设置账户外，还应采用一定的记账方法。记账方法，是指按照一定的规则，使用一定的符号，在账户中登记各项经济业务的技术方法。会计上的记账方法，最初是单式记账法，随着社会经济的发展和人们的实践与总结，单式记账法逐步改进，从而演变为复式记账法。

二、记账方法的种类

（一）单式记账法

单式记账法是指对发生的经济业务一般只在一个账户中进行计量与记录的方法。单式记账法的方法体系由核算项目、账簿设置、记录方法、会计凭证、结算方法以及会计报告等具体方法组成，是一种比较简单、不完整的记账方法。采用这种方法，一般只反映现金和银行存款的收付业务，以及债权、债务方面发生的经济业务事项，而不反映现金收付及债权、债务的对象。例如，用银行存款购买材料物资的业务，只在账户中记录银行存款的付出业务，而对材料物资的增加，却不在账户中记录。又如以现金支付办公用品费，只记录现金支出而不记录费用发生。因此，单式记账法一般只需设置"现金""银行存款"

"应收账款""应付账款"等账户,而没有记录对应账户,账户之间不能形成相互对应的关系,未能形成一套完整的账户体系,不能完整地反映经济业务的来龙去脉。目前,这种记账方法在实务中基本不被采用。

(二)复式记账法

1. 复式记账法的定义

复式记账法是指对任何一笔经济业务都必须同时在两个或两个以上的相互联系的账户中用相同的金额进行全面登记的一种记账方法。

复式记账要求任何一笔经济业务都需要在至少两个账户中进行登记(做双重记录,故称为"复式")。如从银行提取现金,同时涉及"库存现金"和"银行存款"两个账户;生产车间领用原材料也会同时涉及"生产成本"和"原材料"两个账户;购入材料,只支付一部分货款,其余货款暂欠的业务则会同时涉及"原材料""银行存款"和"应付账款"三个账户。

2. 复式记账法的种类

在世界及我国的会计发展史上,曾经采用过和正在采用的复式记账法有"增减记账法""收付记账法""借贷记账法"等。各种复式记账法在其基本原理相同的条件下,主要表现为记账符号、记账规则和试算平衡公式的不同。在 1993 年会计制度改革以前,企事业单位中以上三种复式记账法并存,这给企业间横向经济联系和与国际经济交往带来诸多不便,也加大跨行业的公司和企业集团会计工作的难度。我国《企业会计准则——基本准则》中明确规定,企业应当采用借贷记账法。

3. 复式记账法的特点

复式记账法与单式记账法相比,具有以下两个特点。

(1)复式记账法对每一项经济业务的发生都要在两个或两个以上相互联系的账户中进行记录。其一,当经济业务涉及两个账户时就在两个账户中记录,当经济业务涉及三个或更多的账户时就要在三个或更多的账户中记录,因此,复式记账法可以使发生的经济业务得到全面的记录和反映;其二,经济业务所涉及的两个或两个以上的账户必须相互联系,可以反映经济业务的来龙去脉。因此,采用复式记账法,通过对账户的记录,不仅可以全面、系统地反映经济活动的过程和结果,而且还可以了解经济业务的来龙去脉。

(2)由于复式记账法对发生的每一项经济业务所涉及的账户的金额要以相等的方式进行记录,具体表现为资金运动过程中的"资金占用=资金来源"和资金运动到某一时点上的"资产=负债+所有者权益"的结果,因此,通过对账户记录中"资金占用=资金来源"和"资产=负债+所有者权益"的计算,可以检查账户记录的正确性。可见,复式记账法是一种科学的记账方法。

任务二　借贷记账法的运用

任务描述

了解借贷记账法的具体内容和运用方法,熟悉借贷记账法下各类账户的基本结构。

一、借贷记账法的定义

借贷记账法是以"借""贷"作为记账符号的一种复式记账方法,即将发生的经济交易与事项所引起会计要素以相等的金额发生增减变动,同时在相互联系的两个或者两个以上的账户中进行相互联系、相互制约的记录。

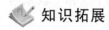 **知识拓展**

借贷记账法的起源

借贷记账法起源于13—14世纪的意大利。最初,意大利佛罗伦萨的"借贷资本家"从贷主处借入款项,并记入贷主名下的贷方,归还记借方;将款项贷出时,记入借主名下的借方,收回记贷方。贷主名下所记内容表示的是"借贷资本家"债务的增减变动,借主名下所记内容表示的是"借贷资本家"债权的增减变动。这时,"借"和"贷"分别表示"借贷资本家"与债权人、债务人之间的债权债务关系。在以后的几百年里,随着商品经济的发展,借贷记账法也在不断发展和完善,借贷记账法经过了热那亚阶段和威尼斯阶段。"借"和"贷"两字逐渐失去其本来含义,变成了纯粹的记账符号。记录的内容也不仅仅局限于货币资金的借贷业务,而是逐步扩展到财产物资、经营损益和经营资本的增减变化,并广泛应用于许多行业。随后,借贷记账法传遍了欧洲、美洲等地,成为世界通用的记账方法。1494年,意大利数学家卢卡·帕乔利的《算术、几何、比与比例概要》一书问世,标志着借贷记账法正式成为大家公认的复式记账法,也标志着近代会计的开始。卢卡·帕乔利也因此被称为"近代会计学之父"。

随着经济活动内容的日益复杂,记录的经济业务不再局限于货币的借贷和保管业务,逐渐扩展到其他财产物资、经营损益等内容。为求得账簿记录的统一,对于非货币资金业务也采用这种记账方法。随着商品经济的发展,"借""贷"两字演变为具有特殊经济含义的复式记账方法。借贷记账法逐步在欧美国家传播,20世纪初传入我国。

随着社会经济的发展,经济活动的内容日益复杂,记录的经济业务已不再局限于货币资金的收付业务,而逐渐扩展到财产物资、经营损益和经营资本等的增减变化。在早期的佛罗伦萨的银行和商业簿记中,记账者把反映物品的账户视同人名账户对待,把各种商品、财产及费用账户都人格化,并用人名账户中所记录的债权债务关系解释商品购销活动和其他财产物资的增减变化,从而把人之借贷扩展到物之借贷。这时,为了求得账簿记录的统一,对于非货币资金的所有收付活动,都利用"借""贷"两字的含义来记录其增减变动情况。这样,随着时代的演进和社会经济的发展,"借""贷"两字逐渐失去了原来的含义,而转化为纯粹的记账符号。

需要说明的是,虽然"借""贷"已经没有原来的含义,但是在现代借贷记账法中,"借""贷"作为会计符号包含三个意思和三种用途。一是指账户中借方和贷方两个对立的部位,即借方是账户左方的代名词,贷方是账户右方的代名词,其作用在于指明在账户中应记入的两个不同方位;二是指构成会计分录中的两个或两个以上的对应账户的相互关系,可以用来了解一笔经济业务所引起的资金增减变化的来龙去脉;三是指已登记在账户中的两个对立部位的数字所包含的不同经济内容,可以用来说明账户的经济性质。

二、借贷记账法的理论基础

借贷记账法的对象是会计要素的增减变动过程及其结果。这个过程及其结果可用公式表示:资产＝负债＋所有者权益。这一恒等式揭示了以下三个方面的内容。

(一) 会计主体各要素之间的数字平衡关系

有一定数量的资产,就必然有相应数量的权益(负债和所有者权益)与之相对应,任何经济业务所引起的要素增减变动,都不会影响这个等式的平衡。如果把等式的"左""右"两方,用"借""贷"两方来表示的话,就是说每一次记账的借方和贷方是平衡的;一定时期账户的借方、贷方的金额是平衡的;所有账户的借方、贷方余额的合计数是平衡的。

(二) 各会计要素增减变化的相互联系

从上一章可以看出,任何经济业务(四类主要经济业务)都会引起两个或两个以上相关会计项目发生金额变动,因此当经济业务发生后,在一个账户中记录的同时必然要有另一个或两个以上账户的记录与之对应。

(三) 等式有关因素之间是对立统一的

资产在等式的左边,当想移到等式右边时,就要以"－"号表示,负债和所有者权益也同样如此,即当用左边(借方)表示资产类项目增加时,就要用右边(贷方)来记录资产类项目减少。与之相反,当用右方(贷方)记录负债和所有者权益增加额时,就需要通过左方(借方)来记录负债和所有者权益的减少额。

这三个方面的内容贯穿了借贷记账法的始终。会计等式对记账方法的要求决定了借贷记账法的账户结构、记账规则、试算平衡的基本理论,因此会计恒等式是借贷记账法的理论基础。

三、借贷记账法的内容

(一) 借贷记账法的记账符号

借贷记账法的记账符号是"借"和"贷"。在借贷记账法下,"借"和"贷"本身没有确切的含义,纯粹是一种记账符号,代表了相应的金额记录方向,但究竟是由"借"还是由"贷"来表示增加或是减少,需要结合具体性质的账户才能确定。

(二) 借贷记账法的记账规则

记账规则是进行会计记录和检查账簿登记是否正确的依据和规律。不同的记账方

67

法,具有不同的记账规则。借贷记账法的记账规则可以用一句话概括:"有借必有贷,借贷必相等"。这一记账规则要求对每项经济业务都要以相等的金额,相反的方向,登记在两个或两个以上的账户中。

"有借必有贷"是指对任何一项经济业务,采用借贷记账法时,一定涉及两个或两个以上的账户,在这些账户中,有登记在借方的账户,同时也有登记在贷方的账户。"借贷必相等"是指借方登记的账户金额必然等于贷方登记的账户金额。

(三)借贷记账法下账户的结构

在借贷记账法下,账户的左方称为"借方"(debit side,可简写为 Dr),账户的右方称为贷方(credit side,可简写为 Cr)。

在借贷记账法下,账户的左方表示借方、账户的右方表示贷方,如图 4-1 所示。

借方	账户名称(会计科目)	贷方

图 4-1 "T"字形账户结构

根据经济业务的发生记入借方或贷方,反映该项经济业务所引起的该科目增减变化的金额称为"发生额",凡是记入账户借方的金额称为"借方发生额",凡是记入账户贷方的金额称为"贷方发生额"。

在一个会计期间内(月、季、年),借方记录的金额合计数称为"本期借方发生额",贷方记录的金额合计数称为"本期贷方发生额"。

某一时点上账户借方累计发生额和贷方累计发生额的差额称为余额,若借方累计发生额大于贷方累计发生额,余额在借方,称"借方余额";若贷方累计发生额大于借方累计发生额,则余额在贷方,称为"贷方余额"。一般来讲,账户的余额在其登记增加的那一方。上一会计期间的期末余额,即为下一会计期间的期初余额。

借贷记账法下的账户具体结构是由账户的性质决定的。

1. 资产类账户的结构

在借贷记账法下,资产类账户借方登记增加额,贷方登记减少额,期末余额在借方,如图 4-2 所示。

借方	资产类账户		贷方
期初余额	×××		
增加额	×××	减少额	×××
本期发生额	×××	本期发生额	×××
期末余额	×××		

图 4-2 资产类账户的结构

资产类账户的余额应根据下列公式计算。

期末(借方)余额=期初(借方)余额+本期借方发生额-本期贷方发生额

2. 负债类账户的结构

在借贷记账法下,负债类账户的结构与资产类账户的结构相反,即借方登记减少额,贷方登记增加额,期末余额在贷方。负债类账户的结构如图 4-3 所示。

借方	负债类账户	贷方
	期初余额	×××
减少额　　　×××	增加额	×××
本期发生额　×××	本期发生额	×××
	期末余额	×××

图 4-3　负债类账户的结构

负债类账户的余额应根据下列公式计算。

期末(贷方)余额＝期初(贷方)余额＋本期贷方发生额－本期借方发生额

3. 所有者权益类账户的结构

在借贷记账法下,所有者权益类账户的结构与负债类账户的结构相同,即借方登记减少额,贷方登记增加额,期末余额在贷方。所有者权益类账户的结构如图 4-4 所示。

借方	所有者权益类账户	贷方
	期初余额	×××
减少额　　　×××	增加额	×××
本期发生额　×××	本期发生额	×××
	期末余额	×××

图 4-4　所有者权益类账户的结构

所有者权益类账户的余额可根据下列公式计算。

期末(贷方)余额＝期初(贷方)余额＋本期贷方发生额－本期借方发生额

4. 损益类账户的结构

损益类账户包括收入和费用两小类账户,在借贷记账法下,这两小类账户的结构正好相反。

收入类账户的结构与所有者权益类账户的结构相似,即借方登记减少额,贷方登记增加额,期末没有余额。收入类账户的结构如图 4-5 所示。

借方	收入类账户	贷方
减少额　　　×××	增加额	×××
本期发生额　×××	本期发生额	×××

图 4-5　收入类账户的结构

费用类账户则与资产类账户的结构相似,借方登记增加额,贷方登记减少额,期末没有余额。费用类账户的结构如图 4-6 所示。

5. 成本类账户的结构

在借贷记账法下,成本类账户的结构与费用类账户的结构相同,即借方登记增加额,贷方登记减少额,期末一般无余额,若有余额则在借方。成本类账户的结构如图 4-7 所示。

借方		费用类账户		贷方
增加额	×××	减少额		×××
本期发生额	×××	本期发生额		×××

图 4-6 费用类账户的结构

借方		成本类账户		贷方
期初余额	×××			
增加额	×××	减少额		×××
本期借方发生额合计	×××	本期贷方发生额合计		×××
期末余额	×××			

图 4-7 成本类账户的结构

根据以上对各类账户结构的说明,可以将账户借方和贷方所记录的经济内容加以归纳,如表 4-1 所示。

表 4-1 账户结构说明

账户类别	借方	贷方	余额方向
资产类	+	−	借方
负债类	−	+	贷方
所有者权益类	−	+	贷方
成本类	+	−	若有余额在借方
收入类	−	+	无余额
费用类	+	−	无余额

对表 4-1 需要说明以下事项。

(1) 借贷记账法下可以存在双重性质的账户,既可以反映资产又可以反映负债。登记资产增加和减少时,比照资产类账户的结构进行;登记负债的增加和减少时,比照负债类账户进行。而该账户的性质则根据某日的余额方向确定:余额方向在借方,表示此余额为资产性质;余额方向在贷方,表示此余额为负债性质,如"固定资产清理""待处理财产损益"等账户。

(2) 表 4-1 中余额方向只是一般情况,而非全部满足,某些特殊的账户,其变化方向与其所属性质并不一致,需要单独记忆,如资产中的"累计折旧"是贷方登记增加,借方登记减少,余额在贷方。

(四) 借贷记账法下账户结构的运用

按照借贷记账法的记账规则记录经济业务时,可以按以下步骤进行分析。

(1) 分析经济业务涉及了什么要素的变化——分析要素。

(2) 根据业务的具体情况选择相应要素下的恰当账户——选择账户。

(3) 根据账户性质结构、业务变化类型确定各账户的记账符号是借还是贷——确定方向。

(4) 应借应贷双方的金额是否相等——填写金额。

现举例说明。

【例4-1】 广州珠江实业有限责任公司用银行存款80 000元购买原材料。

这项业务的发生使资产类账户"原材料"和"银行存款"两个项目发生变动,原材料增加80 000元,银行存款减少80 000元。按照借贷记账法下的账户结构,资产增加记借方,资产减少记贷方,同是资产类两个账户一增一减,而且两者金额相等,如图4-8所示。

图4-8 借贷记账法运用

【例4-2】 广州珠江实业有限责任公司将到期未予兑付的应付票据1 200 000元转为应付账款。

这项经济业务的发生,使同属于负债的应付票据和应付账款发生变动,应付账款增加1 200 000元,应付票据减少1 200 000元。按照借贷记账法下的账户结构,负债增加记贷方,负债减少记借方,同是负债类账户,两个账户一增一减,而且两者金额相等,如图4-9所示。

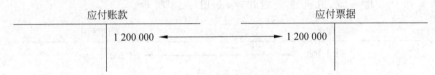

图4-9 借贷记账法运用

【例4-3】 广州珠江实业有限责任公司接受某单位投入的全新设备一台,无须安装即可投入使用,投资双方共同确认的价值为5 000 000元。

这项经济业务的发生,使企业所有者权益类账户"实收资本"增加5 000 000元。同时,使资产类账户"固定资产"增加5 000 000元。按照借贷记账法下的账户结构,资产增加记借方,所有者权益增加记贷方,两类账户同时增加,而且两者金额相等,如图4-10所示。

图4-10 借贷记账法运用

【例4-4】 广州珠江实业有限责任公司用银行存款1 000 000元归还长期借款。

这项经济业务的发生,使负债类账户"长期借款"减少1 000 000元。同时,使资产类账户"银行存款"减少1 000 000元。按照借贷记账法下的账户结构,负债减少记借方,资产减少记贷方,两类账户同时减少,而且两者金额相等,如图4-11所示。

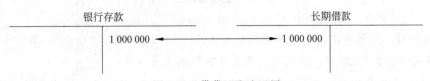

图4-11 借贷记账法运用

【例4-5】 广州珠江实业有限责任公司销售商品一批,价值600 000元,货款暂未收。

这项经济业务的发生使企业资产类账户"应收账款"增加600 000元。同时,使收入类账户"主营业务收入"增加600 000元。按照借贷记账法下的账户结构,资产增加记借方,收入增加记贷方,两类账户同时增加,且两者金额相等,如图4-12所示。

图4-12 借贷记账法运用

【例4-6】 广州珠江实业有限责任公司管理部门用现金1 200元购买办公用品。

这项经济业务的发生,使费用类账户"管理费用"增加1 200元。同时,使资产类账户"库存现金"减少1 200元。按照借贷记账法下的账户结构,费用增加记借方,资产减少记贷方,两类账户一增一减,且两者金额相等,如图4-13所示。

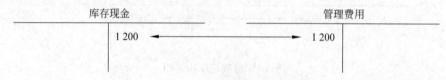

图4-13 借贷记账法运用

【例4-7】 广州珠江实业有限责任公司用银行存款30 000元,从某单位购买价值20 000元的原材料并已验收入库,剩余10 000元用于偿还前欠该单位的货款。

这项经济业务的发生,使资产类账户"原材料"增加20 000元和资产类账户"银行存款"减少30 000元,使负债类账户"应付账款"减少10 000元。两类账户有增有减,且借方金额合计等于贷方金额,如图4-14所示。

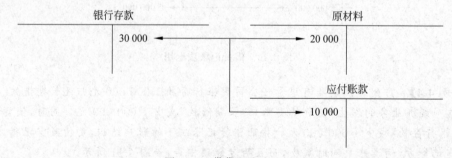

图4-14 借贷记账法运用

【例4-8】 广州珠江实业有限责任公司生产车间领用材料50 000元,用于车间一般耗用,另用银行存款20 000元支付本月生产车间水电费。

这项经济业务的发生,使资产类账户"原材料"减少50 000元和资产类账户"银行存

72

款"减少 20 000 元,使反映生产耗费的账户"制造费用"增加 70 000 元。两类账户有增有减,且借方金额等于贷方金额合计,如图 4-15 所示。

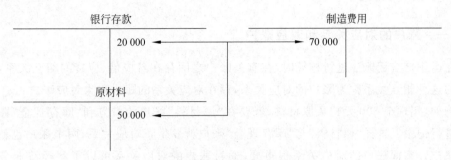

图 4-15　借贷记账法运用

从以上几个例题可以看出,在借贷记账法下,对任何经济业务,都会涉及两个或两个以上的账户,不论涉及的账户是增加还是减少,只要一个账户记在借方,那么另一个账户一定就记在贷方,而且两者所记的金额相等,体现了借贷记账法的基本记账规则:"有借必有贷,借贷必相等"。

以上所举各项经济业务说明,在借贷记账法下,对任何类型的经济业务,一律采用"有借必有贷,借贷必相等"的记账规则。对有些复杂的经济业务,在运用借贷记账法记账时,则需要将其登记在一个账户的借方和几个账户的贷方,或者登记在一个账户的贷方和几个账户的借方。借贷双方的金额也必须相等。总之,运用借贷记账法记账,要求对发生的每一笔经济业务,都要以相等的金额,借贷相反的方向,在两个或两个以上相互联系的账户中进行连续、分类的登记,即记入一个账户的借方,同时记入一个或几个账户的贷方;或者记入一个账户的贷方,同时记入一个或几个账户的借方。记入借方的金额同记入贷方的金额必须相等。记账规则的具体运用如表 4-2 所示。

表 4-2　记账规则的具体运用

经济业务类型	各类账户应记方向			记入金额	记账规则
	资产类	负债类	所有者权益类		
1.资产、负债同时增加	借	贷		等量增加	有借必有贷 借贷必相等
2.资产、负债同时减少	贷	借		等量减少	
3.资产、所有者权益同时增加	借		贷	等量增加	
4.资产、所有者权益同时减少	贷		借	等量减少	
5.资产一增一减	借、贷			一增一减	
6.负债一增一减		贷、借		一增一减	
7.所有者权益一增一减			贷、借	一增一减	
8.负债增加、所有者权益减少		贷	借	一增一减	
9.所有者权益增加、负债减少		借	贷	一减一增	

四、会计分录

（一）账户的对应关系和对应账户

在运用借贷记账法进行核算时，在有关账户之间存在着应借、应贷的相互关系，账户之间的这种相互关系称为账户的对应关系，存在对应关系的账户称为对应账户。

例如，用现金 500 元购买原材料，就要在"原材料"账户的借方和"库存现金"账户的贷方进行记录。这样"原材料"与"库存现金"账户就发生了对应关系，两个账户也就成了对应账户。掌握账户的对应关系很重要，通过账户的对应关系可以了解经济业务的内容，检查对经济业务的处理是否合理合法。

（二）会计分录

1. 会计分录定义

会计分录是指明每项经济业务应借应贷账户的名称、记账方向和金额的一种记录形式。在我国会计实务中，编写会计分录是通过填制记账凭证来实现的。会计分录是记账凭证中最主要的内容。会计分录由三个基本要素构成：记账符号、账户名称和变动金额。

2. 编写会计分录的注意事项

编写会计分录必须解决以下三个问题：应在哪些账户中登记？应登记在账户的哪一方？各账户中登记的金额是多少？

例如，企业从银行提取现金 1 000 元。一般格式如下：

借：库存现金   1 000

  贷：银行存款   1 000

3. 会计分录的书写格式

(1) 会计科目应书写完整，一级会计科目必须规范。

(2) 先借后贷，分上下行书写。

(3) 借贷错开，借贷符号、会计科目和金额应左右错格写。

(4) 同方向的会计科目、金额要对齐。

4. 会计分录的分类

会计分录按所涉及账户的多少，可分为简单分录和复合分录两种。简单分录为一借一贷，复合分录为一借多贷，多借一贷，多借多贷。实际上，复合分录是由若干个简单分录合并组成的，但不能随意将不是一笔业务的几笔分录合并为一个多借多贷的分录；否则，账户之间的对应关系会变混乱。

【例 4-9】 例 4-1 的经济业务编制会计分录（简单分录）如下。

① 借：原材料   80 000

  贷：银行存款   80 000

例 4-7 的经济业务编制会计分录（复合分录）如下。

② 借：原材料   20 000

   应付账款   10 000

  贷：银行存款   30 000

五、试算平衡

（一）试算平衡的定义

试算平衡是指在某一时日（如月末），为了保证本期会计处理的正确性，依据会计等式或复式记账原理，对本期各账户的全部记录进行汇总、测算，以检验其正确性的一种专门方法。通过试算平衡，可以检查会计记录的正确性，并可及时查明出现不正确会计记录的原因，进行调整，从而为会计报表的编制提供准确的资料。

（二）试算平衡的方法

在借贷记账法下，根据复式记账的基本原理，试算平衡的方法主要有两种：发生额平衡法和余额平衡法。

1. 发生额平衡法

发生额平衡法是指将全部账户的本期借方发生额和本期贷方发生额分别加总后，利用"有借必有贷，借贷必相等"的记账规则来检验本期发生额正确性的一种试算平衡方法。发生额平衡包括两方面的内容：一是每笔会计分录的发生额平衡，即每笔会计分录的借方发生额必须等于贷方发生额，这是由借贷记账法的记账规则决定的；二是本期发生额的平衡，即本期所有账户的借方发生额合计必须等于所有账户的贷方发生额合计。因为本期所有账户的借方发生额合计，相当于把复式记账的借方发生额相加；所有账户的贷方发生额合计，相当于把复式记账的贷方发生额相加，二者必然相等。这种平衡关系用公式表示如下。

本期全部账户借方发生额合计＝本期全部账户贷方发生额合计

2. 余额平衡法

余额平衡法是指本期所有账户借方余额和所有账户贷方余额分别加总后，利用"资产＝负债＋所有者权益"的平衡原理来检验会计处理正确性的一种试算平衡方法。根据余额时间不同，又分为期初余额平衡和期末余额平衡。其试算平衡公式如下。

全部账户期初借方余额合计＝全部账户期初贷方余额合计

全部账户期末借方余额合计＝全部账户期末贷方余额合计

在会计实务中，试算平衡工作通常是通过编制试算平衡表来完成的。该表可以按一定时期（旬或月等）编制，在结算出各账户的本期发生额和期初、期末余额以后将各项金额填入表中。试算平衡表的格式如表 4-3 所示。

表 4-3　试算平衡表

年　　月

账户名称	期初余额		本期发生额		期末余额	
	借方	贷方	借方	贷方	借方	贷方
合　计						

举个完整的例子(例 4-10)分析借贷记账法的运用。

【例 4-10】　广州珠江实业有限责任公司 2021 年 1 月 1 日的资产和负债及所有者权益类账户的期初余额如表 4-4 所示。

表 4-4　资产和负债及所有者权益类账户的期初余额表　　　　　单位:元

资　产　类		负债及所有者权益类	
账户名称	金额	账户名称	金额
库存现金	25 000	短期借款	180 000
银行存款	800 000	应付账款	800 000
应收账款	500 000	其他应付款	60 000
其他应收款	10 000	实收资本	15 295 000
原材料	1 600 000		
库存商品	3 300 000		
固定资产	7 800 000		
生产成本	2 300 000		
合　计	16 335 000	合　计	16 335 000

步骤 1:会计人员将根据表 4-4 中的资料开设账户,并登记期初余额(见后面各"T"字形账户期初余额栏)。接下来,广州珠江实业有限责任公司 1 月份发生以下经济业务。

(1)投资者 A 投入新机器一台,价值 50 000 元。

(2)用银行存款归还以前所欠货款 30 000 元。

(3)从银行取出现金 5 000 元。

(4)收到购货单位归还的货款 4 000 元,存入公司开户银行。

(5)将现金 10 000 元存入银行。

(6)生产产品领用材料 20 000 元。

(7)从银行取得 6 个月的贷款 60 000 元存入银行。

步骤 2:分析过程和会计分录如表 4-5 所示。会计人员将根据以上经济业务发生时所产生的原始凭证编制记账凭证(下面以会计分录代替)。

表 4-5　分析过程和会计分录表

序号	分 析 过 程	会 计 分 录
(1)	一方面该业务使企业得到一项资产——新机器;另一方面此机器的获得方式是投资者 A 的投资,则 A 以投资的方式对企业的资产享有所有权。此业务属于资产和所有者权益同增的业务。 资产　　　固定资产　＋(借)　50 000 所有者权益　实收资本　＋(贷)　50 000	借:固定资产　50 000 　贷:实收资本　50 000
(2)	用存款偿还债务,一方面使企业的资产——银行存款减少;另一方面也使企业的债务减少。此业务属于资产和负债同减的业务。 负债　　　应付账款　－(借)　30 000 资产　　　银行存款　－(贷)　30 000	借:应付账款　30 000 　贷:银行存款　30 000
(3)	存取钱这种业务在企业经常发生,是存款和现金之间的相互转换。取钱使企业的现金增加同时银行存款减少。此业务属于资产内部的此增(库存现金)彼减(银行存款)。 资产　　　库存现金　＋(借)　5 000 资产　　　银行存款　－(贷)　5 000	借:库存现金　5 000 　贷:银行存款　5 000
(4)	收回买方所欠货款,是债权(资产)的收回,则企业对买方的债权减少,同时企业得到了现实的货币资金(银行存款)。此业务是资产内部的此增彼减。 资产　　　银行存款　＋(借)　4 000 资产　　　应收账款　－(贷)　4 000	借:银行存款　4 000 　贷:应收账款　4 000
(5)	存钱与取钱的业务类型都是资产内部的此增彼减,但特别需要注意的是增加的是银行存款,减少的是库存现金。 资产　　　银行存款　＋(借)　10 000 资产　　　库存现金　－(贷)　10 000	借:银行存款　10 000 　贷:库存现金　10 000
(6)	将原材料用于生产,使原材料减少,而原材料在生产过程中的耗用是成本的增加。此业务属于成本(或被看作是资产)的增加和资产的减少。 成本　　　生产成本　＋(借)　20 000 资产　　　原材料　　－(贷)　20 000	借:生产成本　20 000 　贷:原材料　　20 000
(7)	从银行取得贷款,企业对银行产生了负债,由于期限未超过 1 年,所以是一项流动负债;这笔贷款转入了企业名下的银行账户,使企业得到了可以控制的一项资产。此业务属于资产和负责同增的类型。 资产　　　银行存款　＋(借)　60 000 负债　　　短期借款　＋(贷)　60 000	借:银行存款　60 000 　贷:短期借款　60 000

步骤 3:根据以上记账凭证(会计分录)登记步骤 1 所开设的"T"字形账户中,并逐个结出各账户的本期借、贷发生额合计和期末余额,如图 4-16～图 4-27 所示。

借方		库存现金	贷方	
期初余额	25 000			
(3)	5 000	(5)		10 000
本期发生额	5 000	本期发生额		10 000
期末余额	20 000			

图 4-16　"库存现金"账户记录

借方		银行存款	贷方	
期初余额	800 000			
(3)	4 000	(2)		30 000
(5)	10 000	(3)		5 000
(7)	60 000			
本期发生额	74 000	本期发生额		35 000
期末余额	839 000			

图 4-17 "银行存款"账户记录

借方		应收账款	贷方	
期初余额	500 000			
		(4)		40 000
本期发生额	—	本期发生额		40 000
期末余额	496 000			

图 4-18 "应收账款"账户记录

借方		其他应收款	贷方
期初余额	10 000		
本期发生额	—	本期发生额	—
期末余额	10 000		

图 4-19 "其他应收款"账户记录

借方		原材料	贷方	
期初余额	1 600 000			
		(6)		20 000
本期发生额	—	本期发生额		20 000
期末余额	1 580 000			

图 4-20 "原材料"账户记录

借方		生产成本	贷方
期初余额	2 300 000		
(6)	20 000		
本期发生额	20 000	本期发生额	—
期末余额	2 320 000		

图 4-21 "生产成本"账户记录

借方	库存商品	贷方	
期初余额	3 300 000		
本期发生额	—	本期发生额	—
期末余额	3 300 000		

图 4-22 "库存商品"账户记录

借方	固定资产	贷方	
期初余额	7 800 000		
(1)	50 000		
本期发生额	50 000	本期发生额	—
期末余额	7 850 000		

图 4-23 "固定资产"账户记录

借方	短期借款	贷方	
		期初余额	180 000
		(7)	60 000
本期发生额	—	本期发生额	60 000
		期末余额	240 000

图 4-24 "短期借款"账户记录

借方	应付账款	贷方	
		期初余额	800 000
(2)	30 000		
本期发生额	30 000	本期发生额	—
		期末余额	770 000

图 4-25 "应付账款"账户记录

借方	其他应付款	贷方	
		期初余额	60 000
本期发生额	—	本期发生额	—
		期末余额	60 000

图 4-26 "其他应付款"账户记录

借方	实收资本	贷方	
		期初余额	15 295 000
		(1)	50 000
本期发生额	—	本期发生额	50 000
		期末余额	15 345 000

图 4-27 "实收资本"账户记录

79

步骤4：将以上"T"字形账户的本期发生额和期初、期末余额栏中的数据依次填入表4-6进行合计。

表4-6　总分类账户试算平衡表　　　　　　　　　　单位：元

账户名称	期初余额		本期发生额		期末余额	
	借方	贷方	借方	贷方	借方	贷方
库存现金	25 000		5 000	10 000	20 000	
银行存款	800 000		74 000	35 000	839 000	
应收账款	500 000			4 000	496 000	
其他应收款	10 000				10 000	
原材料	1 600 000			20 000	1 580 000	
生产成本	2 300 000		20 000		2 320 000	
库存商品	3 300 000				3 300 000	
固定资产	7 800 000		50 000		7 850 000	
短期借款		180 000		60 000		240 000
应付账款		800 000	30 000			770 000
其他应付款		60 000				60 000
实收资本		15 295 000		50 000		15 345 000
合　计	16 335 000	16 335 000	179 000	179 000	16 415 000	16 415 000

在编写试算平衡表时，应注意以下几点。

（1）必须保证所有账户的余额均已记入试算平衡表。

（2）如果试算不平衡，说明账户的记录肯定有错，应该认真查找，直到找到错误，实现平衡为止。

（3）即使试算平衡，也不能保证记录完全正确。如果发生某项经济业务在有关账户中被重记、漏记或记错了账户等错误，并不影响借贷双方的平衡，无法通过试算平衡发现。但试算平衡仍是检查账户记录是否正确的一种有效方法。

【项目训练】

一、单项选择题

1. 复式记账法是以（　　）为依据建立的一种记账方法。

　　A. 试算平衡　　　　　　　　　　B. 基本会计等式

　　C. 会计科目　　　　　　　　　　D. 经济业务

2. 在借贷记账法下，一般有借方余额的账户是（　　）账户。

　　A. 成本类　　　　B. 负债类　　　　C. 损益类　　　　D. 费用类

3. 一般情况下，所有者权益类科目的期末余额应该（　　）。

　　A. 在借方　　　　B. 在贷方　　　　C. 在借方或贷方　　　　D. 无余额

4. 下列各项中应该由会计科目贷方核算的是（　　）。

A. 资产的增加额   B. 资产的减少额

C. 费用的增加额   D. 所有者权益的减少额

5. 借贷记账法是以(   )为记账符号的一种复式记账法。

     A. "借"和"贷"   B. "增"和"减"   C. "收"和"付"   D. 会计科目

6. 我国《企业会计准则——基本准则》中明确规定,企业应当采用的记账方法是(   )。

     A. 借贷记账法   B. 收付记账法   C. 增减记账法   D. 单式记账法

7. 借贷记账法的记账规则是(   )。

     A. 资产=负债+所有者权益   B. 以"借""贷"为记账符号

     C. 借方记增加,贷方记减少   D. 有借必有贷,借贷必相等

8. "一借多贷"会计分录属于(   )。

     A. 简单会计分录   B. 复合会计分录

     C. 单项会计分录   D. 多项会计分录

9. 存在对应关系的账户被称为(   )。

     A. 一级账户   B. 对应账户   C. 总分类账户   D. 明细分类账户

10. 借贷记账法的余额试算平衡公式是(   )。

     A. 每个账户的借方发生额=每个账户贷方发生额

     B. 全部账户本期借方发生额合计=全部账户本期贷方发生额合计

     C. 全部账户期末借方余额合计=全部账户期末贷方余额合计

     D. 全部明细分类账户借方发生额合计=全部总分类账户贷方发生额合计

二、多项选择题

1. 记账方法包括(   )。

     A. 单式记账法   B. 借贷记账法   C. 收付记账法   D. 平衡记账法

2. 下列错误不能通过试算平衡发现的有(   )。

     A. 漏记某个会计科目   B. 漏记某项经济业务

     C. 错记某项经济业务   D. 借贷方向颠倒

3. 下列有关借贷记账法的表述中,不正确的有(   )。

     A. 借贷记账法是复式记账法的一种

     B. 借贷记账法中的"借"表示增加

     C. 借贷记账法中的"贷"表示减少

     D. 借贷记账法下,负债增加记借方,减少记贷方

4. 下列说法正确的有(   )。

     A. 资产类账户增加记贷方,减少记借方

     B. 负债类账户增加记贷方,减少记借方

     C. 收入类账户增加记贷方,减少记借方

     D. 费用类账户增加记贷方,减少记借方

5. 下列关于会计分录的说法,不正确的有(   )。

     A. 既允许一借一贷,也允许一借多贷、多借一贷

     B. 必须既有借方科目又有贷方科目,且借贷金额合计相等

C. 会计分录不允许多借多贷

D. 会计分录借贷方科目合计金额不一定相等

6. 期末损益类账户结转时,下列选项中"本年利润"借方的对应科目有( )。

A. 主营业务成本　　　　　　　　B. 其他业务成本

C. 其他业务收入　　　　　　　　D. 主营业务收入

7. 复式记账法要求每一笔经济业务事项都必须用相等的金额,可以在( )相互联系的科目中进行登记。

A. 一个　　　　B. 两个　　　　C. 三个　　　　D. 三个以上

8. 下列会计分录中,属于复合会计分录的有( )。

A. 一借一贷　　　　B. 一借多贷　　　　C. 一贷多借　　　　D. 多借多贷

9. 余额试算平衡中的平衡关系有( )。

A. 全部账户的本期借方发生额合计＝全部账户的本期贷方发生额合计

B. 全部账户的期初借方余额合计＝全部账户的期末贷方余额合计

C. 全部账户的期初借方余额合计＝全部账户的期初贷方余额合计

D. 全部账户的期末借方余额合计＝全部账户的期末贷方余额合计

10. 损益类账户具有的特点是( )。

A. 费用类账户的增加额记借方　　　　B. 收入类账户的减少额记借方

C. 期末一般无余额　　　　D. 期末要结转到"本年利润"科目

三、判断题

1. 发生额试算平衡是通过编制"余额试算平衡表"来进行的。　　　　( )

2. 在我国,会计分录记载于原始凭证中。　　　　( )

3. 借贷记账法中的记账规则是"有借必有贷,借贷必相等"。　　　　( )

4. 复式记账法的记账基础是基本会计等式。　　　　( )

5. "银行存款"账户的期末余额＝期初余额＋本期贷方发生额－本期借方发生额。

( )

6. 损益类账户的期末余额＝期初余额＋本期贷方发生额－本期借方发生额。

( )

7. 借贷记账法是国际上通用的复式记账法。　　　　( )

8. "应收账款"科目贷方登记的是应收款项的减少数。　　　　( )

9. 经济业务的发生可能导致资产要素不变,负债和所有者权益一增一减的情况。

( )

10. 所有者权益科目的期末余额在借方。　　　　( )

四、实务题

练习一

1. 目的:练习对借贷记账法下各账户借贷符号的运用以及账户中各金额之间的计算关系。

2. 资料:如表 4-7 所示。

3. 要求:根据表 4-7 中各账户的已知金额求出空格中的金额并填写入表中。

表 4-7　各账户的金额　　　　　　　　　　　　　　单位：元

账户名称	期初余额	借方发生额	贷方发生额	期末余额
库存现金	1 600	400	1 000	
银行存款	13 400	6 000		10 400
应收账款	20 000		12 000	18 000
短期借款	15 000		5 800	12 800
原材料		22 000	20 000	30 000
应付账款	9 600	800		8 800
本年利润	9 600	1 400		11 000
盈余公积	7 000		1 800	8 400

练习二

1. 目的：练习借贷记账法下分录的编制。

2. 资料：广州运通企业 2021 年 8 月份发生部分经济业务如下。

（1）广州大华企业投入资本 25 000 元，存入银行。

（2）通过银行转账支付前欠南方工厂的购货款 3 000 元。

（3）从银行提取现金 15 000 元，准备发放工资。

（4）收回应收账款 4 500 元，存入银行。

（5）以银行存款归还向银行借入的短期借款 10 000 元。

（6）联营单位投入新机器一台，作为对该公司的投资，价值 7 500 元。

（7）购入材料 2 100 元，货款未付。

（8）收回应收账款 7 600 元，其中 5 000 元直接归还银行短期借款，其余 2 600 元存入银行。

（9）将多余的库存现金 500 元存入银行。

（10）采购员出差，预借差旅费 1 500 元，财务科以现金支付。

3. 要求：根据上述业务编制相应的会计分录。

练习三

1. 目的：通过编制会计分录、登记"T"字形账户及编制试算平衡表，进一步掌握借贷复式记账法。

2. 资料：假设广东平安公司 2021 年 2 月份有关账户的期初余额如表 4-8 所示。

表 4-8　广东平安公司 2021 年 2 月份有关账户的期初余额　　　　　　单位：元

资 产		负债及所有者权益	
账户名称	借方余额	账户名称	贷方余额
库存现金	900	短期借款	100 000
银行存款	268 700	应付账款	105 300
应收账款	95 200	应付职工薪酬	19 700
原材料	67 000	应交税费	8 800
生产成本	172 000	长期借款	500 000
固定资产	930 000	实收资本	800 000
合　计	1 533 800	合　计	1 533 800

广东平安公司 2021 年 2 月份发生下列经济业务。

(1) 购进材料一批,计价 46 800 元(暂不考虑增值税),材料已验收入库,货款以银行存款支付。

(2) 以银行存款支付上月应缴未缴的税费 8 800 元。

(3) 从银行提取现金 30 000 元。

(4) 收到 A 公司投入新机器设备一台,价值 160 000 元。

(5) 以现金支付生产工人工资 30 000 元。

(6) 生产车间从仓库领用材料 56 000 元,进行产品生产。

(7) 向银行借入短期借款直接归还应付供应商货款 80 000 元。

(8) 收到客户前欠销货款 27 900 元,存入银行。

(9) 三年期借款 100 000 元已到期,以银行存款偿还。

(10) 将支付给生产工人的 30 000 元工资计入产品生产成本。

(11) 取得一年期借款 150 000 元存入银行。

(12) 购入生产用机器设备 167 000 元,其中 100 000 元用银行存款支付,剩余部分暂欠。

3. 要求:

(1) 根据资料中的经济业务编制会计分录。

(2) 开设"T"字形账户登记期初余额、本期发生额,结出期末余额。

(3) 编制总分类账户本期发生额及期末余额试算平衡表,如表 4-9 所示。

表 4-9　总分类账发生额及余额试算平衡表　　　　　　单位:元

账户名称	期初余额		本期发生额		期末余额	
	借方	贷方	借方	贷方	借方	贷方
库存现金						
银行存款						
应收账款						
原材料						
固定资产						
生产成本						
短期借款						
长期借款						
应付账款						
应交税费						
应付职工薪酬						
实收资本						
合　计						

练习四

1. 目的:综合练习借贷记账法的应用。

2. 资料:三利公司 2021 年 12 月份发生下列经济业务。

1 日,企业收到投资者投入资本 100 000 元,存入银行。

2 日,企业收到某公司投入全新设备一台,价值为 250 000 元。

3 日,向银行申请借入了期限为 3 个月的借款 50 000 元,年利率为 6.6%;期限为 2 年的借款 120 000 元,年利率为 7.6%。款项均存入银行,借款到期一次还本付息。

4 日,计算本月份应负担的银行借款利息。

5 日,从本市购入甲材料 100 千克,单价为每千克 500 元,增值税税率为 13%,款项已由银行存款支付,材料运到企业并已验收入库。

6 日,企业从庆丰工厂购入甲材料 50 千克,单价为每千克 480 元;乙材料 60 千克,单价为每千克 600 元,增值税税率为 13%,同时发生运费 1 000 元(按材料重量分配)。材料及运费款均已由银行存款支付。

7 日,上述从大华工厂购入甲、乙两种材料已运达企业并验收入库,结转入库材料实际成本。

8 日,企业从长江工厂购入丙材料 20 千克,单价为每千克 480 元,增值税税率为 13%,长江工厂代垫运费 500 元,材料已运到并验收入库,发票账单已到,但货款尚未支付。

12 日,以银行存款预付立新工厂丙材料款 60 000 元。

15 日,本月份应付职工薪酬工资 47 230 元。其中生产 A 产品工人工资 24 500 元,生产 B 产品工人工资 9 800 元,车间管理人员工资 7 430 元,行政管理人员工资 5 500 元。

15 日,企业从银行提取现金 47 230 元,准备发放工资。

15 日,以现金发放职工工资 47 230 元。

15 日,发放工资时,按规定比例分摊职工"三险一金"6 602 元。其中 A 产品负担 3 420 元,B 产品 1 372 元,车间管理人员工资 1 040 元,行政管理人员工资 770 元。

17 日,以银行存款归还 8 日所欠长江工厂的材料款。

20 日,立新工厂按合同发来 12 日已预付款的丙材料 60 千克,单价 800 元,增值税税率为 13%,运费 300 元,余额已退回并存入银行,材料验收入库。

23 日,收到"领用材料汇总表",该企业发生领用材料业务如表 4-10 所示。

表 4-10 领用材料汇总表 单位:元

项 目	甲材料	乙材料	丙材料	合计
产品生产耗用	40 000	21 000	9 590	70 590
其中:A 产品	24 000	13 000	7 860	44 860
B 产品	16 000	8 000	1 730	25 730
车间一般耗用	400	620	180	1 200
管理部门耗用		1 000	400	1 400
合计	40 400	22 620	10 170	73 190

24 日,按规定支付银行借款短期借款利息 2 500 元。

25 日,以银行存款支付车间办公费、水电费等 1 256 元,管理部门办公费、水电费 1 000 元。

26 日,向向阳工厂销售 A 产品 100 件,每件售价 150 元,应向该单位收取的增值税税率为 13%,产品已经发出,货款及增值税税款已存入银行。

27 日,向外地北方公司销售 A 产品 200 件,每件售价 150 元;B 产品 100 件,每件售价 200 元,增值税税率为 13%,并以银行存款垫付运杂费 1 500 元,产品已经发出,款项未收到。

28 日,收到向阳公司预付购买 A 产品货款 35 600 元,存入银行。

29 日,接到银行通知,收到北方公司 27 日销售货款的全部款项,存入银行。

29 日,按合同规定向阳光公司发出 A 产品 200 件,每件售价 150 元,价款 30 000 元,增值税销项税额 5 100 元。以银行存款代垫运杂费 500 元,冲抵原单位 28 日的账款。

30 日,按规定计算并提取本月固定资产折旧 12 000 元,其中,车间使用的固定资产应提折旧 8 400 元,行政管理部门使用的固定资产应提折旧 3 600 元。

30 日,将本月发生的制造费用 16 800 元分配转入产品生产成本(按生产工人工资比例分配)。

30 日,按规定计算并结转本期产品销售税金 3 000 元。

30 日,期末计算并结转已售 A 产品 500 件的实际生产成本 36 000 元,B 产品 100 件的实际生产成本 12 000 元。

30 日,乙公司因未能及时履行与本公司签订的供货合同,收到乙公司支付的违约金 2 500 元的支票,并送存银行。

30 日,由于公司发给丙公司的商品规格、型号与订货合同不符,按照合同规定支付违约金 3 000 元,开出转账支票付讫。

31 日,假设该企业有关损益类账户的累计发生额资料如表 4-11 所示,并计算和结转本年度的利润总额。

表 4-11　该企业有关损益类账户的累计发生额资料　　　　单位:元

序号	科目名称	借方余额	贷方余额
1	主营业务收入		1 680 000
2	其他业务收入		80 000
3	营业外收入		70 000
4	主营业务成本	1 220 000	
5	税金及附加	80 000	
6	其他业务成本	50 000	
7	销售费用	75 000	
8	管理费用	65 000	
9	财务费用	20 000	
10	营业外支出	40 000	

31 日,假设该公司适用的所得税税率为 25%,计算并结转所得税额,进而计算净利润。

31 日,假设没有以前年度未弥补亏损。经股东大会批准,公司决定按 10% 提取法定盈余公积金、按 50% 分配给投资者,进行相应的会计核算并计算"未分配利润"余额。

3. 要求:根据上述资料,运用借贷记账法编制会计分录。

下 篇
实 务 篇

项目五　核算企业经济业务

知识目标

1. 掌握资金投入业务核算知识
2. 掌握固定资产业务核算知识
3. 掌握采购业务核算知识
4. 掌握生产过程业务核算知识
5. 掌握销售过程业务核算知识
6. 掌握期间费用的核算知识
7. 掌握财务成果核算知识

技能目标

1. 认识制造业企业主要经济业务
2. 运用借贷记账法处理企业基本经济业务

课程思政目标

1. 培养爱国敬业精神
2. 树立遵纪守法的理念
3. 培养精益求精的工匠精神

案例导入

"学子超市"又增加了一家服装专卖店,店主是服装设计系的几名学生。因为投资人不懂会计,在月末时投资人将这一月的业务都集中在一起,请王华、李小东帮他们看看,为什么业务开展得不错,但是银行存款却减少了。该服装店 2021 年 12 月发生的业务如下。

(1) 投资款存入银行 50 000 元。

(2) 内部装修及必要的设施花费 10 000 元,均已用支票支付。

(3) 购入服装两批,每批服装价值 20 000 元,其中第一批服装现金购货,第二批服装为赊购,付款 30%。

(4) 1—31 日零售服装收入共计 40 000 元,赊销 13 300 元,其余货款收入均存入银行。

(5) 用支票支付店面租金 200 元。

（6）本月从银行存款户提取现金5次，共计10 000元，其中6 000元支付雇员工资，3 000元用作个人生活费，其余备日常零星开支。

（7）本月水电费543元，用支票支付。

（8）本月电话费220元，用现金支付。

（9）其他各种杂费137元，用现金支付。

问题：试根据你所掌握的会计知识，结合该服装店的具体业务，解决以下问题。

（1）替服装店设计一套合理的账务处理程序，并帮其记录本月交易。

（2）向股东报告服装店财务状况，解答其疑虑。

任务一　认识企业的主要经济业务

任务描述

通过对企业经济业务的分解，能够认识制造业企业业务活动主要包括供应过程、生产过程和销售过程，并能熟练掌握企业资金运动的主要流程。

企业是以营利为目的的经济实体。本项目是以最具代表性的企业类型——制造业为例来说明企业主要经济业务的内容和特点。

制造业是以从事产品生产经营为主的行业。它的主要任务是为社会提供合格产品，满足各方面的需要，并在此过程中赚取利润，实现自身生存和发展。制造业的生产经营活动主要围绕供应过程、生产过程和销售过程来进行。为了独立进行生产经营活动，每个企业都必须拥有一定数量的经营资金，作为从事经营活动的物质基础。这些资金都是从一定的渠道取得的，并在经营活动中被具体运用，表现为不同的占用形态。随着企业生产经营活动的进行，资金的占用形态在供、产、销三个过程中不断转化，周而复始，形成资金的循环和周转。

一、供应过程

供应过程是制造企业生产经营活动的起始阶段。企业要开始生产经营活动，首先必须具备一定的物质条件，而这些物质条件的准备就是在供应过程中完成的。

在供应过程中，企业要以筹集来的货币资金建造或购买厂房、机器设备和各种材料物资，为进行产品生产提供必要的生产资料。企业的生产资料包括劳动资料和劳动对象两大部分，劳动资料如厂房、机械设备等固定资产，劳动对象如生产用的各种主要材料、辅助材料等原材料。这时资金就从货币资金形态转化为固定资金形态和储备资金形态。

二、生产过程

生产过程是企业生产经营活动的中间环节，也是企业生产经营活动的主要阶段。在生产过程中,劳动者(生产工人)借助于劳动资料,加工劳动对象,制造出各种适合社会需要的产品。这时资金就从固定资金、储备资金和货币资金形态(工人工资等)转化为生产资金形态,随着产品的制成和验收入库,资金又从生产资金形态转化为成品资金形态。生产过程是产品的形成阶段,同时也是各种生产成本费用的发生阶段。在这一过程中,企业的财务部门一方面要为企业产品生产所投入的人力、物力和财力进行相应的会计处理;另一方面要对生产过程中发生的各种成本费用进行归集和分配,进而计算出产品的总成本和单位成本。

三、销售过程

销售过程是制造业生产经营活动的最后阶段,也是企业产品价值的实现阶段。在销售过程中,企业将产品销售出去,收回货币资金或其他资产,同时要发生营业费用,缴纳税金,与产品的购买单位发生货款结算关系等,这时资金从成品资金形态转化为货币资金形态。

在上述企业生产经营活动中,资金回收或退出企业,与供应过程、生产过程和销售过程首尾相接,构成了制造业企业的主要经济业务。随着企业生产经营活动的进行,资金的占用形态不断转化,周而复始,形成资金的循环和周转。

制造业企业的主要经济业务如图 5-1 所示。

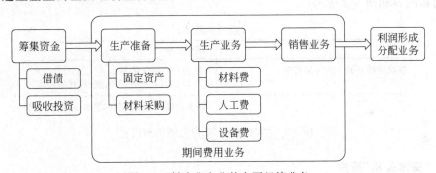

图 5-1　制造业企业的主要经济业务

任务二　核算资金筹集业务

任务描述

学会运用借贷记账法核算企业筹集资金的业务,包括投资者投入资金及企业向金融机构借入资金的业务。

企业为了进行生产经营活动,必须拥有一定数量的资金,作为生产经营活动的物质基础。企业筹集资金的渠道是指企业取得资金的方式。

目前我国企业的资金来源渠道主要是投资者投入和向银行、金融机构筹借以及发行债券等。因此,实收资本业务和借款业务的核算,构成了资金筹集业务核算的主要内容。

一、投入资本的核算

（一）投入资本核算的内容

企业要进行生产经营，就必须有一定数量的资金，作为生产经营的物质基础。公司法规定，设立企业必须有法定的资本金，即企业在工商行政管理部门登记的注册资金。为此，企业通过发行股票、吸收直接投资、内部经营积累等方式来筹集自有资金。通过这些方式筹集到的资金构成企业所有者权益的主要部分，一般无须归还（企业清算和减资除外），这就是投入资本。

（二）投入资本核算应设置的主要账户

1.“实收资本”账户

“实收资本”账户用来核算企业实收资本的增减变动情况及其结果（股份公司为“股本”）。该账户属于所有者权益类账户，其贷方登记企业实际收到的投资者投入的资本数，借方登记企业按法定程序报经批准减少的注册资本数，期末余额在贷方，表示企业实有的资本（或股本）数额。并按投资者设置明细账，进行明细分类核算。“实收资本”账户的结构和内容如图 5-2 所示。

借	实收资本(股本)	贷
	期初余额	
按法定程序减少的注册资本	(1) 投资者投入的资本 (2) 以资本公积或者盈余公积转增资本	
	期末余额：企业实有的资本(或股本)数额	

图 5-2 “实收资本”账户的结构和内容

2.“资本公积”账户

资本公积是指企业在经营过程中由于接受捐赠、股本溢价、法定财产重估增值等原因所形成的公积金。该账户属于所有者权益账户，其贷方登记增加数，反映因资本溢价或股本溢价等而增加的资本公积；借方登记减少数，表示因将其转为实收资本等而减少的资本公积；余额在贷方，表示期末资本公积的结余数额。“资本公积”账户的结构和内容如图 5-3 所示。

借	资本公积	贷
	期初余额	
以资本公积转增资本的金额	(1) 出资额中资本溢价或股本溢价金额 (2) 增加的其他资本公积	
	期末余额：资本公积的结余数额	

图 5-3 “资本公积”账户的结构和内容

投入资本的核算还会涉及"库存现金"账户和"银行存款"账户。

（三）投入资本的账务处理

2021 年 12 月广州珠江实业有限责任公司发生下列经济业务。

1. 接受现金资产投资的账务处理

【例 5-1】 1 日,收到投资人 A 公司投入资金共计 300 000 元,已存入银行。

该经济业务事项,属于资产和所有者权益同时增加的类型,涉及资产类的"银行存款"账户,以及所有者权益中的"实收资本"账户,两个账户同时增加 300 000 元。因此,应编制会计分录如下。

借:银行存款　　　　　　　　　　　　　　　　　　　　300 000
　　贷:实收资本——A 公司　　　　　　　　　　　　　　　300 000

2. 接受非现金资产投资的账务处理

【例 5-2】 1 日,B 公司同本公司联营,B 公司出资设备一台,账面原值为 200 000 元,已提折旧 50 000 元,双方协商作价 150 000 元,现已交付使用。

此例经济业务与例 5-1 是同一类型,但资产类账户由"银行存款"变成"固定资产"。因此,应编制会计分录如下。

借:固定资产　　　　　　　　　　　　　　　　　　　　150 000
　　贷:实收资本——B 公司　　　　　　　　　　　　　　　150 000

3. 接受的投资价值超过投资者注册资本或者股本中所占份额部分应计入资本公积

【例 5-3】 广州新华公司以房屋对公司进行投资,按协议确定的投资比例,广州新华公司应投资 5 000 000 元。广州新华公司实际投资的房屋市价 5 200 000 元,并已办理相关手续。该项经济业务与例 5-1 经济业务不同之处在于,广州新华公司以房屋投资,其资产市价 5 200 000 元,超过其应出投资(5 000 000 元)200 000 元。对投资超过注册资本的部分,不能作为实收资本入账,只能在"资本公积"账户核算。因此,应编制会计分录如下。

借:固定资产　　　　　　　　　　　　　　　　　　　　5 200 000
　　贷:实收资本——广州新华公司　　　　　　　　　　　　5 000 000
　　　资本公积　　　　　　　　　　　　　　　　　　　　200 000

二、负债的核算

（一）负债核算的内容

企业的资金筹集除了投资人投入资金外,还可以向银行和其他金融机构借入资金,用于弥补自有资金的不足,这部分借入资金形成了企业的负债。此外,企业在经营结算过程中临时占用的对方资金以及其他应付未付款项,也构成企业负债的一部分。这里主要讨论企业借款的核算。企业借款按偿还期限的不同可分为短期借款和长期借款。

企业借入资金需要支付利息,借款利息是企业使用借入资金所应支付的代价或成本,作为一项理财费用,应计入财务费用。

93

财务费用是指企业为筹集生产经营资金而发生的各项费用,包括企业生产经营期间发生的利息支出、汇兑损益、金融机构手续费等支出。为生产经营周转而发生的短期借款利息可直接计入当期财务费用,为购建固定资产筹集长期资金所发生的借款利息等费用,在固定资产尚未完工交付使用之前发生的,计入有关购建固定资产的成本;在固定资产完工投入使用之后发生利息支出,计入财务费用。

(二)负债核算应设置的主要账户

1.“短期借款”账户

短期借款是指借入期限在一年以下(包括一年)的各种借款,主要用于生产周转的需要。“短期借款”账户属于负债类账户,用于核算企业短期借款的借入、归还和结余情况。贷方登记借入的各种短期借款本金数,借方登记归还的短期借款的本金数;期末余额在贷方,反映企业尚未归还的短期借款本金数。本账户可按借款人或借款种类设置明细账,“短期借款”账户的结构和内容如图 5-4 所示。

借	短期借款	贷
	期初余额	
归还的短期借款本金	借入的各种短期借款本金	
	期末企业尚未归还的各种短期借款本金	

图 5-4　“短期借款”账户的结构和内容

2.“长期借款”账户

长期借款是指企业向银行或其他金融机构借入的期限在一年以上(不含一年)或超过一年的一个营业周期以上的各项借款。该账户属于负债类,其贷方登记借入的长期借款本金等,借方登记归还的长期借款本金等。期末余额在贷方,反映企业期末尚未归还的长期借款。

预计的长期借款利息应通过“长期借款”账户进行核算。长期借款费用应根据长期借款的用途和期间分别记入“长期待摊费用”“在建工程”“固定资产”“财务费用”等账户。本账户可按借款人或借款种类设置明细账,“长期借款”账户的结构和内容如图 5-5 所示。

借	长期借款	贷
	期初余额	
(1)归还的长期借款本金 (2)支付的到期一次还本付息的长期借款的利息	(1)借入的各种长期借款 (2)计提的到期一次还本付息的长期借款的利息	
	企业期末尚未归还的各种长期借款	

图 5-5　“长期借款”账户的结构和内容

94

3.“财务费用”账户

“财务费用”账户属于损益类账户,用以核算企业为筹集生产经营所需资金等而发生的筹资费用,包括利息支出(减利息收入)、汇兑损益以及相关的手续费、企业发生的现金折扣或收到的现金折扣等。为购建或生产满足资本化条件的资产发生的应予资本化的借款费用,通过"在建工程""制造费用"等账户核算。

该账户借方登记发生的筹资费用,如手续费、利息费用等的增加额,贷方登记发生的应冲减财务费用的利息收入、期末转入"本年利润"账户的财务费用净额等。期末结转后,该账户无余额。本账户可按财务费用的具体项目设置明细账。"财务费用"账户的结构和内容如图5-6所示。

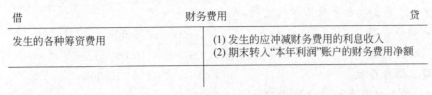

借	财务费用	贷
发生的各种筹资费用	(1) 发生的应冲减财务费用的利息收入 (2) 期末转入"本年利润"账户的财务费用净额	

图 5-6 "财务费用"账户的结构和内容

4."应付利息"账户

"应付利息"账户属于负债类账户,用以核算企业按照合同约定应支付的利息,包括按月计提的短期借款利息、吸收存款、分期付息到期还本的长期借款、企业债券等应支付的利息。

该账户贷方登记企业按合同约定的利率计算确定的应付未付利息,借方登记实际归还的利息。期末余额在贷方,反映企业尚未支付的借款利息,"应付利息"账户的结构和内容如图5-7所示。该账户可按存款人或债权人进行明细核算。

借	应付利息	贷
	期初余额	
实际归还的利息	按照合同约定的利率计算的应付未付利息	
	期末企业尚未支付的借款利息	

图 5-7 "应付利息"账户的结构和内容

(三)负债核算的账务处理

1.短期借款的账务处理

企业借入的各种短期借款,借记"银行存款"科目,贷记"短期借款"科目;归还借款时做相反的会计分录。

资产负债表日,应按计算确定的短期借款利息费用,借记"财务费用"账户,贷记"应付利息"账户。到期付息划转时,如果划转的是当月利息则借记"财务费用"账户,贷记"银行存款"账户,如果划转的是以前月份已经计算提取的短期借款利息,则借记"应付利息"账户,贷记"银行存款"账户。

【例5-4】 广州珠江实业有限责任公司于2021年1月1日取得银行借款1 000 000元,期限为9个月,年利率为6%,该借款到期后按期如数偿还,利息分月预提,按季支付。

要求:编制借款取得、预提利息、支付利息以及到期还本的会计分录。

(1)1月1日取得借款时,做如下账务处理。

借：银行存款   1 000 000

  贷：短期借款   1 000 000

（2）1月末、2月末计提当月借款利息时，做如下账务处理。

借：财务费用   5 000（1 000 000×6％÷12）

  贷：应付利息   5 000

（3）3月末支付本季度借款利息时，做如下账务处理。

借：财务费用   5 000

  应付利息   10 000

  贷：银行存款   15 000

第二、三季度利息的账户处理同上。

（4）归还短期借款本金时，做如下账务处理。

借：短期借款   1 000 000

  贷：银行存款   1 000 000

如例5-4，短期借款不仅还本，还应支付利息，依题意，利息按月预提，按季度通过银行划转直接支付。通常，在会计实务中，当利息分期（季、半年）支付或到期一次性支付且数额较大时，可采用预提的方法分期计入损益；若利息按月支付，或虽分期（季、半年）支付或到期一次性支付，但数额较小，可不用预提的方法，而在实际支付利息时，直接计入当期损益。如果将例5-4改为每月直接支付利息，而不是采用分月预提，按季支付的方式，则具体账务处理如例5-5所示。

【例5-5】 广州珠江实业有限责任公司2021年1月1日取得银行借款1 000 000元，期限半年，年利率为6％。利息直接支付，不预提。

要求：编制取得借款以及归还借款的会计分录。

（1）取得借款时，做如下账务处理。

借：银行存款   1 000 000

  贷：短期借款   1 000 000

（2）归还短期借款时，做如下账务处理。

借：短期借款   1 000 000

  财务费用   30 000（1 000 000×6％×6/12）

  贷：银行存款   1 030 000

2. 长期借款的账务处理

（1）取得借款时，企业借入长期借款，应按实际收到的金额借记"银行存款"账户，按借款本金贷记"长期借款——本金"账户。

借：银行存款

  贷：长期借款——本金

（2）期末计息时，资产负债表日，如果是分期支付利息的长期借款，应按确定的长期借款的利息费用，借记"在建工程""制造费用""财务费用""研发支出"等账户，按确定的应付未付利息，贷记"应付利息"账户。

偿付利息时，借记"应付利息"账户，贷记"银行存款"账户。

会计实务中长期借款计算确定的利息费用,应当按以下原则计入有关成本、费用。

① 属于筹建期间的,记入"管理费用"账户。

② 属于生产经营期间的,记入"财务费用"账户。

③ 如果长期借款用于购建固定资产等符合资本化条件的资产,在资产尚未达到预定可使用状态前,所发生的利息支出应当资本化,记入"在建工程""制造费用"等相关资产成本账户;资产达到预定可使用状态后发生的利息支出以及按规定不能资本化的利息支出,记入"财务费用"账户。

假定没有利息调整,到期末计息账户对应关系如下。

借:财务费用(或在建工程等)

　　贷:应付利息

注意:如果长期借款付息方式为一次还本付息的,核算对应将"应付利息"账户改为"长期借款——应计利息"账户。

假设没有利息调整,则偿还利息时账户对应关系如下。

借:应付利息

　　贷:银行存款

(3) 偿还本金时,到期日,偿还长期借款本金时,应借记"长期借款——本金"账户,贷记"银行存款"账户。同时,转销利息调整、应计利息金额。

假如没有利息调整,则偿还借款本金时,账户对应关系如下。

借:长期借款——本金

　　贷:银行存款

如果付息方式为到期本利一次付清,假如没有利息调整,则账户对应关系如下。

借:长期借款——本金

　　　　——应计利息

　　贷:银行存款

【例5-6】 广州珠江实业有限责任公司为购建一条生产线(工期2年),于2018年1月1日从银行取得借款5 000 000元,期限3年,年利率8%,到期一次还本付息,单利计息。借入款项当日支付生产线建设款5 000 000元。该公司应编制如下会计分录。

(1) 2018年1月1日取得借款时。

借:银行存款　　　　　　　　　　　　　　　　　　5 000 000

　　贷:长期借款　　　　　　　　　　　　　　　　　　5 000 000

(2) 2018年1月1日支付在建工程款项。

借:在建工程　　　　　　　　　　　　　　　　　　5 000 000

　　贷:银行存款　　　　　　　　　　　　　　　　　　5 000 000

(3) 2018年年末,应由该工程负担的借款利息(单利计息)为400 000元(5 000 000×8%),2018年与2019年将利息费用资本化,计入生产线成本。

借:在建工程　　　　　　　　　　　　　　　　　　400 000

　　　　贷：长期借款——应计利息　　　　　　　　　　　400 000

　　(4) 2019年年末,应由该工程负担的借款利息(单利计息)为400 000元。

　　借：在建工程　　　　　　　　　　　　　　　　　400 000

　　　　贷：长期借款——应计利息　　　　　　　　　　　400 000

　　(5) 2019年年末,竣工时将结转在建工程成本5 800 000元(5 000 000＋400 000＋400 000)。

　　借：固定资产　　　　　　　　　　　　　　　　5 800 000

　　　　贷：在建工程　　　　　　　　　　　　　　　5 800 000

　　(6) 2020年年末,计提长期借款的利息费用。

　　借：财务费用　　　　　　　　　　　　　　　　　400 000

　　　　贷：长期借款——应计利息　　　　　　　　　　　400 000

任务三　核算固定资产业务

任务描述

　　学会运用借贷记账法核算企业固定资产业务,包括固定资产增加、减少以及固定资产折旧业务,重点掌握固定资产折旧方法。

一、固定资产的概念

　　固定资产是指为生产商品、提供劳务、出租或者经营管理而持有、使用寿命超过一个会计年度的有形资产。

　　从固定资产的定义可以看出,企业的固定资产应同时具有以下三个特征。

　　(1) 固定资产属于一种有形资产。这是固定资产与无形资产的区别。

　　(2) 为生产商品、提供劳务、出租或者经营管理而持有,明显不同于库存商品等流动资产,这是固定资产最基本的特征。

　　(3) 使用寿命超过一个会计年度。这表明固定资产能在超过一个会计年度的长期时间里,为企业创造经济效益。

二、固定资产的成本

　　固定资产的成本是指企业购建某项固定资产达到预定可使用状态前所发生的一切合理必要的支出。

　　企业可以通过外购、自行建造、投资者投入、非货币性资产交换、债务重组、企业合并、融资租赁等方式取得固定资产。取得的方式不同,固定资产成本的具体构成内容及其确定的方法也不尽相同,具体计量方法如下。

（一）外购固定资产的成本

外购固定资产的成本包括购买价款、相关税费、使固定资产达到预定可使用状态前所发生的可归属于该项资产的运输费、装卸费、安装费、专业人士服务费等。

2009年1月1日增值税转型改革后，企业购建（包括购进、接受捐赠、实物投资、自制、改扩建和安装）生产用固定资产发生的增值税进项税额可以从销项税额中抵扣。

资产是否达到预定可使用或者可销售状态，具体可从以下四个方面进行判断。

（1）符合资本化条件的资产的实体建造（包括安装）或者生产活动已经全部完成或者实质上已经完成。（实质重于形式）

（2）所购建或者生产的符合资本化条件的资产与设计要求、合同规定或者生产要求相符或者基本相符，即使有极个别与设计、合同或者生产要求不相符的地方，也不影响其正常使用或者销售。（重要性）

（3）继续发生在所购建或生产的符合资本化条件的资产上的支出金额很少或者几乎不再发生。

（4）购建或者生产符合资本化条件的资产需要试生产或者试运行的，在试生产结果表明资产能够正常生产出合格产品，或者试运行结果表明资产能够正常运转或者营业时，应当认为该资产已经达到预定可使用或者可销售状态。

注意：如果购入需安装的固定资产，应通过"在建工程"账户核算。如果购入不需安装的固定资产，"不需安装"是强调购入资产时不通过"在建工程"账户核算，直接记入"固定资产"账户。

【例5-7】 广州珠江实业有限责任公司购入一台不需要安装即可投入使用的设备，取得的增值税专用发票上注明的设备价款为30 000元，增值税税额为3 900元，另支付运输费300元，包装费400元，款项以银行存款支付，假设该公司属于增值税一般纳税人，增值税进项税额不纳入固定资产成本核算。该公司应编制如下会计分录。

（1）计算固定资产成本。

固定资产买价	30 000
加：运输费	300
包装费	400
合计	30 700

（2）编制购入固定资产的会计分录。

借：固定资产		30 700
应交税费——应交增值税（进项税额）		3 900
贷：银行存款		34 600

（二）自行建造固定资产

企业自行建造固定资产包括自营建造和出包建造两种方式。

1. 自营方式建造固定资产

企业为建造固定资产准备的各种物资，包括工程用材料、尚未安装的设备以及为生产准备的工器具等,通过"工程物资"账户进行核算。①工程物资应当按照实际支付的买价、运输费、保险费等相关税费作为实际成本。②工程完工后,剩余的工程物资若转为本企业存货,应按其实际成本或计划成本进行结转。③盘盈、盘亏、报废、毁损的工程物资,减去残料价值以及保险公司、过失人等赔款后的差额,计入当期损益(营业外收入或营业外支出)。

建造固定资产领用工程物资、原材料或库存商品,应按其实际成本转入所建工程成本。自营方式建造固定资产应负担的职工薪酬、辅助生产部门为之提供的水、电、修理、运输等劳务,以及其他必要支出等也应计入所建工程项目的成本。

2. 出包方式建造固定资产

企业以出包方式建造固定资产,其成本由建造该项固定资产达到预定可使用状态前所发生的必要支出构成,包括发生的建筑工程支出、安装工程支出,以及需分摊计入的待摊支出("在建工程"的三级明细科目)。

(三)租入固定资产

租赁有经营租赁与融资租赁两种形式。融资租赁是指实质上转移的与资产所有权有关的全部风险和报酬的租赁。其所有权最终可能转移,也可能不转移。

如果一项租赁在实质上没有转移与租赁资产所有权有关的全部风险和报酬,那么该项租赁应认定为经营租赁。企业不必将租赁资产资本化,只需将支付或应付的租金按一定方法计入相关资产成本或当期损益。通常情况下,按照直线法计入相关资产成本或者当期损益。

三、固定资产折旧

固定资产折旧是指在固定资产使用寿命内,按照确定的方法对应计折旧额进行的系统分摊。应计折旧额是指应当计提折旧的固定资产的原价扣除其预计净残值后的金额;已计提减值准备的固定资产,还应当扣除已计提的固定资产减值准备累计金额。应计折旧额的计算公式如下。

$$应计折旧额 = 固定资产的原价 - 预计净残值 - 固定资产减值准备$$

固定资产的使用寿命、预计净残值一经确定,不得随意变更。

(一)固定资产折旧范围

企业应当按月(时间范围)对所有(空间范围)的固定资产计提折旧。具体折旧范围如下。

1. 时间范围

当月增加的固定资产,当月不计提折旧,从下月起计提折旧。

当月减少的固定资产,当月仍计提折旧,从下月起不计提折旧。

提前报废的固定资产,不再补提折旧。

例如:3月5日购入新车款1 000 000元(4月份开始计提折旧);3月20日出售旧车

款 2 000 000 元(4 月份开始不计提折旧)。

2. 空间范围

企业应当按月对所有的固定资产计提折旧,但如下三种情况除外。

(1)已提足折旧仍继续使用的固定资产(提足折旧指已经提足该固定资产的应计折旧额)。

(2)单独计价入账的土地。

(3)持有待售的固定资产。

(二)固定资产折旧方法

企业应当根据与固定资产有关的经济利益的预期实现方式,合理选择折旧方法。固定资产折旧方法包括年限平均法、工作量法、双倍余额递减法与年数总和法等(双倍余额递减法与年数总和法是加速折旧法,本书重点介绍年限平均法和工作量法)。固定资产的折旧方法一经确定,不得随意变更。

1. 年限平均法

年限平均法又称直线法。其计算公式如下。

$$年折旧率=(1-预计净残值率)\div预计使用寿命(年)\times100\%$$

$$月折旧率=年折旧率\div12$$

$$月折旧额=固定资产原价\times月折旧率$$

【例 5-8】 广州珠江实业有限责任公司一座厂房原值 500 000 元,预计使用 20 年,残值率为 2%,试计算月折旧额。

$$年折旧率=(1-2\%)\div20\times100\%=4.9\%$$

$$月折旧率=4.9\%\div12\approx0.41\%$$

$$月折旧额=500\ 000\times0.41\%=2\ 050(元)$$

2. 工作量法

工作量法计算公式如下。

$$单位工作量折旧额=固定资产原价\times(1-预计净残值率)\div预计总工作量$$

$$某项固定资产月折旧额=该项固定资产当月工作量\times单位工作量折旧额$$

【例 5-9】 广州珠江实业有限责任公司一辆卡车原价为 60 000 元,预计总里程为 500 000 千米,预计净残值率为 5%,本月行驶 400 千米,试计算当月应提的折旧额。

$$单位工作量折旧额=60\ 000\times(1-5\%)\div500\ 000=0.114(元/千米)$$

$$当月折旧额=0.114\times400=45.6(元)$$

3. 双倍余额递减法

双倍余额递减法是指在不考虑固定资产预计净残值的情况下,根据每期期初固定资产原价减去累计折旧后的金额和双倍的直线法折旧率计算固定资产折旧的一种方法。应在其折旧年限到期前两年内,将固定资产净值扣除预计净残值后的余额平均摊销。双倍余额递减法计算公式如下。

$$年折旧率=2\div预计使用寿命(年)\times100\%$$

$$年折旧额=固定资产原价\times年折旧率$$

$$最后两年每年折旧额=(固定资产原价-累计折旧额-净残值)\div2$$

101

【例5-10】 广州珠江实业有限责任公司一项固定资产的原价为 20 000 元,预计使用年限为 5 年,预计净残值为 200 元。按双倍余额递减法计算折旧,每年的折旧额计算如下。

双倍余额递减折旧率＝2÷5×100％＝40％

第一年应提的折旧额＝20 000×40％＝8 000(元)

第二年应提的折旧额＝(20 000－8 000)×40％＝4 800(元)

第三年应提的折旧额＝(20 000－8 000－4 800)×40％＝2 880(元)

第四、第五年的年折旧额＝(20 000－8 000－4 800－2 880－200)÷2＝2 060(元)

4. 年数总和法

年数总和法计算公式如下。

年折旧率＝尚可使用寿命÷预计使用寿命的年数总和×100％

年折旧率＝(固定资产原价－净残值)×年折旧率

折旧率记忆方法:分母是 $n(n+1)÷2$,分子是从 n 数到 1。

【例5-11】 承例 5-10,假如采用年数总和法,每年折旧额的计算如下。

第一年折旧额＝(20 000－200)×5÷15＝6 600(元)

第二年折旧额＝(20 000－200)×4÷15＝5 280(元)

第三年折旧额＝(20 000－200)×3÷15＝3 960(元)

第四年折旧额＝(20 000－200)×2÷15＝2 640(元)

第五年折旧额＝(20 000－200)×1÷15＝1 320(元)

(月末)企业应当按月计提固定资产折旧,当月增加的固定资产,当月不计提折旧,从下月起计提折旧;当月减少的固定资产,当月仍计提折旧,从下月起不计提折旧。

基本生产车间使用的固定资产,其计提的折旧应借记"制造费用";管理部门使用的固定资产,计提的折旧应借记"管理费用";销售部门使用的固定资产,计提的折旧应借记"销售费用";未使用固定资产,其计提的折旧应借记"管理费用等",贷记"累计折旧"。

四、主要账户设置

为核算固定资产的取得和计提折旧的相关业务,企业一般应设置以下账户。

1. "在建工程"账户

"在建工程"账户属于资产类账户,用以核算企业基建、更新改造等在建工程发生的支出。该账户借方登记企业各项在建工程的实际支出,贷方登记工程达到预定可使用状态时转出的成本等。期末余额在借方,反映企业期末尚未达到预定可使用状态的在建工程的成本,"在建工程"账户结构和内容如图 5-8 所示。该账户可按"建筑工程""安装工程""在安装设备""待摊支出"以及单项工程等进行明细核算。

2. "工程物资"账户

"工程物资"账户属于资产类账户,用以核算企业为在建工程准备的各种物资的成

借	在建工程	贷
期初余额		
企业各项在建工程的实际支出	工程达到预定可使用状态时转出的成本等	
期末余额：尚未达到预定可使用状态的在建工程的成本		

图 5-8　"在建工程"账户的结构和内容

本,包括工程用材料、尚未安装的设备以及为生产准备的工具器等。

该账户借方登记企业购入工程物资的成本,贷方登记企业领用工程物资的成本。期末余额在借方,反映企业期末为在建工程准备的各种物资的成本,"工程物资"账户的结构和内容如图 5-9 所示。该账户可按"专用材料""专用设备""工器具"等进行明细核算。

借	工程物资	贷
期初余额		
企业购入工程物资的成本	领用工程物资的成本	
期末余额：为在建工程准备的各种物资成本		

图 5-9　"工程物资"账户的结构和内容

3. "固定资产"账户

"固定资产"账户属于资产类账户,用以核算企业持有的固定资产原价。

该账户的借方登记固定资产原价的增加,贷方登记固定资产原价的减少。期末余额在借方,反映企业期末固定资产的原价。"固定资产"账户的结构和内容如图 5-10 所示。该账户可按固定资产类别和项目进行明细核算。

借	固定资产	贷
期初余额		
固定资产增加的原价的增加	固定资产减少的原价的减少	
期末余额：企业期末固定资产原价		

图 5-10　"固定资产"账户的结构和内容

4. "累计折旧"账户

"累计折旧"账户属于资产类备抵账户,用以核算企业固定资产计提的累计折旧。

该账户贷方登记按月提取的折旧额,即累计折旧的增加额,借方登记因减少固定资产而转出的累计折旧。期末余额在贷方,反映期末固定资产的累计折旧额。"累计折旧"账户的结构和内容如图 5-11 所示。该账户可按固定资产的类别或项目进行明细核算。

103

借	累计折旧	贷
	期初余额	
因减少固定资产而转出的累计折旧	按月提取的折旧额，即累计折旧的增加额	
	期末余额：期末固定资产的累计折旧额	

图 5-11 "累计折旧"账户的结构和内容

五、固定资产核算账务处理

（一）固定资产增加的账务处理

1. 购入不需要安装的固定资产

企业购入的不需要安装的固定资产，是指企业购置的固定资产不需要安装，可直接达到预定可使用状态。

【例 5-12】 甲公司为增值税一般纳税人，购入不需要安装的设备一台，取得的增值税专用发票上注明的设备买价为 20 000 元，增值税税额为 2 600 元，另支付的运杂费为 100 元，包装费为 200 元，款项以银行存款支付。编制相关的会计分录。

固定资产的入账价值＝20 000＋100＋200＝20 300（元）

借：固定资产   20 300

    应交税费——应交增值税（进项税额）   2 600

  贷：银行存款   22 900

2. 购入需要安装的固定资产（与自建的固定资产的处理类似）

【例 5-13】 广州珠江实业有限责任公司用银行存款购入一台需要安装的设备，增值税专用发票上注明的设备买价为 200 000 元，增值税税额为 26 000 元，支付运费 10 000 元；支付安装费 30 000 元，该公司为增值税一般纳税人。该公司应编制如下会计分录。

（1）购入需要安装的设备时

借：在建工程   210 000

    应交税费——应交增值税（进项税额）   26 000

  贷：银行存款   236 000

（2）支付安装费时

借：在建工程   30 000

  贷：银行存款   30 000

（3）设备安装完毕交付使用时，确定的固定资产成本＝210 000＋30 000＝240 000（元）

借：固定资产   240 000

  贷：在建工程   240 000

（二）计提固定资产折旧的账务处理

企业应当按月计提固定资产折旧，并根据用途分别计入相关资产的成本或当期费用,具体会计分录如下所示。

借:制造费用(车间使用)

销售费用(销售部门使用)

管理费用(行政部门使用或暂时未使用设备)

研发支出(研发部门使用)

在建工程(自行建造固定资产中使用的固定资产折旧)

其他业务成本(经营性出租设备折旧)

贷:累计折旧

【例 5-14】 广州珠江实业有限责任公司采用年限平均法对固定资产计提折旧。2020 年 11 月根据"固定资产折旧计算表",确定各车间及厂部管理部门应分配的折旧额为:一车间 1 500 000 元,二车间 2 400 000 元,三车间 3 000 000 元,厂部管理部门 600 000 元。该公司应编制如下会计分录。

借:制造费用——一车间   1 500 000

          ——二车间   2 400 000

          ——三车间   3 000 000

  管理费用   600 000

贷:累计折旧   7 500 000

(三)固定资产处置的账务处理

固定资产处置包括固定资产的出售、转让、报废、毁损等。

固定资产处置的基本步骤如下。

(1)将处置的固定资产转入清理。

(2)计算发生的清理费用等。

(3)收回出售固定资产的价款、残料价值、变价收入等。

(4)保险赔偿等部分的处理。

(5)清理净损益。固定资产清理完成后产生的清理净损益,依据固定资产处置方式的不同,分别适用以下两种处理方法。

第一种情况:因已丧失使用功能或因自然灾害发生毁损等原因而报废清理产生的利得或损失应计入营业外收支。属于生产经营期间正常报废清理产的处理净损失,借记"营业外支出——处置非流动资产损失"账户,贷记"固定资产清理"账户;属于生产经营期间由于自然灾害等非正常原因造成的,借记"营业外支出——非常损失"账户,贷记"固定资产清理"账户;如为净收益,贷记"营业外收入"账户。

第二种情况:因出售、转让等原因产生的固定资产处置利得或损失应计入资产处置损益。产生处置净损失的,借记"资产处置损益"账户,贷记"固定资产清理"账户;如为净收益,借记"固定资产清理"账户,贷记"资产处置损益"账户。

【例 5-15】 广州珠江实业有限责任公司出售一厂房,原价 1 000 000 元,累计已计提折旧 500 000 元,支付清理费用 10 000 元,出售取得价款为 600 000 元,不考虑相关税费。编制相关的会计分录如下。

105

（1）将固定资产转入清理

借：固定资产清理 500 000

  累计折旧 500 000

 贷：固定资产 1 000 000

（2）支付清理费用

借：固定资产清理 10 000

 贷：银行存款 10 000

注：2016 年 5 月 1 日起，我国全面实施"营改增"，一般纳税人销售其 2016 年 4 月 30 日前取得（不含自建）的不动产，可以选择适用简易计税方法。其公式如下。

$$应交税费 = \left(\begin{array}{c}取得的全部价款和\\价外费用\end{array} - \begin{array}{c}不动产购置原价或者\\取得不动产时的作价\end{array}\right) \times 5\%$$

（3）取得出售价款

借：银行存款 600 000

 贷：固定资产清理 600 000

（4）结转固定资产清理后的净收益

借：固定资产清理 90 000

 贷：资产处置损益 90 000

任务四　核算采购业务

任务描述

  掌握采购成本的构成并能正确计算采购成本，学会登记采购明细账，掌握采购入库业务处理。

一、采购业务主要经济内容

  采购业务是生产经营的准备阶段，其基本业务是组织各种生产材料的采购和存储，以备生产之需。因此，供应过程核算的主要内容是核算和监督材料的买价和采购费用，确定材料的采购成本。

  材料采购成本项目一般包括下列五项。

  （1）材料的买价，即供货单位的发票价格。

  （2）外地运杂费，指企业从外地购进材料在运抵企业仓库过程中用货币资金支付的有关费用，包括运输费、装卸费、保险费、包装费、仓储费等。

  （3）运输途中的合理损耗，指所购材料在运输途中正常范围内的损耗。

  （4）入库前的加工整理挑选费用（包括整理挑选过程中发生的损耗）。

  （5）购入材料负担的其他费用。

二、供应过程核算应设置的主要账户

1. "在途物资"账户

"在途物资"账户是资产类账户,用于核算企业采用实际成本(进价)进行材料、商品等物资的日常核算、货款已付尚未验收入库的各种物资(即在途物资)的采购成本。借方登记尚未验收入库的各种物资(即在途物资)的采购成本,贷方登记已验收入库材料物资所发生的买价和采购费用数额。期末余额在借方,表示企业尚未验收入库各种材料物资的实际成本,"在途物资"账户的结构和内容如图5-12所示。该账户应按供应单位和物资品种进行明细核算。

借	在途物资	贷
期初余额		
尚未验收入库的各种物资(即在途物资)的采购成本	已验收入库材料物资所发生的买价和采购费用数额	
期末余额:企业尚未验收入库各种材料物资的实际成本		

图5-12 "在途物资"账户的结构和内容

2. "原材料"账户

"原材料"账户是资产类账户,用于核算企业购入材料物资的实际采购成本并反映库存各种材料增减变化和结存情况。借方登记已验收入库材料物资所发生的买价和采购费用数额,即材料实际采购成本,贷方登记发出、领用材料的实际成本。期末余额在借方,表示企业期末库存各种材料物资的实际成本,"原材料"账户的结构和内容如图5-13所示。该账户按材料的品种、规格设置明细账。

借	原材料	贷
期初余额		
已验收入库材料物资所发生的买价和采购费用数额,即材料实际采购成本	发出、领用材料的实际成本	
期末余额:企业期末库存各种材料物资的实际成本		

图5-13 "原材料"账户的结构和内容

3. "应交税费"账户

"应交税费"账户是负债类账户,核算企业按照税法规定计算应交纳的各种税费,包括增值税、消费税、所得税、资源税、土地增值税、城市维护建设税、房产税、土地使用税、车船税、教育费附加、矿产资源补偿费等。

企业不需要预计应缴数所缴纳的税金,如印花税、耕地占用税等,均不在本科目核算。本科目应当按照应交税费的税种进行明细核算。

根据《中华人民共和国增值税暂行条例》第一条规定,在中华人民共和国境内销售货

107

物或者加工、修理修配劳务(以下简称劳务)、销售服务、无形资产、不动产以及进口货物的单位和个人,为增值税的纳税人,应当缴纳增值税。增值税就是按货物或应税劳务的增值部分征收的一种流转税。按规定,企业购入货物或接受应税劳务支付的增值税(即进项税额),可以从销售货物或提供劳务按规定收取的增值税(即销项税额)中抵扣。我国现行增值税属于比例税率,根据应税行为一共分为13%、9%、6%三档税率及5%、3%两档征收率。小规模纳税人按销售额的3%计算增值税,不抵扣进行税额。

一般纳税人应纳增值税计算公式如下。

$$应纳税额=当期销项税额-当期进项税额$$
$$销项税额=销售额×增值税税率$$
$$进项税额=购进货物或劳务价款×增值税税率$$

企业应缴纳的增值税,在"应交税费"账户下设置的"应交增值税"明细账户进行核算。

该账户的贷方登记企业销售货物或提供应税劳务应缴纳的增值税销项税额,借方登记企业购进货物或接受劳务支付的进项税额和实际已缴纳的本期增值税额;期末贷方余额表示企业本期应交而未交的增值税销项税额;期末余额若在借方,表示本期尚未抵扣完的增值税进项税额,可以留待下期继续抵扣,"应交税费"账户的结构和内容如图 5-14所示。

借	应交税费——应交增值税	贷
	期初余额	
(1) 企业购进货物或接受劳务支付的进项税额 (2) 本期实际已缴纳的增值税额	企业销售货物或提供应税劳务应缴纳的增值税销项税额	
期末余额:本期尚未抵扣完的增值税进项税额	期末余额:企业本期应交而未交的增值税销项税额	

图 5-14 "应交税费"账户的结构和内容

应交增值税还应分别设置"进项税额""销项税额""出口退税""进项税额转出""已交税金"等专栏进行明细核算。

4."应付账款"账户

"应付账款"账户是负债类账户,用于核算企业因购买材料物资和接受劳务供应等而应付给供应单位的款项。贷方登记企业因购买材料等原因发生的应付但未付的货款数额,借方登记企业实际支付的货款数额。如果期末余额在贷方,表示企业尚未支付的货款数额;如果期末余额在借方,表示企业预付的各种款项,"应付账款"账户的结构和内容如图 5-15 所示。该账户按供应单位开设明细账。

5."应付票据"账户

"应付票据"账户是负债类科目,贷方登记企业开出、承兑的商业汇票的票面金额,借方登记企业已经支付或者到期无力支付的商业汇票。期末余额在贷方,反映企业尚未到期的商业汇票的票面金额,"应付票据"账户的结构和内容如图 5-16 所示。

核算企业购买材料、商品和接受劳务供应等而开出、承兑的商业汇票,包括银行承兑

借	应付账款	贷
期初余额	期初余额	
企业实际支付的货款数额	企业因购买材料等原因发生的应付但未付的货款数额	
期末余额：企业预付的各种款项	期末余额：企业尚未支付的货款数额	

图 5-15 "应付账款"账户的结构和内容

借	应付票据	贷
	期初余额	
企业以存款支付汇票款	企业开出、承兑的商业汇票的票面金额	
	期末余额：企业尚未到期的商业汇票的票面金额	

图 5-16 "应付票据"账户的结构和内容

汇票和商业承兑汇票。开出、承兑商业汇票时，借记"原材料"等账户，贷记"应付票据"；以存款支付汇票款时，借记"应付票据"，贷记"银行存款"；支付银行承兑汇票的手续费，借记"财务费用"账户，贷记"银行存款"。按供应单位（债务人）设置三栏式明细账。

6. "预付账款"账户

预付账款是指企业按照购货合同规定预付给供应单位的款项，"预计账款"账户属于资产类账户。对购货企业来说，预付账款是一项流动资产。借方登记预付供应单位货款的增加，贷方登记冲销预付供应单位的款项。若期末余额在借方，表示尚未结算的预付款；若期末余额在贷方，则表示应付账款。"预付账款"账户的结构和内容如图 5-17 所示。按供应单位（债务人）可设三栏式明细账。

借	预付账款	贷
期初余额		
预付供应单位货款的增加	冲销预付供应单位的款项	
期末余额：尚未结算的预付款	期末余额：应付账款	

图 5-17 "预付账款"账户的结构和内容

三、供应过程的主要业务处理

原材料的日常收发核算及结存，可以采用计划成本法核算，也可以采用实际成本法核算。下面以采用实际成本法为例介绍企业供应过程中材料的主要业务账务处理。

（1）货款已经支付，发票账单已到，材料未入库。

【例 5-16】 15 日，广州珠江实业有限责任公司从广州大洋公司购入甲材料 4 000 千

109

项目五 核算企业经济业务

克,每千克单价 200 元,共计 800 000 元,增值税税率 13％,进项税额 104 000 元,材料尚未验收入库,货款 904 000 元,已由银行转账支付。

企业购买材料应支付的款项包括两个部分:一是材料的采购成本(买价＋采购费用),二是增值税进项税额。因此,该项业务事项应编制会计分录如下。

借:在途物资——甲材料　　　　　　　　　　800 000

　　应交税费——应交增值税(进项税额)　　104 000

　　贷:银行存款　　　　　　　　　　　　　　　904 000

(2) 货款未支付,发票账单已到,材料尚未入库。

【例 5-17】　15 日,广州珠江实业有限责任公司从长江公司购进乙材料 2 000 千克,每千克 100 元,增值税税率 13％,进项税额 26 000 元,货款 226 000 元暂欠,材料尚未验收入库。

这笔业务与前例不同的是,购买材料时款项尚未支付,一项资产(在途物资)增加的同时,也增加了一项负债。因此,应编制会计分录如下。

借:在途物资——乙材料　　　　　　　　　　200 000

　　应交税费——应交增值税(进项税额)　　26 000

　　贷:应付账款——长江公司　　　　　　　　226 000

在材料采购过程中发生的采购费用,应采用合理的方法计入材料的采购成本。专为采购某种材料而发生的费用,应直接计入该种材料的采购成本;对于采购几种材料共同发生的费用,应选择适当的标准在几种材料之间进行分配,计入各种材料物资的采购成本。材料采购费用的分配标准可以选择采购材料的重量、体积或买价等。

$$材料采购费用分配率＝\frac{共同负担的采购费用}{各种材料分配标准之和}$$

某种材料物资应分摊的采购费用＝某种材料分配标准×采购费用分配率

【例 5-18】　15 日,以银行存款支付购入甲、乙两种材料的装卸搬运费 60 000 元,按材料重量分摊运费。

根据例 5-17 和例 5-18 材料采购业务资料,计算材料采购费用分配率。

分配率＝60 000÷(4 000＋2 000)＝10(元/千克)

甲材料分配额＝4 000×10＝40 000(元)

乙材料分配额＝2 000×10＝20 000(元)

应编制会计分录如下。

借:在途物资——甲材料　　　　　　　　　　40 000

　　　　　　——乙材料　　　　　　　　　　20 000

　　贷:银行存款　　　　　　　　　　　　　　60 000

根据例 5-16～例 5-18 材料采购业务资料,上述材料验收入库,按实际成本结转。

【例 5-19】　假设上述所购入的材料验收入库。

材料验收入库,则在途材料(资产)减少,而库存材料(资产)增加,故应编制会计分录如下。

借：原材料——甲材料   840 000

   ——乙材料   220 000

  贷：在途物资——甲材料   840 000

     ——乙材料   220 000

注意：购入的材料全部验收入库并结转后，"在途物资"账户余额应为零。

（3）采用预付款购入材料的业务处理。

【例5-20】 广州珠江实业有限责任公司向东江公司采购丙材料5 000千克，每千克单价10元，所需支付的货款为50 000元。按照合同规定向东江公司预付货款的50%，验收货物后补付其余款项。广州珠江实业有限责任公司应编制如下会计分录。

① 预付50%的货款时，企业预付款项，一方面银行存款这一项资产减少计入贷方，另一方面另一项资产预付账款增加，应计入借方，故应编制分录如下。

借：预付账款——东江公司   25 000

  贷：银行存款   25 000

② 收到东江公司发来的5 000千克丙材料，验收无误，增值税专用发票记载的货款为50 000元，增值税额为6 500元。广州珠江实业有限责任公司以银行存款补付所欠款项31 500元。

由于购买前企业已经对货款进行预付，当供货企业实际交货时，可直接冲销预付金额。应编制如下会计分录。

借：原材料——丙材料   50 000

  应交税费——应交增值税（进项税额） 6 500

  贷：预付账款——东江公司   56 500（全额冲减）

③ 补付货款。补付与预付分录基本相同，实际交货时，关键看预付金额是否足够支付，应该补退多少，本例中，属于预付账款少付，应该补付货款。

借：预付账款——东江公司   31 500

  贷：银行存款   31 500

（4）采用签发商业汇票方式购入材料的业务处理。

【例5-21】 广州珠江实业有限责任公司购进丁材料时签发并承兑商业汇票，材料价税款总计404 540元。

该业务中给出的是含税价款，应先进行分解计算，计算公式如下。

不含税价款＝价税款总额÷（1＋税率）＝404 540÷（1＋13%）＝358 000（元）

增值税税额＝价税款总额－不含税价款＝404 540－358 000＝46 540（元）

借：在途物资——丁材料   358 000

  应交税费——应交增值税（进项税额） 46 540

  贷：应付票据   404 540

上述材料验收入库，按实际成本进行结转。

借：原材料——丁材料   358 000

  贷：在途物资——丁材料   358 000

四、发出材料的账务处理

（一）实际成本法

在实际成本核算方式下,企业可以采用的发出存货成本的计价方法包括个别计价法、先进先出法、月末一次加权平均法、移动加权平均法等。计价方法一经确定,不得随意变更。

1. 发出材料的计价方法

（1）个别计价法。采用个别计价法是假设存货的成本流转与实物流转相一致,按照各种存货,逐一辨认各批发出存货和期末存货所属的购进批别或生产批别,分别按其购入或生产时所确定的单位成本作为计算各批发出存货和期末存货成本的方法。在这种方法下,是把每一种存货的实际成本作为计算发出存货成本和期末存货成本的基础。

（2）先进先出法。先进先出法是指根据先入库先发出的原则,对于发出的存货以先入库存货的单价计算发出存货成本的方法。采用这种方法的具体做法是先按期初结存存货的单价计算发出的存货的成本,再按本期第一批入库的存货的单价计算,依此从前向后类推,计算发出存货和结转存货的成本。

【例 5-22】 广州珠江实业有限责任公司 2020 年 12 月 1 日结存 B 材料 3 000 千克,每千克实际成本为 10 元;12 月 5 日和 12 月 20 日分别购入该材料 9 000 千克和 6 000 千克,每千克实际成本分别为 11 元和 12 元;12 月 10 日和 12 月 25 日分别发出该材料 10 500 千克和 6 000 千克。按先进先出法核算时,发出和结转材料的成本如表 5-1 所示。

表 5-1　B 材料购销明细账(先进先出法)　　　　　　　金额单位:元

月	日	摘要	收入 数量	收入 单价	收入 金额	发出 数量	发出 单价	发出 金额	结存 数量	结存 单价	结存 金额
12	1	期初余额							3 000	10	30 000
	5	购入	9 000	11	99 000				3 000 9 000	10 11	30 000 99 000
	10	发出				3 000 7 500	10 11	30 000 82 500	1 500	11	16 500
	20	购入	6 000	12	72 000				1 500 6 000	11 12	16 500 72 000
	25	发出				1 500 4 500	11 12	16 500 54 000	1 500	12	18 000
	31	合计	15 000		171 000	16 500		183 000	1 500	12	18 000

（3）月末一次加权平均法。月末一次加权平均法是指以本月全部进货数量加上月初存货数量作为权数,去除本月全部进货成本加上月初存货成本,计算出存货的加权平均单位成本,以此为基础,计算出本月发出存货的成本和期末存货成本的一种方法,计算公

式如下。

$$存货单位成本 = \frac{月初库存货的实际成本 + \sum\left(\begin{array}{c}当月各批进货的实际单位\\成本 \times 当月各批进货的数量\end{array}\right)}{月初库存存货数量 + 当月各批进货数量之和}$$

$$当月发出存货成本 = 当月发出存货的数量 \times 存货单位成本$$

$$当月月末库存存货成本 = 月末库存存货的数量 \times 存货单位成本$$

【例 5-23】 承例 5-22，采用月末一次加权平均法计算 B 材料的成本如下。

$$B 材料平均单位成本 = \frac{30\,000 + 99\,000 + 72\,000}{3\,000 + 9\,000 + 6\,000} \approx 11.17(元)$$

$$本月发出 B 材料的成本 = 16\,500 \times 11.17 = 184\,305(元)$$

末库存 B 材料的成本 = 月初库存 B 材料的成本 + 本月收入 B 材料的成本

$$- 本月发出 B 材料的成本$$

$$= 30\,000 + 171\,000 - 184\,305 = 16\,695(元)$$

（4）移动加权平均法。移动加权平均法是指以每次进货的成本加上原有库存存货的成本，除以每次进货数量与原有库存存货的数量之和，据以计算加权平均单位成本，以此为基础计算当月发出存货的成本和期末存货的成本的一种方法，其计算公式如下。

$$移动加权平均单价 = \frac{本次收入前结存商品金额 + 本次收入商品金额}{本次收入前结存商品数量 + 本次收入商品数量}$$

移动加权平均法计算出来的商品成本比较均衡和准确，但计算起来的工作量大，一般适用于经营品种不多或者前后购进商品的单价相差幅度较大的商品流通类企业。

【例 5-24】 承例 5-23，采用移动加权平均法计算 B 材料的成本如下。

$$第一批收货后 B 材料的平均单位成本 = \frac{30\,000 + 99\,000}{3\,000 + 9\,000} = 10.75(元)$$

$$第一批发出 B 材料的成本 = 10\,500 \times 10.75 = 112\,875(元)$$

$$当时结存的存货成本 = 1\,500 \times 10.75 = 16\,125(元)$$

$$第二批收货后 B 材料的平均单位成本 = \frac{16\,125 + 72\,000}{1\,500 + 6\,000} = 11.75(元)$$

$$第二批发出 B 材料的成本 = 6\,000 \times 11.75 = 70\,500(元)$$

$$当时结存的存货成本 = 1\,500 \times 11.75 = 17\,625(元)$$

B 材料月末结存 1 500 千克，月末库存存货成本为 17 625 元；本月发出存货成本合计为 183 375 元(112 875 + 70 500)。

发出材料实际成本的确定，可由企业从上述个别计价法、先进先出法、月末一次加权平均法、移动加权平均法等方法中选择。计价方法一经确定，不得随意变更，如需变更，应在报表附注中予以说明。

2. 发出材料的财务处理

企业在生产经营过程中领用原材料，按实际成本借记"生产成本""制造费用""管理费用"等账户，贷记"原材料"账户。企业委托外单位加工的原材料，按实际成本，借记"委托加工物资"账户，贷记"原材料"账户。企业基建工程、福利部门领用的原材料，按实际成本加上不予抵扣的增值税额，借记"在建工程""应付职工薪酬"等账户，按实际成本贷记"原材料"账户,按不予抵扣的增值税额贷记"应交税费——应交增值税(进项税额转出)"账户。企业出售的原材料,应在月末结转成本时,借记"其他业务成本"账户,贷记"原材料"账户。

【例 5-25】 广州珠江实业有限责任公司根据"发料凭证汇总表"的记录,12月份基本生产车间领用 K 材料 500 000 元,辅助生产车间领用 K 材料 40 000 元,车间管理部门领用 K 材料 5 000 元,企业行政管理部门领用 K 材料 4 000 元,共计 549 000 元。该公司应编制如下会计分录。

借:生产成本——基本生产成本   500 000
         ——辅助生产成本   40 000
   制造费用   5 000
   管理费用   4 000
  贷:原材料——K 材料   549 000

(二)计划成本法

计划成本法是指企业存货的日常收入、发出和结余均按预先制订的计划成本计价,同时另设"材料成本差异"账户,作为计划成本和实际成本联系的纽带,用来登记实际成本和计划成本的差额,月末,再通过对存货成本差异的分摊,将发出存货的计划成本和结存存货的计划成本调整为实际成本进行反映的一种核算方法。同时计划成本法下存货的总分类和明细分类核算均按计划成本计价。因此这种方法适用于存货品种繁多、收发频繁的企业。企业的自制半成品、产成品品种繁多的,或者在管理上需要分别核算其计划成本和成本差异的,也可采用计划成本法核算。

采购时,按实际成本付款,记入"材料采购"账户借方;验收入库时,按计划成本记入"原材料"的借方,"材料采购"账户贷方;期末结转,验收入库材料形成的材料成本差异的超支差记入"材料成本差异"的借方,节约差记入"材料成本差异"的贷方;平时发出材料时,一律用计划成本;期末,计算材料成本差异率,结转发出材料应负担的差异额。

$$\frac{材料成本}{差异率} = \frac{总差异}{总计划成本} \times 100\%$$

$$= \frac{期初结存材料的成本差异+本期验收入库材料的成本差异}{期初结存材料的计划成本+本期验收入库材料的计划成本} \times 100\%$$

发出材料应负担的成本差异=发出材料的计划成本×本期材料成本差异率

结转发出材料应负担的差异超支差(实际价>计划价)会计分录发生的差异如下。

借:生产成本等
  贷:材料成本差异

节约差分录与上述分录相反。超支差用蓝字,节约差用红字;合理损耗作为材料成本差异。

【例 5-26】 广州珠江实业有限责任公司根据"发料凭证汇总表"的记录,12 月 L 材料的消耗(计划成本)基本情况为:基本生产车间领用 2 000 000 元,辅助生产车间领用600 000 元,车间管理部门领用 250 000 元,企业行政管理部门领用 50 000 元。甲公司应编制会计分录如下。

借：生产成本——基本生产车间   2 000 000
    ——辅助生产车间   600 000
  制造费用   250 000
  管理费用   50 000
  贷：原材料——L材料   2 900 000

企业日常采用计划成本核算的,发出的材料成本应由计划成本调整为实际成本,通过"材料成本差异"账户进行结转。

【例 5-27】 承例 5-26,广州珠江实业有限责任公司 12 月初结存 L 材料的计划成本为 1 000 000 元。成本差异为超支 30 740 元;当月入库 L 材料的计划成本为 3 200 000 元,成本差异为节约 200 000 元,则

$$材料成本差异率 = \frac{30\,740 - 200\,000}{1\,000\,000 + 3\,200\,000} \times 100\% = -4.03\%$$

结转发出材料的成本差异,甲公司应编制如下会计分录。

借：材料成本差异——L材料   116 870
 贷：生产成本——基本生产车间   80 600(2 000 000×4.03%)
    ——辅助生产车间   24 180(600 000×4.03%)
  制造费用   10 075(250 000×4.03%)
  管理费用   2 015(50 000×4.03%)

任务五　核算生产业务

任务描述

认识企业生产业务的实质,掌握核算生产业务所需账户的设置,并运用这些账户进行生产业务的核算。同时,能够进行简易生产成本的计算。

一、生产过程主要经济内容

生产过程是指借助机器设备,将原材料加工成产品的过程。产品的生产过程同时也是生产的耗费过程。制造企业在生产过程中发生的用货币表现的生产耗费(原材料、人工费和其他费用)叫作生产费用。这些费用最终都要归集、分配到一定种类的产品上去,从而形成各种产品的成本。

二、生产过程核算应设置的主要账户

1."生产成本"账户

"生产成本"账户属成本类账户,用于核算应计入产品成本的各项费用。借方登记应

计入产品生产成本的直接材料、直接人工以及分配应计入产品生产成本的制造费用,贷方登记完工入库产品的生产成本;期末余额在借方,表示尚未完工的在产品的成本。"生产成本"账户按成本核算对象开设明细账,如图5-18所示。

借	生产成本	贷
期初余额		
计入产品生产成本的直接材料、直接人工以及分配应计入产品生产成本的制造费用	完工入库产品的生产成本	
期末余额:尚未完工的在产品的成本		

图 5-18 "生产成本"账户的结构和内容

2."制造费用"账户

制造费用包括产品生产成本中除直接材料和直接工资以外的其余一切生产成本,主要包括企业各个生产单位(车间、分厂)为组织和管理生产所发生的一切费用。具体包括以下项目:各个生产单位管理人员的工资、职工福利费、房屋设备折旧费、劳动保护费、季节性生产、修理期间的停工损失等。制造费用一般是间接计入成本,当制造费用发生时一般无法直接判定它所归属的成本计算对象,因此不能直接计入所生产的产品成本中去,而须按费用发生的地点先行归集,月终时再采用一定的方法在各成本计算对象间进行分配,计入各成本计算对象的成本中。

"制造费用"账户属成本类账户,用来归集和分配企业生产车间为生产产品而发生的各项间接费用。借方登记实际发生的各项制造费用,贷方登记月末将制造费用分配计入"生产成本"账户的金额。该账户月末一般无余额。按不同生产车间(分厂)及制造费用的项目设置明细账。"制造费用"账户的结构和内容如图5-19所示。

借	制造费用	贷
实际发生的各项制造费用	分配计入"生产成本"账户的金额	
期末余额:一般无余额		

图 5-19 "制造费用"账户的结构和内容

3."应付职工薪酬"账户

"应付职工薪酬"账户属于负债类账户,用以核算企业根据有关规定应付给职工的各种薪酬。

该账户借方登记本月实际支付的职工薪酬;贷方登记本月计算的应付职工薪酬,包括短期薪酬、离职后福利、辞退福利以及其他长期职工薪酬。期末余额在贷方,反映企业应付而未付的职工薪酬,"应付职工薪酬"账户的结构和内容如图5-20所示。

该账户可按"短期薪酬""离职后福利""辞退福利""其他长期职工薪酬"等进行明细核算。

4."库存商品"账户

"库存商品"账户是资产类账户,用于核算和监督已生产完工并验收入库产品的增减

借	应付职工薪酬	贷
	期初余额	
登记企业工资实际发放数和福利费等的实际支付数	本月计算的应付职工薪酬	
	期末余额：应付而未付的职工薪酬的结余数	

图 5-20　"应付职工薪酬"账户的结构和内容

变动及结存情况。借方登记已经完工入库产品的实际成本，贷方登记出库产品的实际成本。期末余额在借方，表示库存产品的实际成本。按产成品的品种、规格和种类设置明细账。"库存商品"账户的结构和内容如图 5-21 所示。

借	库存商品	贷
期初余额		
已经完工入库产品的实际成本	出库产品的实际成本	
期末余额：库存产品的实际成本		

图 5-21　"库存商品"账户的结构和内容

5."管理费用"账户

"管理费用"账户核算企业为组织和管理企业生产经营所发生的管理费用，如企业的行政管理部门在经营管理中发生的公司经费（包括行政管理部门职工工资、修理费、物料消耗、低值易耗品摊销、办公费、差旅费等）、工会经费、待业保险费、劳动保险费、聘请中介机构费、咨询费（含顾问费）、诉讼费、业务招待费、房产税、车辆使用税、土地使用税、印花税、技术转让费、矿产资源补偿费、固定资产摊销、无形资产摊销、职工教育经费、研究与开发费、排污费等。

该账户是损益类（费用）账户，用来核算和监督企业行政管理部门为组织和管理生产经营活动所发生的各种费用。借方登记发生的各项管理费用，贷方登记转入"本年利润"账户的数额。本账户期末一般无余额。"管理费用"账户的结构和内容如图 5-22 所示。

借	管理费用	贷
发生的各项管理费用	转入"本年利润"账户的数额	
期末余额：一般无余额		

图 5-22　"管理费用"账户的结构和内容

三、生产过程主要业务核算

（一）材料费用的归集与分配

企业在生产活动中耗用的材料费用是根据领退料凭证，按照材料的用途归集和分配。对于应计入产品成本的工业生产用料,应按照产品品种和成本项目归集和分配;用于构成产品实体的原料及主要材料和有助于产品形成的辅助材料,应记入"生产成本"账户及所属明细账的"直接材料"账户;用于维护生产设备和管理生产的各种材料,先在"制造费用"账户予以归集,然后分配转入"生产成本"账户及其所属明细账的"制造费用"账户。对于不应计入产品成本而属于期间费用的材料费用,应记入"管理费用""销售费用"账户;对用于购建固定资产和其他资产方面的材料费用,应计入有关的资产价值,不得列入产品成本或期间费用。

【例5-28】 15日,某公司生产 A 产品领用甲材料 1 500 千克,每千克单价 200 元,领用乙材料 1 000 千克,每千克单价 150 元,共计 450 000 元。生产 B 产品领用甲材料 800 千克,每千克单价 200 元,共计 160 000 元。从仓库领用乙材料 1 000 千克,每千克单价 150 元,共计 150 000 元,其中生产车间一般性耗用 120 000 元,行政管理部门一般性耗用 30 000 元。

生产产品领用材料,材料在加工过程中转化为产品,材料费用是构成产品生产成本的主要内容之一。领料时,一方面生产成本增加,另一方面库存原材料减少,因此,编制会计分录如下。

借:生产成本——A 产品　　　　　　　　　　　450 000
　　　　　　——B 产品　　　　　　　　　　　160 000
　　制造费用　　　　　　　　　　　　　　　　120 000
　　管理费用　　　　　　　　　　　　　　　　 30 000
　　贷:原材料——甲材料　　　　　　　　　　　　　　460 000
　　　　　　　——乙材料　　　　　　　　　　　　　　300 000

(二) 职工薪酬的归集与分配

职工薪酬是指企业为获得职工提供的服务或解除劳动关系而给予的各种形式的报酬或补偿。职工薪酬包括短期薪酬、离职后福利、辞退福利和其他长期职工福利。

企业提供给职工配偶、子女、受赡养人、已故员工遗属及其他受益人等的福利,也属于职工薪酬。

"职工"主要包括以下三类人员。

(1) 与企业订立劳动合同的所有人员,包括全职、兼职和临时职工。

(2) 未与企业订立劳动合同但由企业正式任命的企业治理层和管理层人员,如董事会成员、监事会成员等。

(3) 在企业的计划和控制下,虽未与企业订立劳动合同或未由其正式任命,但向企业提供的服务与职工所提供的服务类似的人员,也属于职工的范畴,包括通过企业与劳务中介公司签订用工合同而向企业提供服务的人员。

职工薪酬的账务处理主要包括以下三个方面的内容。

1. 计提短期职工薪酬的账务处理

对于短期职工薪酬,企业应在职工为其提供服务的会计期间,按实际发生额确认为负债,并计入当期损益或相关资产成本。企业应根据职工提供服务的受益对象,分别按照下列情况处理。

(1) 应由生产产品、提供劳务负担的短期职工薪酬,计入产品成本或劳务成本。其中,生产工人的短期职工薪酬应借记"生产成本"账户,贷记"应付职工薪酬"账户;生产车间管理人员的短期职工薪酬属于间接费用,应借记"制造费用"账户,贷记"应付职工薪酬"账户。

当企业采用计件工资制时,生产工人的短期职工薪酬属于直接费用,应直接计入有关产品的成本。当企业采用计时工资制时,对于只生产一种产品的生产工人的短期职工薪酬也属于直接费用,应直接计入产品成本;对于同时生产多种产品的生产工人的短期职工薪酬,则需采用一定的分配标准(实际生产工时或定额生产工时)分配计入产品成本。

(2) 应由在建工程、无形资产负担的短期职工薪酬,计入建造固定资产或无形资产成本。

(3) 除上述两种情况之外的其他短期职工薪酬应计入当期损益。如企业行政管理部门人员和专设销售机构销售人员的短期职工薪酬均属于期间费用,应分别借记"管理费用""销售费用"等账户,贷记"应付职工薪酬"账户。

【例5-29】 31日,分配结转应由产品成本负担的工资费用。其中,生产A产品工人工资 350 000 元,生产B产品工人工资 250 000 元,生产车间技术、管理人员工资 130 000元,企业行政管理部门人员工资 70 000 元。

工资费用应按人员所在部门和工作性质划分,其中生产工人工资同生产领用材料一样也是构成产品生产成本的主要内容之一,应作为直接人工项目记入"生产成本"账户;车间技术和管理人员的工资虽不能直接计入某种具体的产品成本,但它们是为组织和管理生产而产生的费用,因此,应作间接费用先记入"制造费用"账户,期末再按一定的方法和标准分配计入产品生产成本中;公司行政管理人员的工资费用与生产没有直接关系,它们是为管理整个公司的运作而发生的费用,应记入"管理费用"账户。工资在未发放之前形成企业对职工的一笔负债,因此,编制会计分录如下。

借:生产成本——A产品　　　　　　　　　　　　350 000
　　　　　——B产品　　　　　　　　　　　　　250 000
　　制造费用　　　　　　　　　　　　　　　　　130 000
　　管理费用　　　　　　　　　　　　　　　　　　70 000
　　贷:应付职工薪酬——工资　　　　　　　　　　　　800 000

【例5-30】 31日,分配结转应由产品成本负担的福利费 112 000 元。其中,生产A产品工人应提福利费 49 000 元,生产B产品工人应提福利费 35 000 元,生产车间管理人员应提福利费 18 200 元,行政管理部门应提福利费 9 800 元。

对于职工福利费,企业应当在实际发生时根据实际发生额计入当期损益或相关资产成本,按税法规定按实际发生额在税前扣除,但不得超过工资总额的14%。编制会计分录如下。

借:生产成本——A 产品	49 000
——B 产品	35 000
制造费用	18 200
管理费用	9 800
贷:应付职工薪酬——福利费	112 000

2. 发放职工薪酬的账务处理

企业按照有关规定向职工支付工资、奖金、津贴等,应借记"应付职工薪酬——工资"账户,贷记"银行存款""库存现金"等账户;企业从应付职工薪酬中扣除的各种款项(代垫的家属医药费、个人所得税等),借记"应付职工薪酬——工资"账户,贷记"其他应收款""应交税费——应交个人所得税"等账户。

【例 5-31】 15 日,本月应发职工工资为 800 000 元,扣除为职工代垫医药费 20 000 元,职工个人所得税 60 000 元,实发工资 720 000 元,假设用现金支付工资。

一般情况下,企业计算工资费用与实际发放工资的时间是不一致的,通常根据考勤、产量等记录先计算分配本期实际应负担的工资费用,而实际发放工资时间在后。

发放工资时的会计分录如下。

(1) 向银行提取现金 720 000 元,准备发放工资。

借:库存现金	720 000
贷:银行存款	720 000

(2) 发放工资,支付现金,并代扣各种款项。

借:应付职工薪酬——工资	800 000
贷:库存现金	720 000
其他应收款——代垫医药费	20 000
应交税费——应交个人所得税	60 000

3. 非货币性职工薪酬

(1) 企业以其自产产品作为非货币性福利发放给职工时,应确认收入,借记"应付职工薪酬——非货币性福利",贷记"主营业务收入"和"应交税费——应交增值税(销项税额)"同时结转产品成本,借记"主营业务成本"贷记"库存商品",当确认应付职工薪酬时,应借记"生产成本""管理费用""销售费用"等,贷记"应付职工薪酬——非货币性福利"。

(2) 将企业拥有的房屋等资产无偿提供给职工使用时,应借记"管理费用""生产成本""制造费用"等,贷记"应付职工薪酬——非货币性福利",同时借记"应付职工薪酬——非货币性福利",贷记"累计折旧"。

(3) 租赁住房等资产供职工无偿使用的,在确认应付职工薪酬时,应借记"管理费用""生产成本""制造费用",贷记"应付职工薪酬——非货币性福利",支付房租时应借记"应付职工薪酬——非货币性福利",贷记"银行存款"。

（三）其他费用的核算

1. 固定资产折旧费用的核算

固定资产的价值在使用中会发生损耗,这在会计上称为固定资产折旧。原材料在领用时其价值是一次性转移到产品生产成本中,而固定资产的价值是在其整个使用寿命期限内分次转移到有关成本费用中,并逐步从企业实现的收入中获得补偿。

【例5-32】 31日,按规定提取本月固定资产折旧费58 000元。其中,生产车间使用厂房机器设备应计提折旧289 000元,行政管理部门使用固定资产应提折旧291 000元。

固定资产的折旧费要按固定资产的用途和使用部门分别进行核算。生产车间使用的固定资产所提取的折旧费先记入"制造费用"账户,期末再分配转入"生产成本"账户;行政管理部门使用的固定资产所提取的折旧费,直接记入"管理费用"账户。编制会计分录如下。

借:制造费用　　　　　　　　　　　　　　289 000

　　管理费用　　　　　　　　　　　　　　291 000

　　贷:累计折旧　　　　　　　　　　　　　　　　　580 000

2. 其他零星费用的开支

其他零星费用包括水电费、办公费、差旅费等,应根据这些费用的受益对象合理处理,遵循"谁受益谁承担"的原则。

【例5-33】 20日,以银行存款80 000元支付水电费,其中生产A产品耗用20 000元,生产B产品耗用18 000元,生产车间一般耗用38 000元。行政管理部门一般耗用4 000元。

编制会计分录如下。

借:生产成本——A产品　　　　　　　　　20 000

　　　　　　　——B产品　　　　　　　　　18 000

　　制造费用　　　　　　　　　　　　　　38 000

　　管理费用　　　　　　　　　　　　　　　4 000

　　贷:银行存款　　　　　　　　　　　　　　　　80 000

【例5-34】 16日,以现金4 800元支付生产车间购入的办公用品。

编制会计分录如下。

借:制造费用　　　　　　　　　　　　　　　4 800

　　贷:库存现金　　　　　　　　　　　　　　　　4 800

【例5-35】 16日,公司企划部经理王平出差预借差旅费20 000元,以现金支付。

对职工个人的借支款一般通过"其他应收款"账户核算,编制会计分录如下。

借:其他应收款——王平　　　　　　　　　20 000

　　贷:库存现金　　　　　　　　　　　　　　　　20 000

【例5-36】 20日,王平出差归来报销差旅费16 000元,余款交回。

差旅费属于管理费用项目,职工因公出差报销差旅费时,一方面企业的管理费用增

121

加，另一方面与之相对应的资产减少(支付现金或抵减职工个人借支)。报销差旅费冲抵个人借支款按"多退少补"的原则结算，即若职工借支款大于所报销的差旅费，职工应将多余款退还公司财务部门；若职工个人借支款小于所报销的差旅费，则财务部门要将差额部分用现金补付给职工。编制会计分录如下。

借：管理费用　　　　　　　　　　　　　　　　　　16 000

　　库存现金　　　　　　　　　　　　　　　　　　4 000

　　贷：其他应收款——王平　　　　　　　　　　　20 000

3. 制造费用的归集与分配

制造费用是企业生产单位(车间或分厂)为组织和管理生产而发生的各项间接费用，平时发生时通过"制造费用"账户进行归集，期末再将归集的制造费用在生产的各种产品之间进行分配，转入"生产成本"账户。

制造费用的分配标准一般采用生产工人工时、生产工人工资和机械工时等，计算公式如下。

$$分配率 = \frac{本月制造费用总额}{各种产品生产工时(生产工人工资)总额}$$

某产品应负担的制造费用＝该种产品生产工时(生产工人工资)×分配率

【例5-37】　31日，根据"制造费用"账户记录，本月制造费用发生额为600 000元，按生产工人工资比例(见例5-29中的数据)进行分配，转入"生产成本"账户。

计算过程如下。

$$分配率 = \frac{600\ 000}{350\ 000 + 250\ 000} = 1$$

A产品应分配制造费用＝350 000×1＝350 000(元)

B产品应分配制造费用＝250 000×1＝250 000(元)

编制会计分录如下。

借：生产成本——A产品　　　　　　　　　　　　　350 000

　　　　　　——B产品　　　　　　　　　　　　　250 000

　　贷：制造费用　　　　　　　　　　　　　　　　600 000

4. 完工产品生产成本的计算与结转

产品生产成本是指企业为生产一定种类、一定数量的产品所发生的各种生产费用的总和，包括直接材料、直接人工和制造费用(简称料、工、费)。本期所发生的全部生产费用在期末都归集到"生产成本"账户的借方。企业在期末无在产品的情况下，在结转前"生产成本"账户的期末余额数就是完工产品的生产成本(例5-38为简化过程，假设期末产品全部完工)；企业若期末有在产品，则"生产成本"账户归集的生产费用首先要在本期完工产品和期末在产品之间进行分配，然后才能计算出各种完工产品的总成本和单位成本。

【例5-38】　31日，本月投产的A产品6 000件，B产品2 000件均全部完工，结转本月已完工产品生产成本。

根据前述资料登记的生产成本明细账和根据生产成本明细账(如表5-2和表5-3所示)编制的完工产品成本计算单如表5-4所示。

表 5-2 生产成本明细账

产品名称：A 产品　　　　　　　　　　　　　　　　　　　　　　　　　　　单位：元

| 2020 年 | | 凭证号数 | 摘要 | 借方（成本项目） | | | | | 贷方 | 借或贷 | 余额 |
月	日			直接材料	直接人工	其他直接费用	制造费用	合计			
12	略	略	生产耗用材料	450 000				450 000		借	450 000
			生产工人工资		350 000			350 000		借	800 000
			生产工人福利费		49 000			49 000		借	849 000
			生产耗费水电费			20 000		20 000		借	869 000
			分配转入制造费用				350 000	350 000		借	1 219 000
			结转完工产品成本						1 219 000	平	0
12	31		本期发生额及余额	450 000	399 000	20 000	350 000	1 219 000	1 219 000		0

表 5-3 生产成本明细账

产品名称：B 产品　　　　　　　　　　　　　　　　　　　　　　　　　　　单位：元

| 2020 年 | | 凭证号数 | 摘要 | 借方（成本项目） | | | | | 贷方 | 借或贷 | 余额 |
月	日			直接材料	直接人工	其他直接费用	制造费用	合计			
12	略	略	生产耗用材料	160 000				160 000		借	160 000
			生产工人工资		250 000			250 000		借	410 000
			生产工人福利费		35 000			35 000		借	445 000
			生产耗费水电费			18 000		18 000		借	463 000
			分配转入制造费用				250 000	250 000		借	713 000
			结转完工产品成本						713 000	平	0
12	31		本期发生额及余额	160 000	285 000	18 000	250 000	713 000	713 000	平	0

表 5-4 完工产品成本计算单

2020 年 12 月　　　　　　　　　　　　　　　　　　　　　　　　　　　单位：元

| 成本项目 | A 产品（6 000 件） | | B 产品（2 000 件） | |
	总成本	单位成本	总成本	单位成本
直接材料	450 000	75	160 000	80
直接人工	399 000	66.5	285 000	142.5
其他直接费用	20 000	3.33	18 000	9
制造费用	350 000	58.34	250 000	125
产品生产成本	1 219 000	203.17	713 000	356.5

产品生产完工以后，要验收入库，同时会计要计算出完工产品的总成本和单位成本，将完工产品成本从"生产成本"账户结转到"库存商品"账户。具体的会计分录如下。

借：库存商品——A 产品　　　　　　　　　　　　　　　1 219 000

	——B产品	713 000
贷：生产成本——A产品		1 219 000
	——B产品	713 000

任务六　核算销售业务

任务描述

能准确确认产品销售收入，并能正确计算和核算产品销售业务所涉及的销售收入、销售成本、销售费用、销售税金等，为核算企业利润打下良好的基础。

一、销售收入的确认和销售过程主要经济内容

销售过程是制造业企业日常生产经营活动的最后环节。在这一环节中，企业要将生产完工的产品销售出去，同时收回货币资金或其他资产，以补偿在生产经营过程中发生的各项耗费，从而保证再生产过程的正常进行。

根据企业会计准则，企业应当在履行了合同中的履约义务，即在客户取得相关商品控制权时确认收入。取得相关商品控制权，是指能够主导该商品的使用并从中获得几乎全部的经济利益。

根据《企业会计准则第 14 号——收入》第五条规定，当企业与客户之间的合同同时满足下列条件时，企业应当在客户取得相关商品控制权时确认收入：

（1）合同各方已批准该合同并承诺将履行各自义务；

（2）该合同明确了合同各方与所转让商品或提供劳务（以下简称"转让商品"）相关的权利和义务；

（3）该合同有明确的与所转让商品相关的支付条款；

（4）该合同具有商业实质，即履行该合同将改变企业未来现金流量的风险、时间分布或金额；

（5）企业因向客户转让商品而有权取得的对价很可能收回。

企业在销售过程中核算的主要内容为：办理销售产品或提供劳务价款的结算，确认取得的营业收入；计算营业成本、税金及附加、销售费用等。

二、销售业务核算应设置的主要账户

1."主营业务收入"账户

"主营业务收入"账户属于损益类（收入）账户，用于核算企业在销售产品、提供劳务过程中取得的收入。贷方登记已实现的主营业务收入，借方登记销售退回以及期末转入"本年利润"账户贷方的数额。该账户月末结转后无余额。可按销售产品的类别和部门

设置明细账。"主营业务收入"账户的结构和内容如图 5-23 所示。

借	主营业务收入	贷
销售退回以及期末转入"本年利润"账户贷方的数额	已实现的销售产品,提供劳务等主营业务收入	

图 5-23　"主营业务收入"账户的结构和内容

2. "主营业务成本"账户

"主营业务成本"账户属于损益类(成本费用)账户,用来核算企业已销售产品的实际成本。借方登记从"库存商品"账户结转的已销售产品的实际生产成本,贷方登记月末结转到"本年利润"账户借方的数额。该账户月末结转后无余额。可按销售产品的类别和部门设置明细账。"主营业务成本"账户的结构和内容如图 5-24 所示。

借	主营业务成本	贷
从"库存商品"账户结转的已销售产品的实际生产成本	月末结转到"本年利润"账户借方的数额	

图 5-24　"主营业务成本"账户的结构和内容

3. "税金及附加"账户

"税金及附加"账户属于损益类(费用支出)账户,用来核算企业税金及附加,包括消费税、城市维护建设税、资源税、教育费附加等。该账户借方登记按规定税率计算出的应缴纳的税金及附加,贷方登记月末结转到"本年利润"账户借方的数额。该账户结转后无余额。可按经营业务类别、品种设置明细账。"税金及附加"账户的结构和内容如图 5-25 所示。

借	税金及附加	贷
按规定税率计算出的应缴纳的税金及附加	月末结转到"本年利润"账户借方的数额	

图 5-25　"税金及附加"账户的结构和内容

4. "销售费用"账户

"销售费用"账户用于核算企业销售商品和材料、提供劳务的过程中发生的各种费用,包括保险费、包装费、展览费和广告费、商品维修费、预计产品质量保证损失、运输费、装卸费等以及为销售本企业商品而专设的销售机构(含销售网点、售后服务网点等)的职工薪酬、业务费、折旧费等经营费用。企业发生的与专设销售机构相关的固定资产修理费用等后续支出,也在该账户进行核算。

该账户属于损益类(费用)账户,借方登记企业销售产品过程中实际发生的销售费用,贷方登记期末结转到"本年利润"账户借方的数额。该账户期末结转后无余额。"销售费用"账户的结构和内容如图 5-26 所示。

5. "其他业务收入"账户

"其他业务收入"账户属于损益类(收入)账户,用于核算企业除主营业务收入以外的其他经营活动实现的收入,包括销售材料、出租固定资产以及出租包装物和商品等。其贷方登记其他业务收入的实现即增加,借方登记期末转入"本年利润"账户的金额。经过

借	销售费用	贷
企业销售产品过程中实际发生的销售费用	期末结转到"本年利润"账户借方的数额	

图 5-26 "销售费用"账户的结构和内容

结转之后,期末无余额。该账户应按照其他业务收入的种类设置明细分类账户。"其他业务收入"账户的结构和内容如图 5-27 所示。

借	其他业务收入	贷
期末转入"本年利润"账户的金额	其他业务收入的实现即增加	

图 5-27 "其他业务收入"账户的结构和内容

6. "其他业务成本"账户

"其他业务成本"账户属于损益类(成本费用)账户,用于核算企业其他业务成本的发生及结转情况。借方登记其他业务的成本费用支出,贷方登记期末转入"本年利润"账户的金额,经过结转之后,期末无余额。该账户应与"其他业务收入"相对应而设置明细分类账户。"其他业务成本"账户的结构和内容如图 5-28 所示。

借	其他业务成本	贷
其他业务的成本费用支出	期末转入"本年利润"账户的金额	

图 5-28 "其他业务成本"账户的结构和内容

7. "应收账款"账户

应收账款指该账户核算企业因销售商品、材料、提供劳务等,应向购货单位收取的款项,以及代垫运杂费和承兑到期而未能收到的款项的商业承兑汇票。应收账款是伴随企业的销售行为而形成的一项债权,因此,应收账款的确认与收入的确认密切相关,通常在确认收入的同时,确认应收账款。

"应收账款"账户是资产类账户,企业发生的应收账款,按应收金额借记"应收账款"账户,按确认的营业收入,贷记"主营业务收入""银行存款(代购货方垫付的包装费、运杂费)"等账户。收回应收账款时,借记"银行存款"等账户,贷记本账户。涉及增值税销项税额的,还应进行相应的处理。该账户按不同的购货单位或接受劳务的单位设置明细账户进行明细核算。"应收账款"账户的结构和内容如图 5-29 所示。

借	应收账款	贷
期初余额		
企业销售商品及提供劳务应收的金额	已经收回的应收账款	
期末余额:企业尚未收回的应收款	期末余额:企业预收的应收款	

图 5-29 "应收账款"账户的结构和内容

此外,销售业务核算还将涉及"应收票据""预收账款"等账户。

三、销售过程的主要业务核算

(一)主营业务收入的核算

企业的经营业务范围一般按主次划分为主营业务和非主营业务。经营主营业务取得的收入称为主营业务收入,经营非主营业务取得的收入称为其他业务收入。以下举例说明主营业务收入核算的方法。

【例5-39】 12日,销售给本市外贸公司A产品3 000件,每件售价400元,货款共计1 200 000元,增值税税率13%,货款收到存入银行。

一般销售商品是工商企业的主营业务。该项销售业务中,企业收取的款项包括两个部分,即销售商品的货款和应交纳的增值税销项税额,前者属于企业的主营业务收入,后者是企业的一项负债。因此,编制会计分录如下。

借:银行存款   1 356 000
 贷:主营业务收入   1 200 000
  应交税费——应交增值税(销项税额) 156 000

【例5-40】 12日,按照销售合同,向外地方圆贸易公司发出A产品1 000件,每件售价400元,B产品600件,每件售价500元,货款共计700 000元,并垫付商品运杂费3 000元。增值税税率13%。价款尚未收到。企业在销售过程中发生的应收款项在"应收账款"账户核算。此笔经济业务形成的债权"应收账款"包括三个方面内容,一是应该收取商品的销售款;二是应收取的增值税销项税额;三是替对方垫付的商品运杂费。因此,编制会计分录如下。

借:应收账款——方圆贸易公司   794 000
 贷:主营业务收入——A产品   400 000
      ——B产品   300 000
  应交税费——应交增值税(销项税额) 91 000
  银行存款   3 000

【例5-41】 21日,接到银行通知,已收到方圆贸易公司支付的购货款及运杂费等共计794 000元。

编制会计分录如下。

借:银行存款   794 000
 贷:应收账款——方圆贸易公司   794 000

(二)主营业务成本的核算

月末,企业应根据本月销售各种商品、提供的各种劳务等实际成本,计算应结转的主营业务成本,借记本账户,贷记"库存商品""劳务成本"账户。采用计划成本或售价核算库存商品的,平时的营业成本按计划成本或售价结转。月末还应结转本月销售商品应分摊的产品成本差异或商品进销差价。

【例5-42】 31日,结转本月已售产品的成本。A产品单位生产成本为218元,共出售4 000件,B产品单位生产成本为356.5元,共出售6 000件。

127

企业销售商品,一方面取得营业收入,另一方面库存商品因销售而减少。因此,结转已销商品的成本时编制会计分录如下。

借:主营业务成本——A产品   872 000
     ——B产品   2 139 000
 贷:库存商品——A产品   872 000
     ——B产品   2 139 000

(三)税金及附加的核算

"税金及附加"账户是用以核算企业经营活动发生的消费税、城市维护建设税、资源税和教育费附加等相关税费。需注意的是,一般的房产税、车船使用税、土地使用税、印花税(矿产资源补偿费)通过"管理费用"账户核算,但与投资性房地产相关的房产税、土地使用税通过"税金及附加"账户核算。

【例5-43】 31日,根据规定的税率计算出应交城市维护建设税13 300元,应交教育费附加408元。

企业按规定计算的消费税及城建税、教育费附加等属于企业的一项费用,在"税金及附加"账户核算(增值税属价外税,不通过该账户核算),这些税费在未缴纳之前又是企业的一项负债,该负债在"应交税费"账户核算。编制会计分录如下。

借:税金及附加   13 708
 贷:应交税费——应交城市维护建设税   13 300
     ——应交教育费附加   408

(四)销售费用的核算

销售费用是指企业在销售商品和材料、提供劳务过程中发生的各项费用,包括保险费、包装费、展览费和广告费、商品维修费、预计产品质量保证损失、运输费、装卸费等以及为销售本企业商品而专设的销售机构(含销售网点、售后服务网点等)的职工薪酬、业务费、折旧费等经营费用。

【例5-44】 31日,以银行存款支付销售A产品包装运输费400元,B产品包装运输费250元。产品销售的包装费及由销售方承担的运输费等在"销售费用"账户核算。编制分录如下。

借:销售费用   650
 贷:银行存款   650

【例5-45】 31日,以银行存款向海天广告事务所支付广告费用3 500元。
企业为销售产品而发生的广告费也在"销售费用"账户核算。编制会计分录如下。

借:销售费用   3 500
 贷:银行存款   3 500

(五)其他业务收入的核算

企业在经营过程中,除了要从事主营业务之外,还会发生一些经常性的、具有附营业务性质的业务,会计上称为其他业务,如销售材料、出租包装物、出租固定资产以及提供非工业性劳务等活动。因从事其他业务而实现的收入就是其他业务收入,与其他业务收入相关联的成本费用就构成了其他业务成本,如销售材料的购进成本,出租包装物应摊销的包装物成本等。

【例5-46】 28日,对外出售甲材料200千克,每千克售价250元,货款50 000元,增值税销项税额6 500元,货款收到存入银行。

制造企业的主营业务是生产销售商品,销售材料物资并不是其主营业务范围。因此,该项业务应记入"其他业务收入"账户,编制会计分录如下。

借:银行存款 56 500
　贷:其他业务收入 50 000
　　应交税费——应交增值税(销项税) 6 500

【例5-47】 28日,结转已变卖甲材料的成本40 000元。

借:其他业务成本 40 000
　贷:原材料——甲材料 40 000

【例5-48】 对外出租一批包装物,收到租金27 120元存入银行。

出租包装物收入属于让渡资产使用权收入,不属制造业的主营业务范围,应记入"其他业务收入"账户。由于租金中包含增值税额,因此,应进行价税分离,计算不含税租金收入。

$$不含税租金=\frac{27\ 120}{1+13\%}=24\ 000(元)$$

增值税额$=27\ 120-24\ 000=3\ 120(元)$ 或 $24\ 000\times13\%=3\ 120(元)$

编制会计分录如下。

借:银行存款 27 120
　贷:其他业务收入 24 000
　　应交税费——应交增值税(销项税) 3 120

【例5-49】 结转本月出租包装物的成本14 500元。

借:其他业务成本 14 500
　贷:周转材料——包装物 14 500

此外,销售业务核算还会涉及"应收票据""预收账款"等账户。

任务七　核算财务成果

任务描述

熟悉利润的构成内容和分配顺序,掌握利得和损失与收入、费用的区别,能正确核算利润的形成与分配。

一、财务成果核算主要经济内容

(一)利得与损失核算的内容

1. 利得

利得是指由企业非日常活动所形成的、会导致所有者权益增加的、与所有者投入资

129

本无关的经济利益的流入。

根据其性质和影响的不同,利得又分为直接计入所有者权益的利得和直接计入当期利润的利得。直接计入所有者权益的利得,如可供出售金融资产的公允价值变动收益,发生时计入资本公积;直接计入当期利润的利得,是指与企业正常的生产经营活动没有直接关系的各种收入,如非流动资产处置利得、非货币性资产交换利得、债务重组利得、政府补助、盘盈利得、捐赠利得等,发生时计入营业外收入。

2. 损失

损失是指由企业非日常活动所形成的、会导致所有者权益减少的、与所有者投入资本无关的经济利益的流出。根据其性质和影响的不同,损失又可分为直接计入所有者权益的损失和直接计入当期利润的损失。直接计入所有者权益的损失,如可供出售金融资产的公允价值变动损失,发生时直接减少资本公积;直接计入当期利润的损失,如固定资产盘亏、处置固定资产净损失、罚款支出、非常损失等,发生时计入营业外支出。

(二)利得与损失核算应设置的账户

1. "营业外收入"账户

"营业外收入"账户属于损益(收入)类,用于核算企业直接计入当期利润的各项利得的发生及结转情况,其贷方登记各项利得的发生即增加额,借方登记期末转入"本年利润"账户的金额。经过结转之后,期末无余额。该账户可按照各项利得的项目设置明细分类账户。"营业外收入"账户的结构和内容如图5-30所示。

借	营业外收入	贷
期末转入"本年利润"账户的金额	各项利得的发生即增加额	
	期末余额:结转后无余额	

图5-30 "营业外收入"账户的结构和内容

【例5-50】 26日,公司收到职工违约交纳罚款1 500元,存入银行。

借:银行存款　　　　　　　　　　　　　　1 500
　　贷:营业外收入　　　　　　　　　　　　　　　1 500

2. "营业外支出"账户

"营业外支出"账户属于损益类(支出)账户,用于核算企业直接计入当期利润的损失的发生及结转情况,以及企业的各项公益性捐赠支出。借方登记各项损失的发生和营业外支出的增加额,贷方登记期末转入"本年利润"账户的金额,经过结转之后,期末无余额。该账户可按照各项损失和营业外支出的项目设置明细分类账户。"营业外支出"账户的结构和内容如图5-31所示。

借	营业外支出	贷
各项损失的发生和营业外支出的增加额	期末转入"本年利润"账户的金额	
期末余额:结转后无余额		

图5-31 "营业外支出"账户的结构和内容

【例 5-51】 28 日,公司用银行存款 3 000 元支付税收罚款滞纳金。

借:营业外支出　　　　　　　　　　　　　　　　3 000

　　贷:银行存款　　　　　　　　　　　　　　　　　　3 000

二、财务成果主要业务核算

(一)财务成果及利润分配核算的任务

1. 财务成果的构成

财务成果是指企业在一定会计期间所实现的最终经营成果,即企业利润。财务成果核算的任务就是按企业利润的形成过程分步计算出企业的营业利润、利润总额和净利润,从而真实完整地反映企业的经营活动成果。年末,还要将本年利润结转到利润分配账户进行分配。

2. 利润分配核算

利润的核算过程可分为以下三步。

(1)计算营业利润。营业利润是企业利润的主要来源,其计算公式为

营业利润＝营业收入－营业成本－税金及附加－销售费用－管理费用－财务费用

　　　　　－资产减值损失－信用减值损失＋公允价值变动收益(－公允价值变动损失)

　　　　　＋投资收益(－投资损失)＋资产处置收益(－资产处置损失)＋其他收益

上式中的营业收入包括主营业务收入和其他业务收入,营业成本包括主营业务成本和其他业务成本。

(2)计算利润总额。其计算公式为

利润总额＝营业利润＋营业外收入－营业外支出

(3)计算净利润。其计算公式为

净利润＝利润总额－所得税费用

【例 5-52】 假设广州珠江实业有限责任公司 2021 年 1—12 月有关损益类账户的累计发生额如表 5-5 所示。

表 5-5　损益类账户发生额汇总表　　　　　　　单位:元

科　目	借或贷	金　额	科　目	借或贷	金　额
主营业务收入	贷方	8 000 000	税金及附加	借方	250 000
其他业务收入	贷方	400 000	管理费用	借方	600 000
营业外收入	贷方	100 000	销售费用	借方	150 000
投资收益	贷方	250 000	财务费用	借方	200 000
主营业务成本	借方	3 000 000	营业外支出	借方	150 000
其他业务成本	借方	200 000			

假设没有其他纳税调整项目,企业适用所得税率为 25%,要求根据上述资料计算营业利润、利润总额和净利润。

(1)营业利润＝营业收入－营业成本－税金及附加－销售费用－管理费用－财务费

用$=8\ 000\ 000+400\ 000+250\ 000-3\ 000\ 000-200\ 000-250\ 000-600\ 000-150\ 000-200\ 000=4\ 250\ 000$(元)

（2）利润总额＝营业利润＋营业外收入－营业外支出$=4\ 250\ 000+100\ 000-150\ 000=4\ 200\ 000$(元)

（3）题目中没有强调纳税调整事项，假设无纳税调整事项，则

所得税费用＝利润总额×所得税税率$=4\ 200\ 000×25\%=1\ 050\ 000$(元)

净利润＝利润总额－所得税费用$=4\ 200\ 000-1\ 050\ 000=3\ 150\ 000$(元)

（二）财务成果及利润分配核算设置的主要账户

利润形成的核算主要通过设置本年利润账户来进行，利润分配的核算是通过设置利润分配账户进行处理。

1."本年利润"账户

"本年利润"账户属于所有者权益账户，用来核算企业在一个会计期间实现的净利润（或净亏损）。该账户贷方登记期末从收入类账户转入的金额（如"主营业务收入""其他业务收入""营业外收入"等账户结转）；借方登记期末从费用类账户转入的金额（如"主营业务成本""其他业务成本""税金及附加""销售费用""管理费用""财务费用""营业外支出"等账户结转的金额）。结转后，若贷方金额大于借方金额则为利润。反之，则为亏损。"本年利润"账户的结构和内容如图 5-32 所示。

借	本年利润	贷
期末从费用类账户转入的金额	期末从收入类账户转入的金额	
期末余额：表示累计亏损	期末余额：表示累计盈利	

图 5-32 "本年利润"账户的结构和内容

2."利润分配"账户

"利润分配"账户属于所有者权益账户，年末企业要将本年实现的净利润结转到利润分配账户进行利润分配。按国家有关规定，企业的净利润应按下列顺序分配。

（1）按规定弥补以前年度尚未弥补的亏损。

（2）提取法定盈余公积和任意盈余公积。

（3）向投资者分配利润。

经过以上分配后，剩余部分为企业未分配利润。

贷方登记企业年末从"本年利润"账户结转过来的可供分配的利润总额；借方登记按有关规定分配的利润数额（如提取盈余公积及向投资者分配利润）。余额如在贷方，表示企业尚未分配的利润数额，如在借方，则表示尚未弥补的亏损数额。该账户下设"提取法定盈余公积""提取任意盈余公积""应付现金股利""转作股本股利""未分配利润"等明细账户进行明细分类核算。"利润分配"账户的结构和内容如图 5-33 所示。

3."盈余公积"账户

盈余公积是指公司按照规定从净利润中提取的各种积累资金。主要用于弥补亏损、转增资本（股本）、扩大生产经营与发放股利等。根据《中华人民共和国公司法》（以下简

借	利润分配	贷
按有关规定分配的利润数额	企业年末从本年利润账户结转过来的可供分配的利润总额	
期末余额：表示尚未弥补的亏损数额	期末余额：表示企业尚未分配的利润数额	

图 5-33　"利润分配"账户的结构和内容

称《公司法》）的规定,公司制企业的法定盈余公积按照税后利润的 10% 提取,法定盈余公积累计额已达注册资本的 50% 时,可以不再提取。

该账户属于所有者权益类账户,用以核算从税后利润中提取的盈余公积(包括法定盈余公积与任意盈余公积)的增减变动和结余情况。借方表示实际使用的盈余公积(减少),贷方表示年末提取的盈余公积(增加),余额在贷方表示结余的盈余公积。"盈余公积"账户的结构和内容如图 5-34 所示。

借	盈余公积	贷
	期初余额	
实际使用的盈余公积(减少)	年末提取的盈余公积(增加)	
	期末余额：表示结余的盈余公积	

图 5-34　"盈余公积"账户的结构和内容

4."应付股利"账户

应付股利是指企业经董事会或股东大会,或类似机构决议确定分配的现金股利或利润。获得投资收益是出资者对企业进行投资的初衷。企业在宣告给投资者分配股利或利润时,一方面将冲减企业的所有者权益,另一方面也形成"应付股利"这样一笔负债;随着企业向投资者实际支付利润,该项负债即消失。

"应付股利"账户属于负债类账户,用以核算企业分配的现金股利或利润。该账户贷方登记应付给投资者股利或利润即应付股利的增加额;借方登记实际支付给投资者的股利或利润,即应付股利的减少额。期末余额在贷方,反映企业应付未付的现金股利或利润。该账户可按投资者进行明细核算。"应付股利"账户的结构和内容如图 5-35 所示。

借	应付股利	贷
	期初余额	
表示实际支付的利润或股利	表示应付未付的利润或股利	
	期末余额：表示尚未支付的利润或股利	

图 5-35　"应付股利"账户的结构和内容

5."所得税费用"账户

所得税通过所得税费用账户来核算,该账户属于损益类(费用)账户,借方登记本期所得税发生额,贷方登记期末转入"本年利润"账户借方的金额,结转后,该账户应无余额。"所得税费用"账户的结构和内容如图 5-36 所示。

借	所得税费用	贷
本期所得税发生额		期末转入"本年利润"账户借方的金额

图 5-36 "所得税费用"账户的结构和内容

三、利润形成和利润分配核算的账务处理

(一) 利润形成核算的账务处理

(1) 期末,把所有收入类账户的贷方发生额结转到"本年利润"账户贷方。

借:主营业务收入

其他业务收入

营业外收入

投资收益

贷:本年利润

(2) 期末,把各成本、费用、支出类账户的借方发生额结转到"本年利润"账户借方。

借:本年利润

贷:主营业务成本

其他业务成本

税金及附加

销售费用

管理费用

财务费用

营业外支出

经过上述结转,"本年利润"账户贷方大于借方的差额即为利润,反之则为亏损。

【例 5-53】 承例 5-52。要求编制下列业务的会计分录。将广州珠江实业有限责任公司本年全部损益类账户的发生额结转到"本年利润"账户。

① 借:主营业务收入　　　　　　　　　　　8 000 000

其他业务收入　　　　　　　　　　　400 000

营业外收入　　　　　　　　　　　100 000

投资收益　　　　　　　　　　　250 000

贷:本年利润　　　　　　　　　　　8 750 000

② 借:本年利润　　　　　　　　　　　4 550 000

贷:主营业务成本　　　　　　　　　　　3 000 000

其他业务成本　　　　　　　　　　　200 000

税金及附加　　　　　　　　　　　250 000

管理费用　　　　　　　　　　　600 000

财务费用　　　　　　　　　　　200 000

134

销售费用	150 000
营业外支出	150 000

（3）计算所得税费用，结出净利润。

按照国家税法的有关规定，企业实现的经营所得和其他所得，应计算缴纳所得税。在实际工作中，会计核算的企业利润和应计算交税的所得额是有区别的。为简化计算，此处假定二者是一致的，即不考虑纳税调整事项。计算所得税的公式如下。

$$应交所得税＝应纳税所得额×所得税税率$$

【例5-54】 承例5-52。31日，计算并结转本月所得税，所得税税率为25％。

假定不存在纳税调整项目，应计税所得额等于利润总额。

本月利润总额＝8 750 000－4 550 000＝4 200 000（元）

本月应交所得税额＝4 200 000×25％＝1 050 000（元）

计算所得税时，一方面反映企业的所得税费用增加，另一方面反映企业的负债应交税费的增加；同时为了计算净利润，还要将所得税费用结转到"本年利润"账户。编制会计分录如下。

① 借：所得税费用	1 050 000
贷：应交税费——所得税	1 050 000
② 借：本年利润	1 050 000
贷：所得税费用	1 050 000

（二）利润分配核算的账务处理

企业全年取得的净利润应根据有关规定进行分配，利润分配工作平时不处理，一般只在年终决算时进行。除了弥补以前年度亏损外，利润分配主要包括两个部分：①提取各种公积金，主要由法定盈余公积和任意盈余公积组成；②按企业有关规定分配投资者利润。余下部分称为未分配利润。

【例5-55】 承例5-54。31日，公司按全年净利润的10％提取法定盈余公积。

本年净利润＝4 200 000－1 050 000＝3 150 000（元）

本年应提取法定盈余公积＝3 150 000×10％＝315 000（元）

编制会计分录如下。

借：利润分配——提取盈余公积	315 000
贷：盈余公积——法定盈余公积	315 000

【例5-56】 31日，把本年净利润结转到"利润分配——未分配利润"账户。

借：本年利润	3 150 000
贷：利润分配——未分配利润	3 150 000

【例5-57】 31日，根据公司董事会决议，计算出年终应向投资者分配利润1 000 000元。

编制会计分录如下。

借：利润分配——应付现金股利	1 000 000
贷：应付股利	1 000 000

同时，将利润分配其他明细账的金额也结转到"利润分配——未分配利润"账户。

借：利润分配——未分配利润   1 315 000

 贷：利润分配——提取盈余公积   315 000

    ——应付现金股利   1 000 000

通过"利润分配——未分配利润"账户的记录可计算出年末未分配利润的余额,即

  年末未分配利润＝3 150 000－1 315 000＝1 835 000(元)

【项目训练】

一、单项选择题

1. 某企业为增值税一般纳税人,购入材料一批,增值税专用发票上标明的价款为2 000 000 元,增值税为 260 000 元,另支付材料的保险费 40 000 元,包装物押金30 000 元。该批材料的采购成本为( )元。

 A. 2 000 000   B. 2 040 000   C. 2 380 000   D. 2 330 000

2. 某企业生产产品领用的原材料剩余 1 800 元退回仓库,正确反映此事项的分录是( )。

 A. 借：原材料 1 800   B. 借：生产成本 1 800
  贷：生产成本 1 800   贷：原材料   1 800

 C. 借：原材料 1 800   D. 借：管理费用 1 800
  贷：库存商品 1 800   贷：生产成本 1 800

3. 下列账户中,用于计算商品、产品制造成本的是( )。

 A. 主营业务成本   B. 其他业务成本

 C. 库存商品   D. 制造费用

4. 下列不通过制造费用核算的是( )。

 A. 生产用设备的日常修理费用

 B. 车间的折旧费

 C. 车间的办公费

 D. 车间的机物料消耗

5. 假设企业全年应纳税所得额为 200 000 元,按税法规定 25% 的税率计算应纳所得税税额,下列账务处理中正确的分录是( )。

 A. 借：所得税费用 50 000
  贷：银行存款   50 000

 B. 借：税金及附加   50 000
  贷：应交税费——应交所得税 50 000

 C. 借：税金及附加 50 000
  贷：银行存款   50 000

 D. 借：所得税费用   50 000
  贷：应交税费——应交所得税 50 000

136

6. 企业"应付账款"账户的借方余额反映的是(　　)。

　　A. 应付未付供货单位的款项　　　　　B. 预收购货单位的款项

　　C. 预付供货单位的货款　　　　　　　D. 应收购货单位的货款

7. 下列能在"固定资产"账户核算的是(　　)。

　　A. 购入正在安装的设备　　　　　　　B. 经营性租入的设备

　　C. 融资租入的正在安装的设备　　　　D. 购入的不需安装的设备

8. 下列固定资产折旧方法中,不需要考虑期初固定资产净残值的方法是(　　)。

　　A. 工作量法　　　　B. 年限平均法　　　　C. 双倍余额递减法　　D. 年数总和法

9. 根据《公司法》的有关规定,公司应当按照当年净利润的(抵减年初累计亏损后)
(　　)提取法定盈余公积。

　　A. 10%　　　　　　B. 5%　　　　　　　C. 15%　　　　　　　D. 3%

10. 使用寿命超过(　　)会计年度的资产,才有可能作为固定资产进行核算。

　　A. 一个　　　　　　B. 两个　　　　　　C. 三个　　　　　　　D. 四个

二、多项选择题

1. 企业的职工薪酬主要包括(　　)。

　　A. 工资　　　　　　B. 奖金　　　　　　C. 津贴　　　　　　　D. 福利费

2. 生产费用是指与企业日常生产经营活动有关的费用,按其经济用途可分为
(　　)。

　　A. 直接材料　　　　B. 直接人工　　　　C. 制造费用　　　　　D. 管理费用

3. 在计划成本法下,企业发出存货可能涉及的账户有(　　)。

　　A. 生产成本　　　　B. 制造费用　　　　C. 销售费用　　　　　D. 管理费用

4. 下列会计账户中,与固定资产核算相关的账户有(　　)。

　　A. 在建工程　　　　B. 累计摊销　　　　C. 累计折旧　　　　　D. 固定资产

5. 下列关于"长期借款"账户说法正确的是(　　)。

　　A. "长期借款"属于负债类的账户

　　B. 贷方登记企业借入的长期借款本金

　　C. 借方登记归还的本金和利息

　　D. 期末余额在借方,反映企业期末尚未偿还的长期借款

6. 所有者投入的资本主要包括(　　)。

　　A. 实收资本　　　　B. 资本公积　　　　C. 盈余公积　　　　　D. 未分配利润

7. 投资者可以以(　　)投资。

　　A. 货币资金　　　　B. 存货　　　　　　C. 固定资产　　　　　D. 非现金资产

8. 企业可选用的折旧方法有(　　)。

　　A. 年限平均法　　　　　　　　　　　　B. 工作量法

　　C. 双倍余额递减法　　　　　　　　　　D. 年数总和法

9. 企业结转生产完工验收入库产品的生产成本时,编制会计分录可能涉及的账户
有(　　)。

　　A. 生产成本　　　　　　　　　　　　　B. 制造费用

C. 主营业务成本   D. 库存商品

10. 下列各项中,应计入营业收入的有( )。

    A. 商品销售收入   B. 原材料销售收入

    C. 固定资产租金收入   D. 无形资产使用费收入

三、判断题

1. 为核算各种商品的收发和使用情况,企业应当设置"库存商品"账户,期末余额通常在借方,反映各种库存商品、实际成本或计划成本。   ( )

2. "盈余公积"账户属于所有者权益类账户,该账户借方登记提取的盈余公积,贷方登记实际使用的盈余公积。期末借方余额反映结余的盈余公积。   ( )

3. 企业计算所得税费用时应以净利润为基础,根据适用税率计算确定。   ( )

4. 营业外支出是指与主营业务相关的支出。   ( )

5. "税金及附加"账户在期末结转时,借记"税金及附加"账户,贷记"本年利润"账户。   ( )

6. 商品取得的收入均属于主营业务收入,而提供劳务取得的收入属于其他业务收入。   ( )

7. "预付账款"账户核算企业按照合同规定预付的款项,属于企业的一项负债。   ( )

8. 固定资产清理净收益,属于生产经营期间的,应贷记"其他业务收入"账户。   ( )

9. 生产车间使用的固定资产,所计提的折旧应计入生产成本。   ( )

10. "银行存款"账户和"其他货币资金"账户核算的都是企业存入银行或其他金融机构的存款。   ( )

四、实务题

练习一

1. 目的:练习筹资业务的核算。

2. 资料:新设立的广州运通实业公司5月发生下列经济业务。

(1) 收到国家投入资金 800 000 元,存入银行。

(2) 收到江南集团公司投入生产流水线一条,价值 2 750 000 元,作为其投资额,生产流水线已验收使用。

(3) 在广州开发区购进厂房一幢,价值 2 000 000 元,已经验收使用,价款尚未支付。

(4) 向银行借入期限为 2 年、利率为 8% 的设备借款 8 000 000 元,已转存银行。

(5) 收到长江实业公司投入资金 82 000 000 元,经协商确认其注册资本金为 80 000 000 元,其余作资本溢价处理,款项已存入银行。

(6) 向银行借入期限为 8 个月、利率为 6% 的生产周转借款 200 000 元,已转存银行。

3. 要求:根据上述资料编制会计分录。

练习二

1. 目的:练习供应业务的核算。

2. 资料:广州运通实业公司6月发生下列经济业务。

（1）向飞达公司购进甲材料 8 000 千克，增值税专用发票上注明价款 400 000 元，增值税税额 52 000 元，甲材料已验收入库，款项尚未支付。

（2）以银行存款支付甲材料运输费 3 600 元、装卸费 1 000 元。该材料采购完毕，结转其实际采购成本。

（3）向华南集团公司预付购进乙材料款 200 000 元，款项已通过银行付讫。

（4）采购员预借差旅费 2 000 元，以库存现金支付。

（5）向东风公司购进丙材料 2 000 千克，增值税专用发票上注明价款 50 000 元，增值税 6 500 元；购进丁材料 6 000 千克，增值税专用发票上注明价款 550 000 元，增值税额 71 500 元。企业于当日签发一张期限为 4 个月、面值为 678 000 元的商业汇票，用以承付材料款项。材料尚未验收入库。

（6）以银行存款支付丙、丁两种材料的运输费 8 800 元及装卸费 1 200 元，采购费用按材料的重量比例进行分配。

（7）丙、丁两种材料已经验收入库，结转其实际采购成本。

（8）采购员出差回来报销差旅费 2 200 元，又补付其现金 200 元，已结清预支款。

（9）收到向华南集团公司订购的乙材料 10 000 千克，增值税专用发票上注明价款 1 000 000 元，增值税税额 130 000 元。材料已验收入库，以银行存款支付运杂费 3 000 元、装卸费 1 000 元，订购材料的余款暂未支付。

（10）通过银行支付乙材料的余款。同时，乙材料采购完毕，结转其实际成本。

3. 要求：根据上述资料编制会计分录。

练习三

1. 目的：练习生产业务的核算。

2. 资料：广州运通实业公司 6 月发生下列经济业务。

（1）根据各部门领用材料的凭证编制材料耗用汇总表，如表 5-6 所示。

表 5-6　材料耗用汇总表　　　　　　　　金额单位：元

耗用材料	甲材料		乙材料		丙材料		丁材料		生产成本
	数量/千克	金额	数量/千克	金额	数量/千克	金额	数量/千克	金额	
生产 A 产品耗用	5 000	253 000	6 000	602 400	1 000	26 400			881 800
生产 B 产品耗用	3 000	151 000	3 000	301 200			2 000	360 000	812 200
生产 C 产品耗用					600	15 840	2 000	360 000	375 840
生产车间一般耗用			500	50 200	100	2 640			52 840
行政管理部门耗用					100	2 640			2 640
合计	8 000	404 000	9 500	953 800	1 800	47 520	4 000	720 000	2 125 320

（2）车间主任出差预借差旅费 2 000 元。

（3）从银行提取现金 500 000 元，备发工资。

（4）以现金 500 000 元发放工资。

（5）车间主任出差回来报销差旅费 1 800 元，并退回库存现金 200 元，以结清其预借款。

(6) 分配本月职工工资 500 000 元,其中生产 A 产品工人工资 200 000 元,生产 B 产品工人工资 180 000 元,生产 C 产品工人工资 80 000 元,车间管理人员工资 16 000 元,行政管理人员工资 24 000 元。

(7) 分别按本月职工工资总额的 14%、2%、1.5%计提职工福利费、工会经费和职工教育经费。

(8) 计提本月固定资产折旧费 20 000 元,其中:生产车间 18 000 元、行政管理部门 2 000 元。

(9) 计提本月银行借款利息 1 000 元。

(10) 按生产工人工时分配本月发生的制造费用 91 440 元,生产 A 产品耗用 8 500 工时、B 产品耗用 8 000 工时、C 产品耗用 3 500 工时。

(11) 本月生产 A 产品 1 000 件、B 产品 2 000 件,已全部完工,验收入库,分别结转其实际生产成本。

3. 要求:根据上述资料编制会计分录。

练习四

1. 目的:练习销售过程业务的核算。

2. 资料:广州运通实业公司 6 月发生下列经济业务。

(1) 销售给长安公司 A 产品 400 件,每件售价 1 500 元,总计货款 600 000 元,增值税 78 000 元,货款尚未收到。

(2) 以银行存款支付推销商品的电视广告费 20 000 元。

(3) 销售给长江公司 A 产品 300 件,每件售价 1 500 元,总计货款 450 000 元,增值税 58 500 元,款项均已收到,存入银行。

(4) 以银行存款支付销售 A 产品的运输费 5 800 元。

(5) 根据合同规定,预收马鞍山公司订购 B 产品货款 200 000 元,存入银行。

(6) 售给马鞍山公司订购 B 产品 1 800 件,每件售价 800 元,总计货款 1 440 000 元,增值税 187 200 元。款项部分抵偿预收账款外,其余部分尚未收到。

(7) 收到马鞍山公司签发并承兑的商业汇票一张,期限为 3 个月,面值为 1 427 200 元,用以抵付货款。

(8) 期末,结转已售 A、B 产品的实际成本。

(9) 期末,结转本月应缴纳的增值税税额 63 700 元,款项通过银行付讫。

(10) 期末,按商品销售收入计算得出应纳消费税 15 000 元、城市维护建设税 8 000 元。

3. 要求:根据上述资料编制会计分录。

练习五

1. 目的:练习财务成果及其分配业务的核算。

2. 资料:广州运通实业公司 6 月发生下列经济业务。

(1) 收到客户违约赔偿金 2 000 元,存入银行。

(2) 向灾区捐献救灾款 8 000 元,以银行存款支付。

（3）期末，结转本月收益。

（4）期末，结转本月成本、费用和支出。

（5）根据本月实现的利润总额，按 25% 的税率计提所得税费用。

（6）将所得税费用结转到"本年利润"账户。

（7）按公司净利润计提 10% 的盈余公积。

（8）按公司净利润的 60% 提取应分配给投资者的利润。

（9）期末，通过银行上缴所得税费用。

（10）期末，通过银行支付应付投资者利润。

（11）期末，结转本月已分配的利润。

3. 要求：根据上述资料编制会计分录。

练习六

1. 目的：综合练习工业企业主要经营过程的核算和收入成本计算。

2. 资料：具体如下。

（1）广州大华企业 2021 年 11 月 30 日各总分类账户余额及有关明细账资料如表 5-7 所示。

表 5-7　总分类账户余额　　　　　　　　　　　　　单位：元

账户名称	借方余额	账户名称	贷方余额
库存现金	1 000	短期借款	300
银行存款	163 500	应付账款	2 900
应收账款	8 000	其他应付款	385 300
原材料	110 000	应交税费	500
库存商品	150 000	应付利息	1 000 000
固定资产	900 000	实收资本	13 700
无形资产	308 500	盈余公积	42 700
累计折旧	−41 000	本年利润	154 600
合　计	1 600 000	合　计	1 600 000

"库存商品"账户余额 150 000 元，其中：

A 产成品 4 000 件，单价 20 元，共计 80 000 元。

B 产成品 7 000 件，单价 10 元，共计 70 000 元。

"应收账款"账户余额 8 000 元，系新华工厂欠款。

"应付账款"账户余额 2 900 元，系欠五一工厂货款。

（2）2021 年 12 月发生下列经济业务。

① 仓库发出材料 80 000 元，用于生产 A 产品 43 800 元，B 产品 36 200 元。

② 仓库发出辅助材料 4 000 元，供车间使用。

③ 从银行提取现金 48 000 元。

④ 以现金支付职工工资 48 000 元。

⑤ 向兴明工厂购入甲材料 10 000 元，增值税税率为 13%，该厂垫付运费 500 元，货

款以银行存款支付。材料验收入库,按其实际采购成本转账。

⑥ 向五一工厂购入乙材料 20 000 元,增值税税率为 13%。材料已到达并验收入库,货款尚未支付。

⑦ 以现金支付上述购入乙材料的搬运费 300 元,并按入库材料的实际成本转账。

⑧ 收到新华工厂所还欠款 8 000 元,存入银行。

⑨ 以银行存款偿还上月欠五一工厂的贷款 2 900 元。

⑩ 本月分配应付职工工资:A 产品生产工人工资 20 000 元;B 产品生产工人工资 20 000 元;车间职工工资 6 000 元;行政管理部门职工工资 2 000 元;合计 48 000 元。

⑪ 计提本月固定资产折旧 12 320 元,其中车间使用固定资产折旧 4 760 元;管理部门使用固定资产折旧 7 560 元。

⑫ 以银行存款支付车间用水电费用 2 800 元。

⑬ 将本月制造费用总额按生产工人工资比例分配计入 A、B 两种产品成本。

⑭ A 产品 4 000 件已全部完成,按其实际生产成本结算成本。

⑮ 出售产成品给新华工厂 A 产品 3 600 件,每件售价 56 元;B 产品 4 000 件,每件售价 28 元,共计售价 313 600 元,增值税率 13%,货款尚未收到。

⑯ 用银行存款支付销售产品的包装费、装卸费等销售费用 1 200 元。

⑰ 用银行存款支付本季度临时借款利息 800 元,前两个月已预提利息费用 500 元。

⑱ 以银行存款支付厂部水电费 1 000 元。

⑲ 以银行存款向希望工程捐赠 2 000 元。

⑳ 没收某单位逾期未退包装物的押金 2 000 元。

㉑ 结转本月出售产成品的生产成本,计 A 产品每件 20 元,B 产品每件 10 元,共计 112 000 元。

㉒ 出售多余材料一批,价款 2 000 元,增值税率 13%,价税款已存入银行。同时结算该批材料的实际成本 1 200 元。

㉓ 收到被投资单位转来应分得的税后股利 10 000 元,存入银行。

㉔ 将 12 月除所得税费用外的各损益类账户余额结转至"本年利润"账户。并计算出 12 月利润总额。

㉕ 计算结转 12 月的应交所得税(所得税率 25%),并将"所得税费用"账户余额结转至"本年利润"账户。

㉖ 按 12 月净利润的 10% 提取盈余公积。

㉗ 按全年净利润的 30% 计算结转应付现金股利。

㉘ 将全年实现的净利润自"本年利润"账户结转至"利润分配"账户。

㉙ 收到某工厂以银行存款 300 000 元对本企业进行投资,已存入银行。

3. 要求:

(1) 根据上述经济业务编制会计分录。

(2) 开设"T"字形总分类账户并进行登记。

(3) 根据总分类账户编制总分类账户本期发生额及余额试算平衡表。

项目六　填制和审核会计凭证

知识目标

1. 明确会计凭证的作用和分类
2. 掌握原始凭证的要素和审核要点
3. 掌握记账凭证的要素和审核要点
4. 理解会计凭证的传递和保管要求
5. 了解会计凭证的保管期限

技能目标

1. 识别会计凭证,能辨识不同类别的会计凭证
2. 正确填写和审核原始凭证
3. 正确编制和审核记账凭证

课程思政目标

1. 树立遵纪守法的理念
2. 培养严谨细致的工作作风
3. 核算经济业务时坚持真实性和客观性原则

案例导入

王华、李小东的"学子超市"业务逐渐增多,经过股东们商量,计划对外招聘专职会计人员一名,会计系毕业班学生李小丽应聘到"学子超市"担任会计,"学子超市"指导老师为了考验其职业能力,提出以下问题。

问题:

(1) 如图 6-1 和图 6-2 所示的两张单据分别反映企业发生了什么经济活动? 它们属于什么类型的原始凭证?

(2) 如果采购部门需要报销差旅费,应该提供什么单据? 审核单据时会计应该注意什么问题?

(3) 到银行提取现金应该填写什么单据? 属于什么类型的原始凭证?

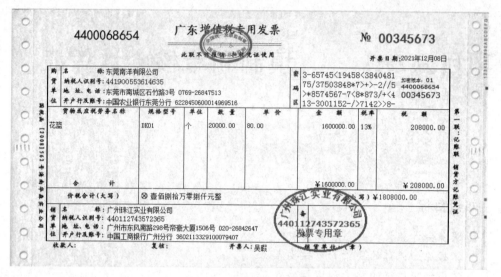

图 6-1 增值税专用发票

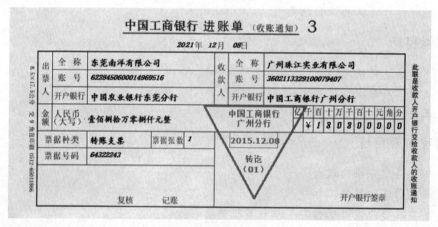

图 6-2 银行进账单

任务一 认识会计凭证

任务描述

掌握会计凭证的概念和作用,并能准确区分原始凭证和记账凭证。

"案例导入"发生的销售事项是一般公司(会计主体)的一种日常经济活动,作为一名会计,需要将这些交易或事项(会计对象)进行确认、计量、记录和报告(核算)。如何能够有条理地、专业化地进行核算,对公司进行管理呢?我们首先需要认识这些会计凭证。

一、会计凭证的概念和作用

（一）会计凭证的概念

会计凭证是记录经济业务事项发生或完成情况的书面证明，也是登记账簿的依据。

（二）会计凭证的作用

合法地取得、正确地填制和审核会计凭证，是进行会计核算、实行会计监督的一种专门方法，也是会计核算工作的起点。会计凭证的作用主要体现在以下三方面。

1. 记录经济业务，提供记账依据

填制会计凭证，可以正确、及时地反映各项经济业务的完成情况，为登记账簿提供可靠的依据。

2. 明确经济责任，强化内部控制

填制和审核会计凭证，可加强经济业务管理责任制。任何会计凭证除记录有关经济业务的基本内容外，还必须经有关部门和人员签章，这样可以对会计凭证所记录的经济业务的真实性、完整性、合法性等负责，防止舞弊行为，强化内部控制。

3. 监督经济活动，控制经济运行

一切会计凭证都必须经过有关人员的审核，只有经过审核无误的会计凭证才能作为登记账簿的依据。

二、会计凭证的分类

会计凭证多种多样，按照编制的程序和用途不同，可分为原始凭证和记账凭证。

（一）原始凭证

原始凭证是在经济业务发生时取得或填制的，用以证明经济业务的发生或者完成情况的原始凭据，是进行会计核算的原始资料。原始凭证按其取得的来源不同，可以分为自制原始凭证和外来原始凭证两类。

（二）记账凭证

记账凭证又称记账凭单，是会计人员根据审核无误的原始凭证，按照经济业务的内容加以归类，并据此确定会计分录后所填制的会计凭证，作为登记账簿的直接依据。

在登记账簿之前，应按实际发生经济业务的内容编制会计分录，据以登记账簿。在实际工作中，会计分录是通过填制记账凭证来完成的。记账凭证按其适用的经济业务，分为专用记账凭证和通用记账凭证两类。

原始凭证和记账凭证都称为会计凭证，但其性质截然不同。原始凭证记录的是经济信息，它是编制记账凭证的依据，是会计核算的基础；而记账凭证记录的是会计信息，它是会计核算的起点。

会计凭证的分类如图 6-3 所示。

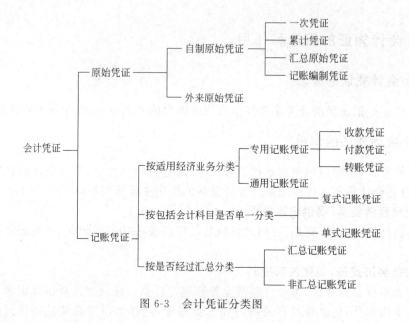

图 6-3　会计凭证分类图

任务二　填制和审核原始凭证

任务描述

认识各种原始凭证,掌握主要原始凭证的制作,学会审核原始凭证。

根据原始凭证判断所发生的经济业务,对经济业务内容划分具体会计要素,区分具体会计科目,并根据会计科目设置账户,通过复式记账原理编写会计分录,并再按要求编写记账凭证。

原始凭证在现实工作中最大的特点是种类繁多、格式多样、填制方法不一,所以对原始凭证的学习先要进行科学分类,按照不同类别去学习才能有效地掌握原始凭证的知识点。

一、原始凭证的分类

原始凭证可以按照不同的标准进行分类,主要分类方式有来源、格式、填制的手续和内容等。

(一)按来源分类

1. 自制原始凭证

自制原始凭证是指由本单位内部经办业务的部门或人员,在完成某项经济业务时自行填制的、供本单位内部使用的原始凭证。如收料单、领料单、限额领料单、产品出库单、借款单、工资发放明细表、折旧计提表、产品入库单等,如图 6-4～图 6-6 所示。

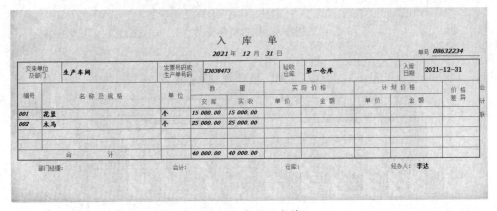

2021年12月工资表

单位：元

部门	姓名	基本工资	加班费	事假扣款	应付工资	个人缴纳公积金	个人缴纳社保费	个人所得税	实发工资
生产车间	杨大明	2 500.00	430.00		2 930.00	234.40	322.30	0.00	2 373.30
生产车间	李光升	2 500.00	500.00	110.00	2 890.00	231.20	317.90	0.00	2 340.90
生产车间	李响	2 500.00	600.00		3 100.00	248.00	341.00	0.00	2 511.00
生产车间	杜春凤	2 500.00	570.00		3 070.00	245.60	337.70	0.00	2 486.70
生产车间	李明	2 500.00	230.00	80.00	2 650.00	212.00	291.50	0.00	2 146.50
生产车间	吴冲	2 500.00	170.00		2 670.00	213.60	293.70	0.00	2 162.70
……	……	……	……	……	……	……	……	……	……
合计									￥300000.00

制单人：吴新

图 6-4　工资发放明细表

固定资产折旧计提表

2021年12月31日 单位：元

部门	本月折旧额
生产车间	4 000.00
厂部管理部门	6 000.00
合计	1 0000.00

制单：吴晴

图 6-5　固定资产折旧计提表

入　库　单

2021 年　12 月　31 日

单号 08632234

交来单位及部门	生产车间		发票号码或生产单号码	23038473		验收仓库	第一仓库		入库日期	2021-12-31
编号	名称及规格	单位	数量		实际价格		计划价格		价格差异	
			交库	实收	单价	金额	单价	金额		
001	花篮	个	15 000.00	15 000.00						
002	木马	个	25 000.00	25 000.00						
	合　计		40 000.00	40 000.00						

部门经理：　　　　　会计：　　　　　仓库：　　　　　经办人：李达

图 6-6　产品入库单

2. 外来原始凭证

外来原始凭证是指在经济业务发生或完成时,从其他单位或个人直接取得的原始凭证。外来原始凭证都是一次凭证,如飞机票、火车票、住宿发票、增值税专用发票、普通发票、收款收据、进账单等,如图 6-7~图 6-9 所示。

147

图 6-7 火车票

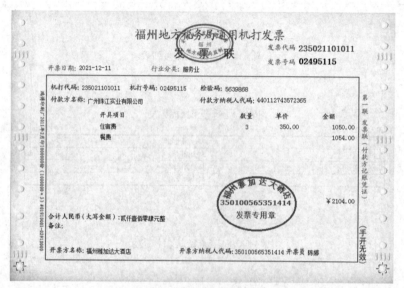

图 6-8 住宿费和餐费

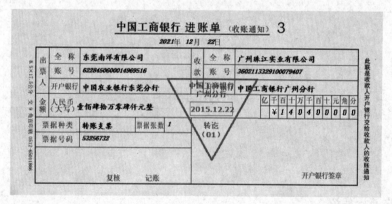

图 6-9 进账单

（二）按格式分类

原始凭证按照格式不同，可以分为通用凭证和专用凭证。

1. 通用凭证

通用凭证指由有关部门统一印制、在一定范围内使用的,具有统一格式和使用方法的原始凭证,如税务部门统一制定的增值税发票、由中国人民银行统一制定的支票、商业汇票等结算凭证等,图 6-10 为公益事业捐赠统一票据示范。

图 6-10 公益事业捐赠统一票据

2. 专用凭证

专用凭证指由单位自行印制、仅在本单位内部使用的原始凭证。如折旧计算表、差旅费报销单、工资费用分配表、领料单等。

(三)按填制的手续和内容分类

原始凭证按其填制手续不同,又可分为一次凭证、累计凭证和汇总原始凭证。

1. 一次凭证

一次凭证是指只反映一项经济业务,或者同时反映若干项同类性质的经济业务,其填制手续是一次完成的会计凭证,如"收料单""领料单""借款单""固定资产验收单"等,常见的一次凭证如图 6-11 和图 6-12 所示。

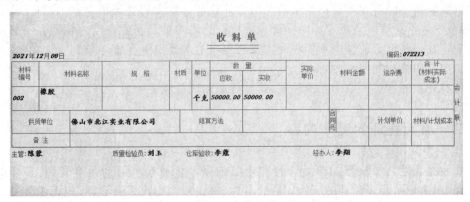

图 6-11 收料单

固定资产验收单

2021 年 12 月 02 日　　　　　　　　　　　　　编号：12011

名　称	规格型号	来　源	数　量	购（造）价	使用年限	预计残值
机台	DF-354	投入	1	25000.00	10	2500.00
安装费	月折旧率	建造单位		交工日期		附件
0.00	0.75%			2015 年 12 月 02 日		
验收部门	甲车间	验收人员	王宏伟	管理部门	生产部	管理人员　李大刚
备注	由广州大华有限公司投入					

审核：王立　　　　　制单：杨金山

图 6-12　固定资产验收单

2. 累计凭证

累计凭证指在一定时期内多次记录发生的同类型经济业务的原始凭证。其特点是在一张凭证内可以连续登记相同性质的经济业务，随时可结算累计数及结余数，并按照费用限额进行费用控制，期末按实际发生额记账。累计凭证是多次有效的原始凭证。常见的累计凭证如限额领料单，如图 6-13 所示。

限额领料单

产品（工程）编号：　　　　　　　　　年　　月																			编号： 领料仓库： 领料部门：		

图 6-13　限额领料单

3. 汇总原始凭证

汇总原始凭证也称原始凭证汇总表，是指在会计核算工作中，为简化记账凭证的编制工作，将一定时期内若干份记录同类经济业务的原始凭证汇总编制一张汇总凭证，用以集中反映某项经济业务总括发生情况的会计凭证。如发料凭证汇总表、收料凭证汇总表、现金收入汇总表等。汇总原始凭证只能将同类内容的经济业务汇总填列在一张汇总凭证中。在一张汇总凭证中不能将两类或两类以上的经济业务汇总填列。例如，发出材料汇总表常用格式如图 6-14 所示。

所有外来原始凭证均为一次凭证，累计凭证和汇总凭证一般为自制凭证。

150

二、原始凭证的基本内容

原始凭证是会计核算的原始资料和重要依据。企业经济活动具有复杂、多样的特点，因此用来记录经济活动的原始凭证的名称、格式和内容也多种多样，但无论哪一种原始凭证，其基本内容都是相同的。各种原始凭证都应具备以下基本内容。

发出材料汇总表

2021年12月16日

部门	用途	材料名称	耗用数量（千克）	单价（元/千克）	金额（元）
生产车间	生产花篮	螺丝钉	6000.00	10.00	60000.00
生产车间	生产木马	螺丝钉	9000.00	10.00	90000.00
生产车间	生产花篮	橡胶	20000.00	15.00	300000.00
生产车间	生产木马	橡胶	28000.00	15.00	420000.00
生产车间	车间一般耗用	橡胶	2000.00	15.00	30000.00
厂部管理部门	办公耗用	橡胶	100.00	15.00	1500.00
合计	——	——	——	——	￥901500.00

制单：吴晴

图 6-14　发出材料汇总表

（1）原始凭证名称。

（2）填制原始凭证的日期。

（3）凭证的编号。

（4）接受原始凭证的单位名称(抬头)。

（5）经济业务内容(含数量、单价、金额等)。

（6）填制单位签章。

（7）有关人员(部门负责人、经办人员)签章。

（8）填制凭证单位名称或者填制人姓名。

（9）凭证附件。

三、填制原始凭证

原始凭证也称单据,是在经济业务发生时取得或填制的会计凭证,是记录和证明经济业务发生或完成情况的原始依据,是会计核算的重要原始资料。

（一）原始凭证填制的基本要求

（1）真实可靠,指经济业务的内容真实,不得弄虚作假,不能涂改、挖补。

（2）内容完整,指按照凭证基本要素逐项填写清楚,不得简化,不可缺漏。

（3）填制及时,指每当一项经济业务发生或完成,都要立即填制原始凭证,做到不积压、不误时、不事后补制。

（4）书写清楚,指字迹端正,符合会计对数字书写的要求。

（5）编号连续,各种凭证要连续编号,以便查考。如果凭证已预先印定编号,在写坏作废时,应加盖"作废"戳记,连同存根妥善保管,不得撕毁。

（二）原始凭证填制的附加要求

（1）从外单位取得的原始凭证,必须盖有填制单位的公章;从个人取得的原始凭证,必须有填制人员的签名或盖章;自制原始凭证必须有经办部门负责人或其指定人员的签名或盖章;对外开出的原始凭证,必须加盖本单位的公章。

（2）凡填有大写和小写金额的原始凭证,大写与小写金额必须相符。

151

（3）购买实物的原始凭证，必须有验收证明，以明确经济责任。

（4）支付款项的原始凭证必须有收款单位和收款人的收款证明，不能仅以支付款项的有关凭证如银行汇款凭证等代替，以防止舞弊行为的发生。

（5）多联原始凭证，应当注明各联的用途，只能以一联作为报销凭证。

（6）发生退货及退货款时，必须同时有退货发票、退货验收证明和收款收据。

（7）职工出差借款借据，经有关领导批准，报销时收回借款余款，另开收据，不得退还原借据。

（8）原始凭证如有错误，应退回重开或按规定进行更正，并加盖印章。

四、常用原始凭证的填制示例

（一）收料单

收料单通常是一料一单，一式三联，一联留仓库，据以登记材料卡片和材料明细账，一联送财务部门，一联交采购人员留存。采购业务的收料单格式如图 6-15 所示。

收 料 单

供货单位：××公司　　　　　　　　　　　　凭证编号：

发票编号：　　　　　　　2021 年 12 月 10 日　　　收料仓库：×号仓库

材料类型	材料编号	材料名称	材料规格	计量单位	数量		金额/元			
					应收	实收	单价	买价	运费	合计
		圆钢	40×55	吨	5 000	5 000	500	2 500 000	1 800	2 501 800
备注										

主管：×××　　　会计：×××　　　审核：×××　　　记账：×××　　　收料：×××

图 6-15　采购业务收料单

（二）领料单

领料单一般是一料一单，一种用途填写一张。领料单分为一次填制的和多次填制的限额领料单两种。

（1）一次填制的领料单。该领料单由领料经办人填写，经该单位主管领导批准后到仓库领料。仓库保管人员审核其用途后发料，并在领料单上签章。领料单一式三联，一联留领料部门备查，一联交仓库，据以登记材料卡片和材料明细账，一联转送财务部门或月末经汇总后转送财务部门登记总分类账，如图 6-16 所示。

领 料 单

领料部门：一车间　　　　　　　2021 年 12 月 10 日　　　　　凭证编号：

日期		材料名称	数量/千克	单价/（元/千克）	金额/元	材料用途
月	日					
12	10	A 材料	1 000	20	20 000	生产甲产品
合　计			1 000		20 000	

财务部门：×××　　　记账：×××　　　仓库：×××　　　领料：×××

图 6-16　领料单

（2）限额领料单。限额领料单是由生产计划部门根据下达的生产任务和材料消耗定额按各种材料分别开出的，一式两联，一联交仓库据以发料，一联交领料部门据以领料。限额领料单如图 6-17 所示。

限额领料单

领料部门：一车间
用途：生产 A 产品　　　　　　　　　　2021 年 12 月　　　　　　　　No 23696

材料类别	材料名称	规格	计量单位	单价	领用限额	全月实领	
						数量	金额
原料	A 材料	10mm	千克	100 元	3 000	2 800	280 000

日期	请领			实发		限额结余
	数量	领料单位负责人签章	领料人签章	数量	发料人签章	
12 月 2 日	1 000	王红	刘东	1 000	陈洋	2 000
12 月 10 日	800	王红	刘东	800	陈洋	1 200
12 月 15 日	1 000	王红	刘东	600	陈洋	600
12 月 25 日	400	王红	刘东	400	陈洋	200
合计	3 200			2 800		

图 6-17　限额领料单

（三）增值税专用发票的填写

增值税专用发票是一般纳税人于销售货物时开具的销货发票，一式四联，销货单位和购货单位各两联。交购货单位的两联，一联作购货单位结算凭证，一联作税款抵扣凭证。增值税专用发票在填写时，应遵照下列规定。

（1）项目填写齐全，各联的内容和余额一致。

（2）字迹清楚，不得涂改。

（3）发票联和抵扣联加盖财务专用章或发票专用章，用红色印泥盖在专用发票的左下角或右下角的"开票单位"栏。

（4）用蓝色印泥在"销货单位"栏加盖销售单位戳记，不得用手工填写。

（5）在"金额""税额"栏合计（小写）数前用"￥"符号封顶，在"价税合计（大写）"栏合计数前用"⊗"符号封顶。

（6）购销双方单位名称必须填写全称，可在"名称"栏分上下两行填写，必要时可出该栏的上下横线。

增值税专用发票的填写如图 6-18 所示。

（四）借款单

职工因公借款必须填写正式的借款单。

【例 6-1】　2021 年 12 月 10 日，供应科采购员李利到上海采购原材料借差旅费 6 000 元。其借款单如图 6-19 所示。

（五）收据

收到外单位和职工的各种赔款、罚款、预付款、包装物押金和职工归还借款等款项

153

广东增值税专用发票

NO 22558969　1122006866
1122006866　　记广额账联
22558969

开票日期：2021 年 12 月 08 日

购货单位	名　　称：	东莞南洋有限公司			密码区	03-254<<56/37868<*+97+04902*+28)/147<<+8388<+3+1454600->19348*/2+3/<37-/7*+<<>031>-5<<3*0867801//4/062688511-4-		
	纳税人识别号：	91440181123453215X						
	地址、电话：	东莞市南城区石竹路 3 号						
	开户行及账号：	中国农业银行东莞分行 6228450600014969516						
货物或应税劳务	规格型号	单位	数量	单价	金额	税率	税额
西装		件	820	220.00	180400.00	13%	23452.00
合　计					¥180400.00		¥23452.00
价税合计（大写）	⊗贰拾万叁仟捌佰伍拾贰元整					（小写）¥203852.00	
销货单位	名　　称：	广州珠江实业有限公司			备注	广州珠江实业有限公司 91440181234567891X 发票专用章		
	纳税人识别号：	91440181234567891X						
	地址、电话：	广州市天河区经济开发区东区 8 号						
	开户行及账号：	建行广州支行 4401531402050020000						

收款人：黄仪　　复核：苏绮　　开票人：黄绮梦

图 6-18　增值税专用发票

广州珠江实业有限公司借款单

2021　年 12 月 10 日　　　　　　　　单位：元

借款人	李利	部门	供应科
借款理由	到上海采购原材料		
借款金额（大写）	人民币陆仟元整	小写：¥6000.00	

核准：　　　　　会计：黄小花　　　　出纳：张丽　　　借支人：李利

图 6-19　借款单

时，应填写正式的收据。

【例 6-2】　2021 年 12 月 15 日，供应科采购员李利回公司后共报销差旅费 5 580 元，余款退回（出差前借款 6 000 元），填写收据如图 6-20 所示。

收　据

2021 年 12 月 15 日

今收到　李利

交来　出差报销退回余款

人民币（大写）肆佰贰拾元整　　　　　　　　¥420.00

图 6-20　出差报销收据

（六）差旅费报销单

差旅费报销单的格式不统一,应根据本单位经济业务的需要自行设计。主要内容有:报销日期、报销单位、报销人姓名、职务、出差事由、出差天数、往返日期及时间、出发及到达地名、交通费金额、住宿费金额、借款金额、报销金额、退款或补款数额、其他费用等项目。差旅费报销单格式如图 6-21 所示。

差旅费报销单
2021 年 12 月 25 日

单位名称	供应科				姓名	李利	岗位		采购员	
出差事由	采购原材料						出差 日期	自 2021 年 12 月 10 日 至 2021 年 12 月 18 日共 9 天		
到达地点	上海									
项 目	交通工具				其他	住宿费	伙食补助			
	火车	汽车	飞机	轮船	出租车	旅馆费	在途 天	住勤 天		
			3 200		580	200×9 天 =1800	—	—		
总计金额人民币（大写）伍仟伍佰捌拾元整							￥5 580.00			
主　管 ×× 　　领款人 李利				月	日	顺序号	明细科目编号或名称			

主管：×××　　　　　　　　　　　　　　　　出纳员：×××

图 6-21　差旅费报销单

（七）工资费用分配表

生产工人只生产一种产品,其工资费用直接计入该产品的生产成本;生产工人生产多种产品,其工资费用按生产工时比例分配计入各种产品的生产成本。其他部门人员工资直接计入有关费用账户。

【例 6-3】 2021 年 12 月,某公司全月应付工资 78 492.98 元。其中:生产一车间工人工资 21 491.23 元,车间管理人员工资 3 000 元;生产二车间生产工人工资 30 701.75 元,车间管理人员工资 3 500 元;修理车间人员工资 5 000 元;行政管理人员工资 8 000 元;销售部门人员工资 6 800 元。工资及福利费汇总情况如图 6-22 所示。

工资及福利费汇总表
2021 年 12 月 31 日　　　　　　　　　　　　单位:元

部门		应付工资	代扣款项	实发工资	职工福利费	合计
一车间	工人	21 491.23	290	21 201.23	3 008.77	24 500
	管理	3 000	321	2 679	420	3 420
	合计	24 491.23	611	23 880.23	3 428.77	27 920
二车间	工人	30 701.75	310	30 391.75	4 298.25	35 000
	管理	3 500	433	3 067	490	3 900
	合计	34 201.75	743	33 458.75	4 788.25	38 900
修理部门		5 000	585.26	4 414.74	700	5 700
管理部门		8 000	956	7 044	1 120	9 120
销售部门		6 800	597.72	6 202.28	952	7 752
合计		78 492.98	3 492.98	75 000	10 989.02	89 392

图 6-22　工资及福利费汇总表

（八）制造费用分配表

月末,财务人员应将本月的制造费用总额,按照一定的方法分配计入各种产品的生产成本,编制制造费用分配表。其参考格式如图 6-23 所示。

制造费用分配表
2021 年 12 月

| 项 | 目 | 定额生产工时 | | | 分配率/ | 金额/元 |
		产量	定额	定额工时/工时	(元/工时)	
铸造车间	A1	30 (件)	12 (工时/件)	360		14 557.25
	B1	20 (件)	20 (工时/件)	400		16 174.70
	合计	50 (件)	—	760	40.436 8	30 731.95
装备车间	A2	30 (台)	12 (工时/台)	360		14 627.02
	B2	25 (台)	15 (工时/台)	375		15 236.49
	合计	55 (台)	—	735	40.630 6	29 863.51

会计主管:×××　　　　　　审核:×××　　　　　　制表:×××

图 6-23　制造费用分配表

五、会计手工书写规范

（一）基本规范

(1) 逐项认真填写,不得连写以致分辨不清。

(2) 在数字前应写明币种符号,例如人民币使用符号"￥",港币使用符号"HK＄"。

(3) 数字一律填写到角分;无角分的,角位和分位写"00"或"—";有角无分的,分位应当写"0",不得用"—"代替 。

(4) 在整数部分可以从小数点起向左按"三位一节"用分位点","分开,例如"89,183.00"。

(5) 使用蓝黑墨水或者碳素墨水书写,不得使用圆珠笔(银行的复写账簿除外)或者铅笔书写。

(6) 书写的文字和数字上面要留有适当空格,不要写满格,一般应占格距的二分之一。

(7) 中文大写"壹、贰、叁、肆、伍、陆、柒、捌、玖、拾、佰、仟、万、亿、元、角、分、零、整(正)"。

(8) 大写金额前要冠以"人民币"字样,其与大写金额首位数字之间不留空位,数字之间也不能留空位。

(9) 中文大写金额数字到"元"为止的,在"元"之后,应写"整"(或"正")字;大写金额到"角"的,在"角"之后,可写也可不写"整"(或"正")字;大写金额数字有"分"的,"分"后面不写"整"(或"正")字。

（二）文字书写规范——大写金额写法规范

(1) 阿拉伯数字中间有"0"时,中文大写金额要写"零"字。

(2) 阿拉伯数字中间连续有几个"0"时,中文大写金额中间可以只写一个"零"字。

（3）阿拉伯金额数字万位或元位是"0"时,中文大写金额中可以写一个"零"字,也可以不写"零"字。

（4）阿拉伯金额数字角位是"0",而分位不是"0"时,中文大写金额"元"后面应写"零"字。

（5）阿拉伯数字以壹拾亿、壹拾万,或壹拾开头时,中文大写前面的"壹"不能省略。

【例6-4】 应遵循规范进行文字金额书写。

（1）人民币 105 846 元,应写成:人民币壹拾万零伍仟捌佰肆拾陆元整。

（2）人民币 1 000 846 元,应写成:人民币壹佰万零捌佰肆拾陆元整。

（3）人民币 1 860.96 元,可写成:人民币壹仟捌佰陆拾元零玖角陆分,也可写成:人民币壹仟捌佰陆拾元玖角陆分。

（4）人民币 86 000.80 元,可写成:人民币捌万陆仟元零捌角整,也可写成:人民币捌万陆仟捌角整。

六、审核原始凭证

（一）原始凭证审核的内容

只有经过审核无误的凭证,才能作为记账的依据,为了保证原始凭证内容的真实性和合理性,一切原始凭证填制或取得后,都应按规定的程序及时送交会计部门,由会计主管或具体处理该事项的会计人员进行审核。原始凭证的审核主要从以下六个方面进行。

（1）审核原始凭证的真实性。包括日期是否真实、业务内容是否真实、数据是否真实等。

（2）审核原始凭证的合法性。经济业务是否符合国家有关政策、法规、制度的规定,是否有违法乱纪等行为。

（3）审核原始凭证的合理性。原始凭证所记录经济业务是否符合企业生产经营活动的需要、是否符合有关的计划和预算等。

（4）审核原始凭证的完整性。原始凭证的内容是否齐全,包括有无漏记项目、日期是否完整、有关签章是否齐全等。

（5）审核原始凭证的正确性。包括数字是否清晰、文字是否工整、书写是否规范、凭证联次是否正确、有无刮擦、涂改和挖补等。

（6）审核原始凭证的及时性。要求在经济业务发生或者完成时及时填制有关原始凭证,及时进行凭证的传递,审核时要注意填制日期是否是经济业务发生或者完成时的日期,或者相近;涉及货币资金收付业务的原始凭证,更应该仔细验证其签发日期。

（二）原始凭证审核结果的处理

根据《中华人民共和国会计法》规定,原始凭证审核后应根据不同的情况进行处理。

（1）对于审核无误的原始凭证,应及时办理会计手续,据以编制记账凭证入账。

（2）对于真实、合法、合理但记载不够完整、准确的原始凭证,应暂缓办理会计手续,退回给有关经办人员,由其负责将有关凭证补充完整、更正错误或重开后,再办理会计手续。

(3) 对于不真实、不合法、不合理的原始凭证,会计机构、会计人员有权不予接受,并向单位负责人报告。

(三)原始凭证发生错误的更正

(1) 原始凭证所记载的各项内容均不得涂改,随意涂改原始凭证即为无效凭证,不能作为填制记账凭证或登记会计账簿的依据。

(2) 原始凭证记载的内容有错误的,应当由开具单位重开或更正,更正工作必须由原始凭证出具单位进行,并在更正处加盖出具单位印章;重新开具原始凭证当然也应由原始凭证开具单位进行。

(3) 原始凭证金额出现错误的不得更正,只能由原始凭证开具单位重新开具。

(4) 原始凭证开具单位应当依法开具准确无误的原始凭证,对于填制有误的原始凭证,负有更正和重新开具的法律义务,不得拒绝。

任务三 填制和审核记账凭证

任务描述

根据原始凭证判断所发生的经济业务,对经济业务内容划分具体会计要素,区分具体会计科目,并根据会计科目设置账户,通过复式记账原理编写会计分录,按借贷记账法的记账规则和要求编写记账凭证。

记账凭证是登记账簿的直接依据,也称分录凭证。原始凭证只表明经济业务的具体内容,不能直接反映其对会计要素的影响,不能显示应记的会计科目和记账方向,因此不能凭以直接入账。编制记账凭证是将原始凭证的经济信息转换为会计信息的一种质的飞跃。

一、记账凭证的分类

(一)按凭证的用途分类

1.专用记账凭证

专用记账凭证是用来专门记录某一类经济业务的记账凭证。专用凭证按其所记录的经济业务是否与现金和银行存款的收付有关,又分为收款凭证、付款凭证和转账凭证三种。

(1) 收款凭证。收款凭证是用来记录现金和银行存款等货币资金收款业务的凭证,它是根据现金和银行存款收款业务的原始凭证填制的。收款凭证的格式如图6-24所示。

(2) 付款凭证。付款凭证是用来记录现金和银行存款等货币资金付款业务的凭证,

图 6-24　收款凭证的格式

它是根据现金和银行存款、付款业务的原始凭证填制的。

应当注意的是,对于库存现金和银行存款之间相互划转的经济业务,为了避免重复记账,只编制付款凭证,不编制收款凭证。付款凭证的格式如图 6-25 所示。

图 6-25　付款凭证的格式

（3）转账凭证。转账凭证是用来记录与现金、银行存款等货币资金收付款业务无关的转账业务（即在经济业务发生时不需要收付现金和银行存款的各项业务）的凭证,它是根据有关转账业务的原始凭证填制的。转账凭证的格式如图 6-26 所示。

2. 通用记账凭证

在实际工作中,对于经济业务比较简单,规模较小,现金、银行存款收付款业务较少的企业和行政事业单位,不再分为收款凭证、付款凭证和转账凭证,而是以一种格式,使用通用记账凭证记录全部经济业务。通用记账凭证的格式如图 6-27 所示。

（二）记账凭证

记账凭证按其包括的会计科目是否单一,分为复式记账凭证和单式记账凭证两类。

159

转 账 凭 证

年　　月　　日　　　　　　转字第　　　号

摘　要	会 计 科 目	明 细 科 目	√	借方金额 千百十万千百十元角分	√	贷方金额 千百十万千百十元角分	
							附单据
							张
合　　计							

财务主管：　　　记账：　　　出纳：　　　审核：　　　制单：

图 6-26　转账凭证的格式

记 账 凭 证

年　　月　　日　　　　　　字第　　　号

摘　　要	会 计 科 目	明 细 科 目	√	借方金额 千百十万千百十元角分	√	贷方金额 千百十万千百十元角分	
							附单据
							张
合　　计							

财务主管：　　　记账：　　　出纳：　　　审核：　　　制单：

图 6-27　通用记账凭证的格式

1. 复式记账凭证

复式记账凭证又叫作多科目记账凭证,要求将某项经济业务所涉及的全部会计科目集中填列在一张记账凭证上。收款凭证、付款凭证和转账凭证的格式都是复式记账凭证的格式。

2. 单式记账凭证

单式记账凭证又叫作单科目记账凭证,要求将某项经济业务所涉及的每个会计科目,分别填制记账凭证,每张记账凭证只填列一个会计科目,其对方科目只供参考,不凭以记账。也就是把某一项经济业务的会计分录,按其所涉及的会计科目,分散填到两张或两张以上的记账凭证上,如图 6-28 和图 6-29 所示。

二、记账凭证的基本内容

记账凭证是登记账簿的依据,为了保证账簿记录的准确性,记账凭证必须具有下列

贷 项 记 账 凭 证

对应科目：银行存款　　　　20××年 2 月 5 日　　　　编号 2/3

摘　要	一级科目	二级或明细科目	金　额	记账
销售甲产品	**主营业务收入**	甲产品	20 000	
合　计			20 000	

附件　　张

会计主管：李鸣　记账：张清　稽核：沈严　填制：方新　出纳：康明　交款人：赵伟

图 6-28　贷项记账凭证的格式

借 项 记 账 凭 证

对应科目：主营业务收入、应交税金　20××年 2 月 5 日　　　　编号 1/3

摘　要	一级科目	二级或明细科目	金　额	记　账
销售甲产品	**银行存款**		23 400	
合　计			23 400	

附件　贰　张

会计主管：李鸣　记账：张清　稽核：沈严　填制：方新　出纳：康明　交款人：赵伟

图 6-29　借项记账凭证的格式

基本内容。

(1) 记账凭证名称。

(2) 填制单位的名称。

(3) 凭证的填制日期及编号。

(4) 经济业务的内容摘要。

(5) 应借应贷账户名称及金额。

(6) 所附原始凭证张数。

(7) 制证、复核、记账、会计主管等有关人员的签章,收付款凭证,出纳人员的签章。

三、记账凭证填制要求

(一) 记账凭证填制的基本要求

(1) 审核无误,指在对原始凭证审核无误的基础上填制记账凭证。

(2) 内容完整,指记账凭证应该包括的内容都应填写齐全。

(3) 分类正确,指根据经济业务的内容,正确区别不同类型的原始凭证,正确应用会计科目。

（4）连续编号，指记账凭证应当按会计事项处理先后顺序连续编号。

（二）填制记账凭证的具体要求

（1）记账凭证必须附有原始凭证并注明张数（结账、更正错误除外）。原始凭证的张数一般以自然张数为准。差旅费等零散票券，可贴在一张纸上，作为一张原始凭证。一张原始凭证涉及几张记账凭证的，可将原始凭证附在一张主要记账凭证后面，在其他记账凭证上注明主要记账凭证的编号。

（2）一张原始凭证所列支出需要由两个以上单位共同负担时，由保存该原始凭证的单位开出原始凭证分割单，交另一单位作凭证。

（3）记账凭证的编号。无论采用哪种编号方法，都应该按月顺序编号，即每月都从1号编起，顺序编至月末。一笔业务编制两张以上记账凭证的可采用分数编号，如转字 $8\frac{1}{3}$ 号、转字 $8\frac{2}{3}$ 号和转字 $8\frac{3}{3}$ 号。前面的序号表示业务顺序，分子表示三张凭证中的第几张，分母表示总共有几张凭证。

（4）记账凭证发生错误，应当重新填制。如已登记入账，可以用红字注销法进行更正。

（5）记账凭证填制完毕如有空行，应当划线注销。

（6）会计分录应保证借贷平衡。

（7）摘要应与原始凭证内容一致，表述要简短精练。

（8）实行会计电算化的单位，其计算机制记账凭证应当符合对记账凭证的要求。

四、记账凭证填制示例

（一）专用记账凭证的填制

1. 收款凭证的填制

收款凭证是根据现金、银行存款增加的经济业务填制的。填制收款凭证的要求如下。

（1）由出纳人员根据审核无误的原始凭证填制，必须是先收款，后填凭证。

（2）在凭证左上方的"借方科目"处填写"现金"或"银行存款"。

（3）填写日期（实际收款的日期）和凭证编号。

（4）在凭证内填写经济业务的摘要。

（5）在凭证内"贷方科目"栏填写与"现金"或"银行存款"对应的贷方科目。

（6）在"金额"栏填写金额。

（7）在凭证的右侧填写所附原始凭证的张数。

（8）在凭证的下方由相关责任人签字、盖章。

【例6-5】 2021年10月2日，收到金达公司上月所欠货款30 000元，已存入银行。填制收款凭证，如图6-30所示。

收 款 凭 证

借方科目：银行存款　　　　　2021年 10 月 02 日　　　　　银收字第 01 号

摘要	贷方总账科目	明细科目	借或贷	金　　额									
				千	百	十	万	千	百	十	元	角	分
收到金达公司前欠货款	应收账款	金达公司				3	0	0	0	0	0	0	
合　计					¥	3	0	0	0	0	0	0	

附单据 1 张

财务主管：×××　　记账：×××　　出纳：×××　　审核：×××　　制单：×××

图 6-30　收款凭证

2. 付款凭证的填制

付款凭证是根据现金、银行存款减少的经济业务填制的。填制付款凭证的要求如下。

(1) 由出纳人员根据审核无误的原始凭证填制,程序是先付款,后填凭证。

(2) 在凭证左上方的"贷方科目"处填写"现金"或银行存款"。

(3) 填写日期(实际付款的日期)和凭证编号。

(4) 在凭证内填写经济业务的摘要。

(5) 在凭证内"借方科目"栏填写与"现金"或"银行存款"对应的借方科目。

(6) 在"金额"栏填写金额。

(7) 在凭证的右侧填写所附原始凭证的张数。

(8) 在凭证的下方由相关责任人签字、盖章。

【例 6-6】　10 月 15 日,应发本月工资 39 600 元。其中:生产工人工资 35 000 元,车间管理人员工资 2 600 元,企业管理人员工资 2 000 元。开出现金支票,从银行提取现金,当即发放。分别填制付款凭证如图 6-31 和图 6-32 所示。

付 款 凭 证

贷方科目：银行存款　　　　　2021 年 10 月 15日　　　　　银付字第 02 号

摘要	借方总账科目	明细科目	借或贷	金　　额									
				千	百	十	万	千	百	十	元	角	分
提取现金备发工资	库存现金					3	9	6	0	0	0	0	
合　计					¥	3	9	6	0	0	0	0	

附单据 1 张

财务主管：×××　　记账：×××　　出纳：×××　　审核：×××　　制单：×××

图 6-31　付款凭证

3. 转账凭证的填制

转账凭证是根据与现金、银行存款无关的经济业务填制的。填制转账凭证的要求如下。

付 款 凭 证

贷方科目：库存现金　　　　2021年 10月 15日　　　　　现付字第　01　号

摘要	借方总账科目	明细科目	借或贷	金　额								
				千	百	十	万	千	百	十	元	角	分
发放工资	应付职工薪酬					3	9	6	0	0	0	0	0	附单据1张
合　计						¥	3	9	6	0	0	0	0

财务主管：×××　　记账：×××　　出纳：×××　　审核：×××　　制单：×××

图 6-32　付款凭证

（1）由会计人员根据审核无误的原始凭证填制。

（2）填写日期和凭证编号（一般情况下按收到原始凭证的日期填写；如果某类原始凭证有多份，涉及不同日期，按填制转账凭证的日期填写）。

（3）在凭证内填写经济业务的摘要。

（4）在凭证内填写经济业务涉及的全部会计科目，顺序是先借后贷。

（5）在"金额"栏填写金额。

（6）在凭证的右侧填写所附原始凭证的张数。

（7）在凭证的下方由相关责任人签字、盖章。

【例 6-7】　12 月 30 日，计提本月折旧费。本月生产车间应分摊折旧费用 200 元，企业管理部门应分摊折旧费 320 元，填制转账凭证如图 6-33 所示。

转账凭证

2021年10日30日　　　　　转字第　01　号

摘要	总账科目	明细科目	√	借方金额									√	贷方金额								
				千	百	十	万	千	百	十	元	角	分		千	百	十	万	千	百	十	元	角	分
计提折旧费	制造费用	折旧费						2	0	0	0	0													附单据1张
	管理费用	折旧费						3	2	0	0	0												
	累计折旧																		5	2	0	0	0
合　计								¥	5	2	0	0	0						¥	5	2	0	0	0

财务主管：×××　　记账：×××　　出纳：×××　　审核：×××　　制单：×××

图 6-33　转账凭证

（二）通用记账凭证的填制

通用记账凭证的名称为"记账凭证"。它集收款、付款和转账凭证于一身，通用于收款、付款和转账等各种类型的经济业务。其填制方法与转账凭证相同。

【例 6-8】　12 月 30 日，分配本月工资总额，承例 6-6，对生产工人工资按实用工时分配，甲产品实用工时 20 000 小时，乙产品实用工时 30 000 小时。

填制通用记账凭证,如图 6-34 所示。

记 账 凭 证

2021 年 10 月 30 日　　　　　记字第　4　号

摘要	总账科目	明细科目	借方金额 千	百	十	万	千	百	十	元	角	分	记账√	贷方金额 千	百	十	万	千	百	十	元	角	分	记账√	
分配工资	生产成本	甲商品				1	4	0	0	0	0	0													附
		乙商品				2	1	0	0	0	0	0													单
		制造费用					2	6	0	0	0	0													据
		管理费用					2	0	0	0	0	0													4
	应付职工薪酬	工资														3	9	6	0	0	0	0	0		张
结算方式		合计金额	¥	3	9	6	0	0	0	0	0			¥	3	9	6	0	0	0	0	0			

财务主管:×××　　记账:×××　　出纳:×××　　审核:×××　　制单:×××

图 6-34　通用记账凭证

五、审核记账凭证

为了保证会计信息的质量,在记账之前应由有关稽核人员对记账凭证进行严格的审核。审核的主要内容如下。

(1) 内容是否真实。审核记账凭证是否有原始凭证为依据,所附原始凭证的内容与记账凭证的内容是否一致。

(2) 项目是否齐全。审核记账凭证各项目的填写是否齐全,有关人员签章是否齐全。

(3) 科目是否正确。审核记账凭证的应借、应贷科目是否正确,是否有明确的账户对应关系,所使用的会计科目是否符合有关会计制度的规定。

(4) 金额是否正确。记账凭证汇总表的金额与记账凭证的金额合计是否相符。

(5) 书写是否正确。审核记账凭证中的记录是否文字工整、数字清晰,是否按规定使用蓝黑墨水,是否按规定进行更正等。

出纳人员在办理收款或付款业务后,应在凭证上加盖"收讫"或"付讫"的戳记,以避免重收重付。

只有经过审核无误的记账凭证,才能据以登记账簿。如果发现尚未入账的错误记账凭证,应当重新填制。

任务四　管理会计凭证

任务描述

了解会计档案的概念和内容;掌握会计档案的归档与保管、借阅、销毁等要求;认识会计人员交接的程序。

一、会计凭证的传递

会计凭证的传递是指从会计凭证的取得或填制起至归档保管止的过程中,在单位内部有关部门和人员之间的传送程序。

会计凭证的传递具体是指会计凭证的取得、审核、记账、装订和存档一系列环节的流转过程。在制定会计凭证传递程序和方法时,应当注意考虑以下三个问题。

(1)制定科学合理的传递程序。各单位应根据各自业务特点、机构设置和人员分工情况设计凭证的联数和流转路线,合理组织传递程序。

(2)确定合理的停留处理时间。明确规定凭证在各个环节上的停留时间,一般要求凭证的传递和处理在报告期内完成,不能跨期。

(3)建立凭证交接的签收制度。明确规定凭证的安全和完整,在各个环节中应指定专人办理交接手续,做到责任明确,手续完备、严密,环环衔接。

二、会计凭证的保管

会计凭证的保管是指会计凭证记账后的整理、装订、归档和存查工作。会计凭证作为记账的依据,是重要的会计档案和经济资料。任何单位在完成经济业务手续和记账后,必须将会计凭证按规定的立卷归档制度形成会计档案资料,妥善保管,以便日后随时查阅。

(一)会计凭证的保管要求

会计凭证的保管主要有下列要求。

(1)会计凭证应定期装订成册,防止散失。从其他单位取得的原始凭证遗失时,应取得原签发单位盖有公章的证明,并注明原始凭证的号码、金额、内容等,由经办单位会计机构负责人、会计主管人员和单位负责人批准后,才能代作原始凭证。若确实无法取得证明,如车票丢失,则应由当事人写明详细情况,由经办单位会计机构负责人、会计主管人员和单位负责人批准后,代作原始凭证。

(2)会计凭证封面(见图 6-35)应注明单位名称、凭证种类、凭证张数、起止号数、所属时间、会计主管人员、装订人员等有关事项,会计主管人员和保管人员应在封面上签章。

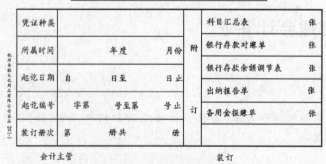

图 6-35　会计凭证封面

（3）会计凭证应加贴封条，防止抽换凭证。原始凭证不得外借，其他单位如有特殊原因确实需要使用时，经本单位会计机构负责人、会计主管人员批准，可以复制。向外单位提供的原始凭证复制件，应在专设的登记簿上登记，并由提供人员和收取人员共同签名、盖章。

（4）一项业务原始凭证较多时，可单独装订，但应在凭证封面注明所属记账凭证的日期、编号和种类，同时在所属的记账凭证上应注明"附件另订"及原始凭证的名称和编号，以便查阅。

（5）每年装订成册的会计凭证，在年度终了时可暂由单位会计机构保管一年，期满后应当移交本单位档案机构统一保管；未设立档案机构的，应当在会计机构内部指定专人保管。出纳人员不得兼管会计档案。

（6）严格遵守会计凭证的保管期限要求，期满前不得任意销毁。

（二）会计凭证的保管期限

会计凭证按其类别、单位性质的不同，其保管期限也有一定的区别，根据我国《会计档案管理办法》及有关的规定，会计档案保管期限如表6-1和表6-2所示。

表6-1　企业和其他组织会计档案保管期限表

序号	档案名称	保管期限	备注
一	会计凭证		
1	原始凭证	30年	
2	记账凭证	30年	
二	会计账簿		
3	总账	30年	
4	明细账	30年	
5	日记账	30年	
6	固定资产卡片		固定资产报废清理后保管5年
7	其他辅助性账簿	30年	
三	财务会计报告		
8	月度、季度、半年度财务会计报告	10年	
9	年度财务会计报告	永久	
四	其他会计资料		
10	银行存款余额调节表	10年	
11	银行对账单	10年	
12	纳税申报表	10年	
13	会计档案移交清册	30年	
14	会计档案保管清册	永久	
15	会计档案销毁清册	永久	
16	会计档案鉴定意见书	永久	

167

表 6-2　财政总预算、行政单位、事业单位和税收会计档案保管期限表

序号	档案名称	保管期限			备注
		财政总预算	行政单位事业单位	税收会计	
一、会计凭证					
1	国家金库编送的各种报表及缴库退库凭证	10 年		10 年	
2	各收入机关编送的报表	10 年			
3	行政单位和事业单位的各种会计凭证		30 年		包括：原始凭证、记账凭证和传票汇总表
4	财政总预算拨款凭证和其他会计凭证	30 年			包括：拨款凭证和其他会计凭证
二、会计账簿					
5	日记账		30 年	30 年	
6	总账	30 年	30 年	30 年	
7	税收日记账（总账）			30 年	
8	明细分类、分户账或登记簿	30 年	30 年	30 年	
9	行政单位和事业单位固定资产卡片				固定资产报废清理后保管 5 年
三、财务会计报告					
10	政府综合财务报告	永久			下级财政、本级部门和单位报送的保管 2 年
11	部门财务报告		永久		所属单位报送的保管 2 年
12	财政总决算	永久			下级财政、本级部门和单位报送的保管 2 年
13	部门决算		永久		所属单位报送的保管 2 年
14	税收年报（决算）			永久	
15	国家金库年报（决算）	10 年			
16	基本建设拨、贷款年报（决算）	10 年			
17	行政单位和事业单位会计月、季度报表		10 年		所属单位报送的保管 2 年
18	税收会计报表			10 年	所属税务机关报送的保管 2 年
四、其他会计资料					
19	银行存款余额调节表	10 年	10 年		
20	银行对账单	10 年	10 年	10 年	
21	会计档案移交清册	30 年	30 年	30 年	
22	会计档案保管清册	永久	永久	永久	
23	会计档案销毁清册	永久	永久	永久	
24	会计档案鉴定意见书	永久	永久	永久	

　　注：(1) 税务机关的税务经费会计档案保管期限，按行政单位会计档案保管期限规定办理。

　　(2) 会计档案的保管期限，从会计年度终了后的第一天算起。

【项目训练】

一、单项选择题

1. 下列关于记账凭证填制基本要求的表述中,错误的是( )。
   A. 记账凭证可以根据若干张同类原始凭证汇总编制
   B. 记账凭证的书写应清楚、规范
   C. 所有记账凭证都必须附有原始凭证
   D. 发现以前年度记账凭证有误的,应当用蓝字填制一张更正的记账凭证

2. 记账凭证的填制是由( )完成的。
   A. 出纳人员　　　　B. 会计人员　　　　C. 经办人员　　　　D. 主管人员

3. 下列关于收款凭证左上角的会计科目性质的表述中,正确的是( )。
   A. 库存商品　　　　B. 固定资产　　　　C. 借方　　　　D. 贷方

4. ( )是用来记录现金和银行存款、收款业务的记账凭证。
   A. 收款凭证　　　　B. 付款凭证　　　　C. 转账凭证　　　　D. 复式记账

5. 关于会计凭证的保管,下列说法不正确的是( )。
   A. 会计凭证应定期装订成册,防止散失
   B. 会计主管人员和保管人员应在封面上签章
   C. 原始凭证不得外借,其他单位如有特殊原因确实需要使用时,经本单位会计机构负责人(会计主管人员)批准,可以复制
   D. 经单位领导批准,会计凭证在保管期满前可以销毁

6. 可以不附原始凭证的记账凭证是( )。
   A. 更正错误的记账凭证　　　　　　B. 从银行提取现金的记账凭证
   C. 以现金发放工资的记账凭证　　　D. 职工临时性借款的记账凭证

7. 从银行提取现金或把现金存入银行的经济业务,一般( )。
   A. 只填制付款凭证,不填制收款凭证　　B. 只填制收款凭证,不填制付款凭证
   C. 既填制付款凭证,又填制收款凭证　　D. 填制付款凭证或填制收款凭证

8. 记账凭证按凭证的用途可分为( )。
   A. 收款凭证、付款凭证和转账凭证　　B. 一次凭证、累计凭证和汇总凭证
   C. 复式记账凭证和单式记账凭证　　　D. 通用记账凭证和专用记账凭证

9. 原始凭证所记录的经济业务是否符合有关的计划、预算,这属于审核原始凭证的( )。
   A. 合法性　　　　B. 真实性　　　　C. 完整性　　　　D. 合理性

10. ( )一般由税务局等部门统一印制,或经税务部门批准由经营单位印制。
    A. 外来原始凭证　　　　　　　　B. 自制原始凭证
    C. 限额领料单　　　　　　　　　D. 收料单

二、多项选择题

1. 在下列人员中,属于需要在自制原始凭证上签名或盖章的是( )。

    A. 经办单位领导人指定的人员   B. 出纳人员

    C. 记账人员   D. 经办单位的领导人

2. 在会计凭证的封面中,( )是应该注明的。

    A. 年度   B. 会计主管人员

    C. 装订人员   D. 月份

3. 在制定会计凭证传递程序和方法时,应当注意考虑( )。

    A. 会计凭证的传递程序

    B. 会计凭证在每个传递环节上停留的时间

    C. 会计凭证交接的签收制度

    D. 会计凭证的整理、归类和装订成册

4. 记账凭证审核的主要内容有( )。

    A. 内容是否真实   B. 项目是否齐全

    C. 科目、金额、书写是否正确   D. 填制是否及时

5. 除( )的记账凭证可以不附原始凭证外,其他记账凭证必须附有原始凭证。

    A. 成本结转   B. 结账   C. 更正错误   D. 提取现金

6. 原始凭证的基本内容包括原始凭证的名称、( )、接受凭证单位名称、数量、单价和金额等。

    A. 经办人员的签名或盖章   B. 填制凭证的日期

    C. 经济业务的内容   D. 填制单位名称或填制人员姓名

7. 会计凭证封面应注明( )等事项。

    A. 单位名称   B. 单位负责人

    C. 会计主管人员   D. 凭证种类和张数

8. 审核记账凭证的科目是否正确,包括( )。

    A. 记账凭证的应借、应贷科目是否正确

    B. 计算是否正确

    C. 账户对应关系是否清晰

    D. 所使用的会计科目及其核算内容是否符合会计制度的规定

9. 下列各项中,属于记账凭证的基本内容有( )。

    A. 填制凭证的日期和凭证编号

    B. 会计科目的名称和金额

    C. 所附原始凭证的张数

    D. 填制凭证人员、稽核人员、记账人员、会计机构负责人和会计主管人员的签名或盖章

10. 下列各项中,( )属于专用记账凭证按其所记录的经济业务是否与库存现金和银行存款的收付有关所分的类别。

A. 收款凭证　　　　B. 付款凭证　　　　C. 通用凭证　　　　D. 转账凭证

三、判断题

1. 制定会计凭证传递程序和方法时,应着重考虑会计凭证的整理、归类和装订成册。
（　　）

2. 记账凭证是否附有原始凭证,以及其所附原始凭证的张数是否相符,是审核记账凭证的一项重要内容。
（　　）

3. 如果一笔经济业务涉及会计科目较多,需填制多张记账凭证,可采用"分数编号法"。
（　　）

4. 收、付款凭证的日期应按照货币收、付的日期填写,转账凭证的日期应按照原始凭证记录的日期填写。
（　　）

5. 由于通用记账凭证和专用记账凭证均用于记录经济业务,故两者的格式无差别。
（　　）

6. 原始凭证记载内容有错误的,应当由出具单位重开或更正,不需要盖任何的印章。
（　　）

7. 会计凭证的保管是指从会计凭证的取得或填制时起至归档保管过程中,在单位内部有关部门和人员之间的传送程序。
（　　）

8. 除财产清查、结账和更正错误外,记账凭证必须附有原始凭证。
（　　）

9. 记账凭证中必须列明会计科目名称、记账金额、填制凭证的日期等内容。
（　　）

10. 审核原始凭证的正确性,就是要审核原始凭证所记录的经济业务是否符合企业生产经营活动的需要、是否符合有关的计划、预算和合同等规定。
（　　）

四、实务题

1. 根据以下经济业务填制相关原始凭证。

(1) 11月5日,经理刘丹到北京参加产品展销会预借差旅费5 000元。请如实填写表6-3。

表6-3　借款单
年　月　日

借款部门		借款人	
借款金额			
借款事由			
领导审批		会计主管		借款人签章	

(2) 11月8日,从101工厂购入A材料10吨、单价2 000元,计20 000元,增值税2 600元;B材料40吨,单价1 500元,计60 000元,增值税7 800元。货款尚未支付,材料验收入库。请如实填写表6-4。

表 6-4　材料入库单

供应单位：　　　　　　　　　　　　　　　　　　　　　　　　　　编号：

发票号码：　　　　　　　　　　年　月　日　　　　　　　　　　仓库：

材料类别	材料名称	规格型号	单位	数量		单价	金　额								
				应收	实收		百	十	万	千	百	十	元	角	分
合　计															

收料人(签章)：

2. 根据建兴公司 2021 年 8 月 1 日发生的以下三项经济业务,完成表 6-5~表 6-7,收款凭证、付款凭证和转账凭证的填制。

(1) 向银行借入期限为 3 个月的贷款 100 000 元,当日收到后存入银行备用。

(2) 甲材料验收入库,金额 5 000 元。

(3) 从银行提取现金 2 000 元备用。

表 6-5　收款凭证

借方科目　　　　　　　　　　　年　月　日　　　　　　　　　字第　　号

摘　　要	贷方科目		金　额										记账符号
	总账科目	明细科目	千	百	十	万	千	百	十	元	角	分	
合　计													

附件　　张

会计主管：　　　　　出纳：　　　　　　审核：　　　　　　制单：

表 6-6　付款凭证

贷方科目　　　　　　　　　　　年　月　日　　　　　　　　　字第　　号

摘　　要	贷方科目		金　额										记账符号
	总账科目	明细科目	千	百	十	万	千	百	十	元	角	分	
合　计													

附件　　张

会计主管：　　　　　出纳：　　　　　　审核：　　　　　　制单：

表 6-7　转账凭证

贷方科目　　　　　　　　　　年　月　日　　　　　　　　字第　　号

摘　要	会 计 科 目		借 方 金 额										贷 方 金 额										记账符号
	总账科目	明细科目	千	百	十	万	千	百	十	元	角	分	千	百	十	万	千	百	十	元	角	分	
合　计																							

附件　　张

会计主管：　　　　　出纳：　　　　　审核：　　　　　制单：

项目七　设置和登记会计账簿

知识目标

1. 明确会计账簿的种类
2. 了解会计账簿的设置规则
3. 熟悉不同会计账簿的账页格式
4. 掌握会计账簿的登记方法
5. 了解错账更正的方法

技能目标

1. 能熟练掌握现金日记账、银行存款日记账、总账和明细账的登记方法和记账要求
2. 能运用错账更正方法更正错账

课程思政目标

1. 坚持会计准则
2. 培养诚实守信的处事原则
3. 培养明礼守法的个人品德

案例导入

唐某、郑某是某国有企业经理与副经理,两人为掩盖公司"小金库"的开支内容,指使会计刘某、出纳沈某,四人共同将"小金库"的会计账簿用废纸粉碎机销毁。后经司法鉴定,被销毁的"小金库"会计账簿,涉及收入金额 35 万余元,支出金额 33 万余元,累计金额 69 万余元。

问题:

(1) 本案例中涉及了哪些违法事件?

(2) 销毁会计账簿面临哪些刑事处罚?

分析:

我国法律要求公司、企业设立规范的会计账目,并依法予以保存,其目的在于准确反映公司、企业的经营状况,以备随时查核,并依法接受监督。但是,本案例中"小金库"的设立隐匿了公司、企业的部分经营项目与资金往来,以此规避国家对其正常审核与监督,是一种违法行为。"小金库"会计账簿等资料与公司、企业其他应当依法保存的会计资料一样,记载了公司、企业特定时期的部分经营活动情况,都是应当依法保存的。销毁这些会计账簿就是销毁企业这部分经营活动情况的书面记载,从而规避有关部门对此依法进行的监督检查。

按照《中华人民共和国刑法》第二百零一条规定,纳税人采取欺骗、隐瞒手段进行虚假纳税申报或者不申报,逃避缴纳税款数额较大并且占应纳税额百分之十以上的,处三年以下有期徒刑或者拘役,并处罚金;数额巨大并且占应纳税额百分之三十以上的,处三年以上七年以下有期徒刑,并处罚金。

如何能够有效地设置和使用会计账簿来更好地规范企业的财务核算呢?我们首先需要认识会计账簿。

任务一　认识会计账簿

任务描述

掌握会计账簿的概念和种类,了解会计账簿的设置规则,掌握会计账簿的设置流程。

一、会计账簿的含义

会计账簿是指由一定格式账页组成的,以经过审核的会计凭证为依据,全面、系统、连续地记录各项经济业务的簿籍。各单位应当按照国家统一的会计制度的规定和会计业务的需要设置会计账簿。设置和登记账簿,既是填制和审核会计凭证的延伸,也是编制财务报表的基础,是连接会计凭证和财务报表的中间环节,在会计核算中具有重要意义。

填制会计凭证后之所以还要设置和登记账簿,是因为两者都用于记录经济业务,但具有不同作用。在会计核算中,对每一项经济业务都必须取得和填制会计凭证,因而会计凭证数量很多,又很分散,而且每张凭证只能记载个别经济业务的内容,所提供的资料是零星的,不能全面、连续、系统地反映和监督一个经济单位在一定时期内某一类和全部经济业务活动情况,且不便于日后查阅。因此,为便于向经济管理者提供系统的会计核算资料,各单位都必须在凭证的基础上设置和运用账簿登记的方法,把分散在会计凭证上的大量核算资料,加以集中和归类整理,生成有用的会计信息,从而为编制会计报表、进行会计分析以及审计提供主要依据。

二、会计账簿的种类

由于会计核算对象的复杂性和不同的会计信息使用者对会计信息需要的多重性,导致了反映会计信息的载体——账簿的多样化。不同的会计账簿可以提供不同的信息,满足不同的需要。为了更好地了解和使用会计账簿,需要对账簿进行分类。会计账簿按照不同的标准可以划分为不同的类别。

(一)会计账簿按其用途分类

会计账簿按其用途分类分为序时账簿、分类账簿和备查账簿。

1. 序时账簿

序时账簿又称日记账,是对经济业务按其发生和完成时间的先后顺序,逐日逐笔详细登记的会计账簿。序时账簿可以分为普通日记账和特种日记账两种。普通日记账要序时地记录全部的经济业务,其记账工作量比较庞大,因而在会计发展的早期使用得较多。目前,在实际工作中应用比较广泛的是特种日记账,特种日记账是为记录某一类经济业务专门设置的日记账。常用的特种日记账有现金日记账和银行存款日记账两种。

1) 普通日记账

普通日记账是用来序时地登记全部经济业务发生情况的日记账,即把全部经济业务的各项会计分录都按照时间顺序记录在账簿中,也称分录簿。普通日记账适用于规模较小、经济业务不多且又比较简单的企业。此种日记账逐日逐项反映全部经济业务的发生情况,记账工作繁重,不便于分工记账,因此不适合大规模的企业使用。其结构一般包括:日期栏、摘要栏、对应账户栏、过账备查栏和借贷方金额栏。这种账簿不结余额,普通日记账的基本格式如表 7-1 所示。

表 7-1　普通日记账

年		摘　要	对应账户	分类账页　数	借方金额	贷方金额
月	日					

2) 特种日记账

企业特种日记账是为记录某一类经济业务专门设置的日记账。目前,常用的特种日记账有库存现金日记账和银行存款日记账两种。

(1) 库存现金日记账的格式及登记方法。库存现金日记账是用来核算和监督现金日常收、付、结存情况的序时账簿,通过现金日记账可以全面、连续地了解和掌握企业单位每日现金的收支动态和库存余额,为日常分析、检查企业单位的现金收支活动提供资料。

库存现金日记账的格式一般采用三栏式,且必须使用订本账。三栏式现金日记账,通常设置收入、支出、结余或借方、贷方、余额三个主要栏目,用来登记现金的增减变动及其结果。三栏式现金日记账是由现金出纳员根据现金收款凭证、现金付款凭证以及银行存款的付款凭证(反映从银行提取现金业务),按照现金收、付款业务和银行存款付款业务发生时间的先后顺序逐日、逐笔登记。其一般格式如表 7-2 所示。

表 7-2　库存现金日记账　　　　　　　　　　　　　　　第　页

年		凭证字号		摘　要	对方科目	收　入	支　出	余　额
月	日	收款	付款					

库存现金日记账的登记方法要求如下。

① 将发生经济业务的日期记入"日期"栏,登记现金实际收付日期,应与所依据的记账凭证日期相一致。年度记入该栏的上端,月、日分两小栏登记。以后只有在年度、月份变动或填写新账页时,才填写年度和月份。

② 在"凭证字号"栏,登记据以记账的凭证种类和凭证编号。对于现金存入银行或从银行提现业务,只填制付款凭证,提现的凭证号数也用"银付×号"表示。

③ 在"摘要"栏内,简明地记录经济业务的内容,既要文字简练,又要说明清楚。

④ 在"对方科目"栏填上现金收入或付出的对应账户的名称,表明该项业务的来龙去脉。

⑤ "收入"栏根据现金收款凭证上应借账户金额登记;"支出"栏根据现金付款凭证上应贷账户金额登记。

⑥ "余额"栏根据"上日余额+本日收入−本日支出=本日余额"的计算公式计算出"本日余额"登记,并与库存现金核对相符。

(2) 银行存款日记账的格式及登记方法。银行存款日记账由出纳员根据银行存款的收款凭证、付款凭证以及现金的(将现金存入银行的)付款凭证序时登记。

银行存款收、付业务的结算方式有多种,为便于反映具体的结算方式以及相关的单位,需要在三栏式现金日记账的基础上,通过增设栏目设置银行存款日记账,即在银行存款日记账中增设采用的结算方式和对方单位名称等具体的栏目。三栏式银行存款日记账的具体格式如表7-3所示。

表 7-3 三栏式银行存款日记账   第 页

年		凭证号		摘 要	对方 科目	银行 结算凭证	收 入	支 出	余 额
月	日	收款	付款						

银行存款日记账的登记方法与现金日记账的登记方法基本相同,但有以下两点需要注意。

① 出纳员在办理银行存款收、付款业务时,应对收款凭证和付款凭证进行全面的审查复核,保证记账凭证与所附的原始凭证的内容一致,方可依据正确的记账凭证在银行存款日记账中记明:日期(收、付款凭证编制日期)、凭证种类(银收、银付或现收)、凭证号数(记账凭证的编号)、采用的结算方式(支票、本票或汇票等)、摘要(概括说明经济业务内容)、对应账户名称、金额(收入、支出或结余)等项内容。

② 银行存款日记账应按照经济业务发生时间的顺序逐笔分行记录,当日的业务当日记录,不得将记账凭证汇总登记,每日业务记录完毕应结出余额,做到日清月结,月末应分别结出本月借方、贷方发生额及期末余额和累计发生额,年末应结出全年累计发生额和年末余额,并办理结转下年手续,有关发生额和余额(包括日、月、年)计算出来之后,应在账页中的相应位置予以标明;银行存款日记账必须按行次、页次顺序登记,不得跳行、隔页,不得以任何借口随意更换账簿,记账过程中一旦发生错误应采用正确的方法进行

更正,会计期末,按规定结账。

常用的序时账簿的分类如图 7-1 所示。

序时账簿 { 普通日记账:登记全部经济业务
特种日记账 { 现金日记账
银行存款日记账 } 登记某一类经济业务 }

图 7-1 序时账簿的分类

2. 分类账簿

分类账簿是按照分类账户设置登记的账簿。分类账簿是指对全部经济业务按照总分类账户和明细分类账户进行分类登记的账簿。分类账簿按其反映经济业务详细程度的不同,又可以分为总分类账簿(按照总分类账户分类登记的账簿)和明细分类账簿(按照明细分类账户分类登记的账簿)。

1)总分类账簿

总分类账簿又称总账,是根据总分类账户而开设,用于总括反映某类经济活动的账簿。

总分类账簿的格式有三栏式(即借方、贷方、余额三个主要栏目)和多栏式两种,其中三栏式又分为不反映对应科目的三栏式和反映对应科目的三栏式。总分类账簿的登记依据和方法主要取决于所采用的会计核算组织程序。它可以直接根据记账凭证逐笔登记,也可以把记账凭证先汇总,编制成汇总记账凭证或科目汇总表,再根据汇总的记账凭证定期登记。三栏式(不反映对应科目)总账的格式如表 7-4 所示。

表 7-4 总账

会计科目:

年		凭 证		摘　要	借　方	贷　方	借或贷	余　额	核　对
月	日	种类	编号						

不管何种格式的总分类账,每月都应将本月已完成的经济业务全部登记入账,并于月末结出总账中各总分类账户的本期发生额和期末余额,与其他有关账簿核对相符之后,作为编制会计报表的主要依据。

2)明细分类账簿

明细分类账簿是根据二级会计科目或明细科目设置账户,并根据审核无误后的会计凭证登记某一类具体经济业务的账簿。各种明细分类账可根据实际需要,分别按照二级会计科目和明细科目开设账户,进行明细分类核算,以便提供资产、负债、所有者权益、收入、费用和利润等的详细信息,这些信息也是进一步加工成会计报表信息的依据。因此,各企业单位在设置总分类账的基础上,还应按照总账科目下设若干必要的明细分类账,作为总分类账的必要补充说明。这样既能根据总分类账了解该类经济业务的总括情况,又能根据明细分类账进一步了解该类经济业务的具体和详细情况。明细分类账一般采用活页式账簿,也可以采用卡片式账簿(如固定资产明细账)和订本式账簿等。

根据管理上的要求和各种明细分类账所记录经济业务的特点,明细分类账的格式主要有以下三种。

(1) 三栏式明细分类账。三栏式明细分类账的格式和三栏式总分类账的格式相同,即账页只设有借方金额栏、贷方金额栏和余额金额栏三个栏目。这种格式的明细账适用于只要求提供货币信息而不需要提供非货币信息(实物量指标等)的账户。一般适用于记载债权债务类经济业务,如应付账款、应收账款、其他应收款、其他应付款等内容。其账页格式与总账账页格式相同。

(2) 数量金额式明细账。数量金额式明细账要求在账页上对借方、贷方、余额栏下分别设置数量栏和金额栏,以便同时提供货币信息和实物量信息。这一类的明细账适用于既要进行金额核算又要进行实物量核算的财产物资类科目,如原材料、库存商品等科目的明细账。数量金额式明细账的格式如表 7-5 所示。

表 7-5　明细分类账簿名称

类　别：　　　　　　　　　　　　　　　　　　　　　　编　号：
品　名：　　　　　　　　　　　　　　　　　　　　　　存放地点：
储备定额：　　　　　　　　　　　　　　　　　　　　　计量单位：

年		凭　证		摘　要	借方(收入)			贷方(发出)			余额(结存)		
月	日	类别	编号		数量	单价	金额	数量	单价	金额	数量	单价	金额

(3) 多栏式明细分类账。多栏式明细分类账是根据经济业务的特点和经营管理的需要,在一张账页内按有关明细科目或项目分设若干专栏的账簿。按照登记经济业务内容的不同又分为"借方多栏式",如"物资采购明细账""生产成本明细账""制造费用明细账"等;"贷方多栏式",如"主营业务收入明细账"等;"借方、贷方多栏式",如"本年利润明细账""应交增值税明细账"等。此处仅列举借方多栏式明细账(生产成本)的格式,如表 7-6 所示。

表 7-6　生产成本明细账

产品名称：

年		凭证号数	摘要	借方发生额					贷方	余额
月	日			直接材料	直接工资	其他直接支出	制造费用	合计		

对于借方多栏式明细账,只在借方设多栏,平时在借方登记费用、成本的发生额,贷方登记月末将借方发生额一次转出的数额,如发生贷方发生额(无法在贷方登记),应该用红字在借方多栏中登记,同理贷方多栏式明细账也如此表示。

总分类账和明细分类账的平行登记

1. 总分类账和明细分类账的统驭和从属关系

总分类账户与明细分类账户两者所反映的经济业务内容相同,登记账簿的原始依据相同,但两者之间反映经济内容的详细程度不一样,作用也不相同。总分类账户和明细分类账户都是用以提供核算指标的,但从其提供指标之间的关系考虑,总分类账户对其所属的明细分类账户起着统驭和控制作用,可称为统驭账户;明细分类账户对其所属的总分类账户起着补充和说明的作用,可称为从属账户。

2. 总分类账和明细分类账的平行登记要点

平行登记是指记入总分类账户和明细分类账户的资料,都以会计凭证为依据,而且根据会计凭证汇总分类账户和明细分类账户中记录经济业务,必须独立、互不依赖地进行。通过平行登记并相互核对,才能保证总分类账户的记录和明细分类账户的记录形成统驭和被统驭的关系,才能及时检查错误和更正错误。平行登记的要点如下。

(1)登记的会计期间一致。对于每项经济业务,一方面要在有关总分类账户中进行总括登记;另一方面要在同一会计期间在有关明细账户中进行明细登记。

(2)登记的方向相同。如果在总分类账户中登记借方,在所属明细分类账中也应登记借方;如果在总分类账户中登记贷方,在所属明细分类账中也应登记贷方。

(3)登记的金额相等。记入总分类账户中的金额必须与记入各个有关明细分类账的金额之和相等。平行登记的结果应显示:总分类账户期初余额必须等于所属明细分类账户的期初余额之和;总分类账户本期借方发生额必须等于所属明细分类账户的借方发生额之和;总分类账户本期贷方发生额必须等于所属明细分类账户的贷方发生额之和;总分类账户期末余额必须等于所属明细分类账户的期末余额之和。

分类账簿包括总分类账簿与明细分类账簿两部分,其作用与关系如图 7-2 所示。

分类账簿 { 总分类账簿(总账):控制和统驭
          明细分类账簿(明细账):补充和具体化

图 7-2 分类账簿的组成

3. 备查账簿

备查账簿也称辅助账簿,是指对某些在序时账和分类账中未能记载或记载不全的事项进行补充登记的账簿,也被称为补充登记簿。备查账簿只是对其他账簿记录的一种补充,与其他账簿之间不存在严密的依存和钩稽关系。例如,为反映所有权不属于企业,由企业租入的固定资产而开设的"租入固定资产备查簿",反映票据内容的"应付(收)票据备查簿"等。备查账簿只是其他账簿的一种补充,与其他账簿之间不存在严密的依存和钩稽关系。

(二)会计账簿按其外表分类

会计账簿按其外表分类可以分为订本式账簿、活页式账簿和卡片式账簿三类。

（1）订本式账簿是在启用之前就已把顺序编号的账页装订成册的账簿。这种账簿能够防止账页散失和被非法抽换，但账页固定后，不便于分工和计算机记账。对于那些比较重要的内容一般采用订本式账簿，实际工作中，适用于"总分类账""现金日记账"和"银行存款日记账"。

（2）活页式账簿是在启用时账页不固定装订成册而将零散的账页放置在活页夹内，随时可以取放的账簿。活页账的优点是可以根据需要增添或重新排列账页，并可以组织分工记账，缺点是账页容易丢失和被抽换。采用活页账时，平时应按账页顺序编号，并在期末装订成册。一般"明细分类账"可根据需要采用活页式账簿。

（3）卡片式账簿是由许多具有一定格式的硬制卡片组成，存放在卡片箱内，根据需要随时取放的账簿。卡片账具有一般活页账的优缺点外，它不需每年更换，可以跨年度使用。卡片账主要用于不经常变动的内容的登记，如"固定资产明细账"等。

企业在设置账簿体系时，应将那些比较重要、容易丢失的项目采用订本式账簿，对那些次要的或不容易丢失的项目可以采用活页式或卡片式账簿。为便于理解，会计账簿的分类如图 7-3 所示。

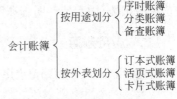

图 7-3　会计账簿的分类

三、会计账簿的设置规则

各单位的账簿设置，要在符合国家统一会计制度规定的前提下，根据本单位经济业务特点和管理的需要，遵照以下原则进行。

（一）科学性

会计账簿组织要科学，既要避免重复设账，又要避免设账过简；账簿之间既要有明确分工，又要有有机联系，应注意各种账簿之间的分工和相互联系，使有关账簿之间保持统驭关系或平等制约关系。只有这样，才能全面、系统、正确、及时地提供会计信息，满足日常管理和经营决策的需要，防止重复记账或漏记，防止可能发生的漏洞。

（二）实用性

会计账簿的设置要从企业、单位实际出发，根据规模、业务量大小、管理水平高低和会计人员的配备等多方面因素综合考虑，力求简明实用，既要防止过于烦琐，又要避免过于简单。

（三）合法性

各单位必须依据会计有关法规设置会计账簿，我国《会计法》对依法设账也做出了明确规定。当前有些单位存在的不设账、账外设账、私设小金库、造假账等现象，既损害了国家和社会公众的利益，又干扰了正常的经济秩序。

（四）简便性

账簿的格式要简要明了，账册不要过多，账页不要过大，要便于账簿日常使用，不要为了简便而以单代账、以表代账。

四、会计账簿的设置流程

（一）购买账簿

根据企业实际经济业务的特点和管理需要，可适当选择购买如下账簿：总分类账、库存现金日记账、银行存款日记账、三栏式明细分类账、数量金额式账簿、多栏式账簿、应交增值税明细账、固定资产明细账等。

（二）启用账簿

启用账簿时，要填写账簿启用表。每本账簿的扉页均附有"账簿启用表"，如表 7-7 所示。

表 7-7　账簿启用表

账簿启用表									
单位名称								粘贴印花处	
账簿编号		字　第　号第　册共　册							
账簿页数		本账簿共计　页　号						单位公章	
启用日期		年　月　日							
经管人员		接　管			移　交			会计负责人	
姓名	盖章	年	月	日	年	月	日	姓名	盖章	备注

启用账簿时，应填写表内有关内容，并在单位名称处加盖公章，经管人员姓名后加盖私章。当账簿的经管人员变动时，应办理交接手续，填写该表中的账簿交接内容，并由交接双方及会计负责人签名盖章。

（三）购买并粘贴印花税票

根据相关税务规定，企业会计账簿中的资金账簿，即记录企业实收资本和资本公积增减变化的账簿，按以下方法贴花：企业初次设置账簿时，按照实收资本和资本公积金额的 0.05％贴花；次年度实收资本与资本公积未增加的不再计算贴花，实收资本与资本公积增加的，就其增加部分按 0.05％税率补贴印花，其他会计账簿每本应粘贴 5 元面值的印花税票。

印花税票粘贴在账簿扉页的右上角"印花粘贴处"框内,在每枚税票的骑缝处盖戳注销或者画销。若企业使用缴款书代替贴花或按期汇总缴纳印花税,应在账簿扉页的"印花粘贴处"框内注明"印花税已缴"以及缴款金额。

(四)设置账户

1. 设置总分类账账户

总账中的账户是按总账科目(一级科目)开设的。总分类账可以全面、系统、综合地反映企业所有的经济业务活动情况和财务收支情况,为编制会计报表提供所需资料,每个企业都必须设置总分类账。

总分类账是订本式账簿,只要是本单位会计核算可能涉及的账户,无论期初是否有余额,均需在总账中设置出相应账户,在相应账页的"会计科目及编号"栏处填写指定登记账户的名称及编码,并根据实际需要预留账页。同时为便于查找,一般应按会计科目表中的编码顺序排列。

2. 设置日记账账户

日记账是订本式账簿,包括库存现金日记账与银行存款日记账。因外币现金和外币银行存款需采用包含原币信息的复币账页,本位币与外币现金、银行存款应分别开设账簿。

库存现金日记账按现金的币种分别开设账户,银行存款日记账应按单位在银行开立的账户分别开设账户,每个账户要预留账页。

3. 设置明细分类账账户

明细分类账反映某一类经济业务的明细核算资料,对总分类账起补充说明作用,它提供的资料也是编制会计报表的依据。

明细分类账一般采用活页式账簿,有三栏式、数量金额式及多栏式三种账页格式。活页账启用后可以随时增减账页,因此可以先在相应格式的账簿中设置有期初余额及确定本期将有发生额的明细账户,其他账户可暂时不设,待实际发生相关经济业务时再行设置。库存现金、银行存款由于已设置了日记账,不必再设明细账,日记账实质上也是一种明细分类账。

(五)登记期初余额

有期初余额的账户,在该账户账页(包括总账账页与明细分类账账页)的第一行日期栏中填入期初的日期,在摘要栏填入"期初余额"(年初更换新账簿时填入"上年结转"),在借贷方向栏内表明金额的方向,在余额栏内填入账户的期初余额,数量金额式明细账户还需同时填写期初结存的数量。没有期初余额的账户,不需做任何标识。

(六)填写账户目录或粘贴账户标签

由于订本式账簿的账页中都预先印有连续编号,为方便查找,可在所有总账账户及日记账账户设置完后,分别在账簿启用页后的"账户目录表"中填入各账户的科目编号、名称及起始页码,如表7-8所示。

183

表 7-8　账户目录表

目　录								
编号	科目	起讫页数	编号	科目	起讫页数	编号	科目	起讫页数

由于活页账簿中账页数量和位置的可变性,明细分类账簿的"账户目录表"一般在年度末整理账簿并编写了所有账页的总页码后才能填写。为便于在日常登记账簿中查找,启用后可在每个账户首页加贴口取纸标签,不同账户的标签相互错开排列。

任务二　启用和登记会计账簿

任务描述

了解账簿的启用规则,掌握会计账簿的登记原则,熟悉对账的内容,掌握结账的方法和程序。

一、会计账簿的启用规则

(一)启用新账簿

在启用新账簿时,应在账簿的有关位置记录相关信息。

(1) 设置账簿的封面与封底。除订本式账簿不另设封面以外,其他会计账簿都应设置封面和封底,并登记单位名称、账簿名称和所属会计年度。

(2) 在启用新会计账簿时,应首先填写在扉页上印制的"账簿启用及交接表"中的启用说明,其中包括单位名称、账簿名称、账簿编号、起止日期、单位负责人、主管会计、审核人员和记账人员等项目,并加盖单位公章。在会计人员工作发生变更时,应办理交接手续并填写"账簿启用及交接表"中的有关交接栏目。

(3) 填写账户目录,总账应按照会计科目顺序填写科目名称及启用页号。在启用活页式明细分类账时,应按照所属会计科目填写科目名称和页码,在年度结账后,撤去空白账页,填写使用页码。

(4) 粘贴印花税票,应粘贴在账簿的右上角,并且划线注销;在使用缴款书缴纳印花税时,应在右上角注明"印花税已缴"及缴款金额。

(二)账簿基本内容

账簿的种类、形式和格式多种多样,但一般应具备下列基本内容。

1. 封面

每本账簿都应在它的封面上标明账簿名称,如总账、原材料明细账、库存商品明细账、现金日记账等。

2. 扉页

为了保证账簿记录的合理性,明确经济责任,应在账簿的扉页(首页)设置"账簿启用表",在表内载明单位名称、账簿启用日期、账簿册数、账簿页数(如为活页式账簿应在装订成册后记明页数)、会计主管和经管人员姓名和印鉴、账户目录等。如果经管账簿的会计人员离职或工作调动,需要调换记账人员时,应办理交接监交手续,在"经管账簿人员一览表"上注明交接日期和接办人员姓名,并由接办人员签章。

3. 账页

账页是构成账簿的主要组成部分,用来具体记录经济业务,其格式因记录的经济业务内容不同而有所不同,但一般都包括以下六方面的内容。

(1)账户名称(或会计科目)。

(2)登账日期栏。

(3)凭证种类和号数栏。

(4)摘要栏。

(5)金额栏(借方贷方的金额和余额)。

(6)账页号数(总页次和分户页次)。

(三)账簿的更换与保管

1. 账簿的更换

为了保证账簿资料的连续性,在年度内订本式账簿记满时,应将旧账的借贷方发生额和余额转入新账有关栏次,在旧账摘要栏内注明"转入××账簿第×册",同时在新账的第一页第一行内注明"从××账簿第×册转来",便于日后查考。

在年终办理决算后,总分类账、日记账和大部分明细分类账均应更换账簿。只有变动较小的一小部分明细账,如固定资产明细卡片可继续使用,不必办理新年更换账簿手续,各种账簿在年度终了结账时,应在旧账账户最后一行数额下面注明"结转下年",在新账有关账户第一行摘要栏内注明"上年结转"字样,并在余额栏登记上年结转的余额,新旧账有关账户之间的转记余额,无须编制记账凭证,但应核对相符。

2. 账簿的保管

会计账簿是重要的会计资料,并且其中一些是需要保密的,因此,必须建立严格的账簿保管制度,妥善保管会计账簿。对会计账簿的管理包括以下六方面的内容。

(1)各种会计账簿要分工明确,指定专人管理,账簿经管人员既要负责记账、对账、结账等工作,又要负责保管会计账簿,使其安全、完整。

(2)会计账簿未经领导和会计机构负责人或者有关人员批准,非经管人员不得随意翻阅查看、摘抄、复制等。

(3)会计账簿除需要与外单位核对时,一般不得携带外出,对需要携带外出的账簿,通常由经管人员负责或会计主管人员指定专人负责。

（4）会计账簿不得随意交给其他人员管理，以保证账簿的安全，防止任意涂改、毁坏账簿等行为的发生。

（5）会计账簿的保管期限规定如下。

① 总账（包括日记总账）：30年。

② 明细账：30年。

③ 日记账：30年。

④ 固定资产卡片：固定资产报废清理后5年。

⑤ 辅助账簿（备查账）：30年。

（6）会计账簿保管期满，可以按照下列程序销毁。

① 由本单位档案机构会同会计机构提出销毁意见，编制账簿档案销毁清册，列明销毁档案的名称、卷号、册数、起止年度和档案编号、应保管期限、已保管期限、销毁时间等内容。

② 单位负责人在会计账簿销毁清册上签署意见。

③ 销毁会计账簿时，应当由档案机构和会计机构共同派员监销。国家机关销毁会计账簿时，应当由同级财政部门、审计部门派员参加监销。财政部门销毁会计账簿时应当由同级审计部门派员参加监销。

④ 监销人员在销毁会计账簿前应当按照会计账簿销毁清册所列内容清点核对所销毁的会计账簿；销毁后，应当在会计账簿销毁册上签名盖章，并将监销情况报告本单位负责人。

二、会计账簿的登记规则

依据《会计基础工作规范》第六十条规定，会计人员应当根据审核无误的会计凭证登记会计账簿。登记账簿的基本要求如下。

（1）准确完整。登记会计账簿时，应当将会计凭证日期、编号、业务内容摘要、金额和其他有关资料逐项记入账内，做到数字准确、摘要清楚、登记及时、字迹工整。每一项会计事项一方面要记入有关的总账；另一方面要记入该总账所属的明细账。账簿记录中的日期应该填写记账凭证上的日期；以自制的原始凭证，如收料单、领料单等，作为记账依据的，账簿记录中的日期应按有关自制凭证上的日期填列。

（2）注明记账符号。登记完毕后，要在记账凭证上签名或者盖章，并注明已经登账的符号，表示已经记账。在记账凭证上设有专门的栏目供注明记账的符号，以免发生重记或漏记。

（3）文字和数字必须整洁清晰，准确无误。在登记书写时，不要滥造简化字，不得使用同音异义字，不得写怪异字体；摘要文字紧靠左线；数字要写在金额栏内，不得越格错位、参差不齐；文字、数字字体大小适中，紧靠下线书写，上面要留有适当空距，一般应占格宽的1/2，以备按规定的方法改错。记录金额时，如为没有角分的整数，应分别在角分栏内写上"0"，不得省略不写，或以"—"号代替。阿拉伯数字一般可自左向右适当倾斜，以使账簿记录整齐、清晰。为防止字迹模糊，墨迹未干时不要翻动账页；夏天记账时，可在手臂下垫一块软质布或纸板等书写，以防汗浸。

（4）正常记账使用蓝黑墨水。登记账簿要用蓝黑墨水或者碳素墨水书写，不得使用圆珠笔（银行的复写账簿除外）或者铅笔书写。在会计的记账书写中，数字的颜色是重要的语素之一,它同数字和文字一起传达出会计信息。例如,同数字和文字错误会表达错误的信息,书写墨水的颜色用错了,其导致的概念混乱不亚于数字和文字错误。

(5)特殊记账使用红色墨水。

下列情况可以用红色墨水记账:①按照红字冲账的记账凭证,冲销错误记录;②在不设借贷等栏的多栏式账页中,登记减少数;③在三栏式账户的余额栏前,如未印明余额方向的,在余额栏内登记负数余额;④根据国家统一会计制度的规定可以用红字登记的其他会计记录。

在这几种情况下使用红色墨水记账是会计工作中的惯例。如应交税费——应交增值税的红色墨水使用方法:在"进项税额"专栏中用红字登记退回所购货物应冲销的进项税额;在"已交税金"专栏中用红字登记退回多交的增值税税额;在"销项税额"专栏中用红字登记退回销售货物应冲销的销项税额;在"出口退税"专栏中用红字登记出口货物办理退税后发生退货或者退关而补交已退的税款。

(6)顺序连续登记。各种账簿按页次顺序连续登记,不得跳行、隔页。如果发生跳行、隔页,更不得随便更换账页和撤出账页,作废的账页也要留在账簿中,如果发生跳行、隔页,应当将空行、空页划线注销,或者注明"此行空白""此页空白"字样,并由记账人员签名或者盖章,以预防在账簿登记中可能出现的漏洞。

(7)结出余额。凡需要结出余额的账户,结出余额后,应当在"借或贷"等栏内写明"借"或者"贷"等字样。没有余额的账户,应当在"借或贷"等栏内写"平"字,并在余额栏内用"⊖"表示。现金日记账和银行存款日记账必须逐日结出余额。一般来说,对于没有余额的账户,在余额栏内标注的"⊖"应当放在"元"位。

(8)过次承前。每一账页登记完毕结转下页时,应当结出本页合计数及余额,写在本页最后一行和下页第一行有关栏内,并在摘要栏内注明"过次页"和"承前页"字样,也可以将本页合计数及金额只写在下页第一行有关栏内,并在摘要栏内注明"承前页"字样。"过次页"和"承前页"的方法总计有两种:一种是在本页最后一行内结出发生额合计数及余额,然后过次页并在次页第一行承前页;另一种是只在次页第一行承前页写出发生额合计数及余额,不在上页最后一行结出发生额合计数及余额后过次页。

(9)登记发生错误时,必须按规定方法更正,严禁刮、擦、挖、补,或使用化学药物清除字迹。发现差错必须根据差错的具体情况采用划线更正、红字更正、补充登记等方法进行错账更正。

(10)定期打印。实行会计电算化单位,用计算机打印的会计账簿必须连续编号,经审核无误后装订成册,并由记账人员和会计机构负责人、会计主管人员签字或者盖章。

三、对账与结账

(一)对账

在会计工作中由于人为原因或自然原因难免会发生记账差错或账实不符情况。如因登记时金额抄错、方向写错、多记、少记、重记、漏记导致账簿发生额和余额不符,因保管不善使财产物资损失导致实存与账簿记录不符等。为了保证账簿记录的正确无误,如实反映企业的经济活动情况,有必要对账簿记录进行核对。之所以可以采取对账的方法来检查账簿记录是否正确,要归功于复式记账原理,归功于会计核算方法,使得账簿数字之间存在很多平衡关系,对账工作正是利用这些平衡关系进行的。

1. 对账的意义

对账是指通过核对账簿记录,检查账簿记录是否正确的一项工作。各企业应当定期将账簿记录与库存实物、货币资金、往来单位或者个人等进行核对,保证账证相符、账账相符和账实相符。

2. 对账的内容

对账工作的主要内容包括账证核对、账账核对和账实核对。

1) 账证核对

账证核对是指将会计账簿记录与记账凭证及其所附原始凭证进行核对,核对时间、凭证字号、内容、金额等是否一致,记账方向是否相符。这种核对主要是在日常编制凭证和记账过程中通过复核来进行的。会计期末结账之前如发现账证不符时,还需要再次进行账证核对,确保账证相符。

2) 账账核对

账账核对是指各种会计账簿之间的有关数字的核对,主要内容如下。

(1) 总分类账户中全部账户的本期借方发生额合计数与贷方发生额合计数核对相符,全部账户的期末借方余额合计与期末贷方余额合计核对相符。

(2) 库存现金和银行存款总账的期末余额分别与库存现金和银行存款日记账的期末余额核对相符。

(3) 总分类账户的期末余额与所属的各明细分类账的期末余额之和核对相符。

(4) 会计部门的各种财产物资明细分类账的期末余额与财产物资保管和使用部门的有关财产物资明细分类账的期末余额核对相符。

3) 账实核对

账实核对是指各种财产物资的账面余额与其实存数额进行核对。主要内容如下。

(1) 库存现金日记账账面余额与库存现金实际库存数相核对。

(2) 银行存款日记账账面余额定期与银行对账单相互核对。

(3) 各种财产物资明细账账面余额与财产物资实存数额相互核对。

(4) 各种应收、应付款明细账账面余额与有关债务、债权单位或者个人核对。

(二) 结账

每个单位的经济活动是连续不断进行的,为了总结每个时期的经济活动情况,考核经营成果,编制会计报表,需要在会计期末(如月末、季末、半年末、年末)进行结账。

1. 结账的意义

结账是指在将本期所发生的经济业务全部登记入账的基础上,结算出各账户的本期发生额合计和期末余额,并将其余额结转下期或转入新账。

通过结账,可以结束本期记账工作,提供完整的会计账簿,因此结账前必须完成各科目的摊提结转工作,本期编制的记账凭证必须保证全部已登账。不能为赶编会计报表提前结账,也不能先编报表后结账。

2. 结账的程序

(1) 将本期发生的经济业务事项全部登记入账。

(2) 根据权责发生制的要求,调整有关账项,合理确定本期应计的收入和应计的费用。

(3) 将损益类科目转入"本年利润"科目,结平所有损益类科目。

(4) 结算出资产、负债和所有者权益的本期发生额与余额,并结转下期。

3. 结账的方法

计算登记各种账簿本期发生额和期末余额的工作,一般按月进行,称为月结;有的账目还应按季结算,称为季结;年度终了,还应进行年终结账,称为年结。期末结账主要采用划线结账法,即期末结出各账户的本期发生额和期末余额后,加以划线标记,将期末余额结转下期。结账时,不同的账户记录应分别采用不同的方法。

1) 月结

月度结账,应在各账户本月末最后一笔业务发生额下面划一通栏红线,在红线下行结算出本月发生额合计数和月末余额,并在摘要栏内注明"某月发生额及余额"或"本月合计"字样,然后在合计数下面再划一条通栏红线。

对于需要结出本年累计发生额的账簿,应在"本月合计"行下结出自年初起至本月末止的累计发生额。在摘要栏内注明"本年累计发生额"或"本年累计"字样,并在下面划一条通栏红线,12月末的"本年累计"就是全年累计发生额,全年累计发生额下划通栏双红线。

对不需要按月结计本期发生额的账户,如各项应收应付款明细账和各项财产物资明细账等,每次记账以后,都要随时结出余额,每月最后一笔余额即为月末余额,也就是说,月末余额就是本月最后一笔经济业务记录的同一行内的余额。月末结账时,只需要在最后一笔经济业务记录之下通栏划单红线,不需要再结计一次余额。划线的目的是突出有关数字,表示本期的会计记录已经截止或者结束,并将本期与下期的记录明显分开。

2) 季结

季末,结算出本季度三个月的发生额合计数,写在本季最后一个月的月结数的下一行内,在摘要栏内注明"本季合计"字样,并在季结下面划一条通栏红线。

3) 年结

年度结账,应在12月月结数下面(有季结的,应在第4季度的季结数下面)划一条通栏红线,在红线下一行结算出全年12个月的发生额合计数和年末余额,并在摘要栏内注明"本年累计"字样,然后在合计数下面划通栏双红线,表示封账。

年度终了结账时,有余额的账户,要将其余额结转下年。结转的方法是,将有余额的账户的余额直接记入新账余额栏内,旧账有余额的账户摘要写"结转下年",新账摘要写"上年结转"。不需要编制记账凭证,也不必将余额再记入本年账户的借方或者贷方,使本年有余额的账户的余额变为零。因为,既然年末是有余额的账户,其余额应当如实地在账户中加以反映,否则,容易混淆有余额的账户和没有余额的账户。对于新的会计年度建账问题,一般来说,总账、日记账和多数明细账应每年更换一次。但有些财产物资明细账和债权、债务明细账,由于材料品种、规格和往来单位较多,更换新账,重抄一遍工作量较大,因此,可以跨年度使用,不必每年度更换一次。

值得注意的是,总账账户平时只需要结出月末余额。年终结账时,为了总括反映本年全年的财务状况和经营成果的全貌,核对账目,要将所有总账账户结出全年发生额和年末余额,在摘要栏内注明"本年累计"字样,并在合计数下通栏划红双线。

任务三　查找与更正错账

任务描述

了解错账的查找方法,掌握错账的更正方法。

一、错账的查找方法

查找错账的方法有以下两种。

(一) 基本法

基本法包括正查法和反查法。正查法也称顺查法,是按照账务处理的顺序,从原始凭证、账簿、编制会计报表全过程进行查找的一种方法。可以发现重记、漏记、错记科目、错记金额等问题。反查法也称逆查法,这种方法与正查法相反,是按照账务处理的程序,从会计报表、账簿、原始凭证的过程进行查找的一种方法。

(二) 技术法

(1) 差额法。差额法是根据错账差额查找漏记账目的方法,即查找账簿中的全部金额有无与错账的差额相同的数字,检查其是否漏记或重记。

(2) 除 2 法。除 2 法是用正确与错误金额之差除以 2 后得出的商来判明、查找错账的一种方法,用于查找记错方向而产生的记账错误。如果某一数字记反了方向,就会使一方发生额增大,另一方发生额减少,差错数一定是记反方向数字的两倍,所以将其差错数除以 2 之后,如能整除,其商数即可能是记反方向的数字,再据此数字进行查找具体的记反方向的错账。

(3) 除 9 法。除 9 法是用正确与错误金额之差除以 9 后得出的商来判断、查找错账的一种方法。它是用来查找数字错位(如 100 记为 1 000 或 1 000 记为 100 等)或位数颠倒(如 58 记为 85 或 85 记为 58 等)而产生的记账错误。

二、错账的更正方法

(一) 划线更正法

在结账以前,如果发现账簿记录有错误,而记账凭证没有错误,仅属于记账时文字或数字上的笔误,应采用划线更正法。更正的方法是:先将错误的文字或数字用一条红色横线划去,表示注销;再在划线的上方用蓝色字迹写上正确的文字或数字,并在划线处加盖更正人图章,以明确责任。但要注意划掉错误数字时,应将整笔数字划掉,不能只划掉其中一个或几个写错的数字,并保持被划去的字迹仍可清晰辨认。

【例7-1】 记账凭证中金额为 4 300 元,记账会计张蓝在账簿中误记为 430 元,其更正方法如表7-9所示。

表7-9 划线更正法

千	百	十	万	千	百	十	元	角	分
				4	3	0	0	0	0
						张蓝			
					4	3	0	0	0

(二)红字更正法

红字更正法是指由于记账凭证错误而使账簿记录发生错误,而用红字冲销原记账凭证,以更正账簿记录的一种方法。红字更正法适用于以下两种情况。

(1)记账以后,如果发现账簿记录的错误,是因记账凭证中的应借、应贷会计科目或记账方向有错误而引起的,应用红字更正法进行更正。更正的步骤是:先用红字金额填写一张会计科目与原错误记账凭证完全相同的记账凭证,在"摘要"栏中写明"冲销错账"以及错误凭证的号数和日期,并据以用红字登记入账,以冲销原来错误的账簿记录;然后,再用蓝字或黑字填写一张正确的记账凭证,在"摘要"栏中写明"更正错账"以及冲账凭证的号数和日期,并据以用蓝字或黑字登记入账。

【例7-2】 A公司购入行政管理部门用办公用品 2 700 元,货款用银行存款支付。在填制记账凭证时,贷方科目误记入"库存现金",并已据以登记入账,其错误记账凭证所反映的会计分录如下。

借:管理费用   2 700
  贷:库存现金   2 700

该项业务的会计分录应贷记"银行存款"科目。在更正时,应用红字金额填制一张记账凭证冲销原会计分录,并据以登记入账,冲销原错误的账簿记录。更正方法如下。

借:管理费用   [2 700]
  贷:库存现金   [2 700]

然后再用蓝字或黑字填制一张正确的记账凭证,并据以登记入账。

借:管理费用   2 700
  贷:银行存款   2 700

(2)记账以后,如果发现记账凭证和账簿记录的金额有错误(所记金额大于应记的正确金额),而应借、应贷的会计科目没有错误,应用红字更正法进行更正。更正的步骤是:将多记的金额用红字填制一张记账凭证,而应借、应贷会计科目与原错误记账凭证相同,在"摘要"栏写明"冲销多记金额"以及原错误记账凭证的号数和日期,并据以登记入账,

191

以冲销多记的金额。

【例7-3】 B企业的生产车间为生产产品领用原材料,价值900元。在填制记账凭证时,误记金额为9 000元,但会计科目、借贷方向均没有错误,并已据以登记入账。其错误记账凭证所反映的会计分录如下。

借:生产成本   9 000
 贷:原材料   9 000

更正时,应将多记的金额8 100元用红字编制如下的记账凭证,并登记入账。

借:生产成本   8 100
 贷:原材料   8 100

(三)补充登记法

记账以后,如果发现记账凭证和账簿记录的金额有错误(所记金额小于应记的正确金额),而应借、应贷的会计科目没有错误,应用补充登记法进行更正。更正的方法是:将少记的金额用蓝字或黑字填制一张应借、应贷会计科目与原错误记账凭证相同的记账凭证,在"摘要"栏中写明"补充第×号凭证少记金额"以及原错误记账凭证的号数和日期,并据以登记入账,以补充登记少记金额。

【例7-4】 C企业的管理部门领用一般消耗用材料,价值6 200元。在填制记账凭证时,误记金额为620元,但会计科目、借贷方向均没有错误,并已据以登记入账。其错误记账凭证所反映的会计分录如下。

借:管理费用   620
 贷:原材料   620

更正时,应将少计的金额5 580元用蓝字编制如下的会计凭证,并登记入账。

借:管理费用   5 580
 贷:原材料   5 580

【项目训练】

一、单项选择题

1.下列关于总账和明细账的表述中,正确的是( )。

 A.明细账根据明细分类科目设置

 B.总账的余额不一定等于其所属明细账的余额的合计数

 C.所有资产类总账的余额合计数应等于所有负债总账的余额合计数

 D.现金日记账实质上就是现金的总账

2.会计账簿暂由本单位财务会计部门保管( )年,期满之后,由财务会计部门编造清册移交本单位的档案部门保管。

 A.1   B.3   C.5   D.10

3. 下列账簿中,不需要每年进行更换的账簿是( )。

    A. 现金日记账　　　　　　　　　　B. 银行存款日记账

    C. 总账　　　　　　　　　　　　　D. 固定资产明细账

4. 下列各种方法中,( )适用于记账后发现账簿错误是由于记账凭证中会计科目运用错误引起的情况。

    A. 划线更正法　　　B. 红字更正法　　　C. 补充登记法　　　D. 平行登记法

5. ( )就是核对账目,是指对账簿记录所进行的核对工作。

    A. 对账　　　　　　B. 结账　　　　　　C. 错账更正　　　D. 试算平衡

6. 银行存款日记账与银行对账单之间的核对属于( )。

    A. 账证核对　　　　B. 账账核对　　　　C. 账实核对　　　D. 余额核对

7. 三栏式银行存款日记账属于( )。

    A. 序时账　　　　　B. 明细账　　　　　C. 总分类账　　　D. 备查账

8. 对账就是核对账目,其主要内容包括( )。

    A. 账实核对、账表核对、账账核对　　　　B. 账账核对、账证核对、账表核对

    C. 账账核对、账证核对、表表核对　　　　D. 账证核对、账账核对、账实核对

9. 下列账簿形式中,( )适用于原材料、库存商品等存货类明细账。

    A. 三栏式　　　　　B. 多栏式　　　　　C. 数量金额式　　D. 横线登记式

10. 不能作为明细分类账的记账依据的是( )。

    A. 原始凭证　　　　　　　　　　　B. 原始凭证汇总表

    C. 科目汇总表　　　　　　　　　　D. 记账凭证

二、多项选择题

1. 下列属于错账产生的原因的有( )。

    A. 重记　　　　　　B. 漏记　　　　　　C. 数字颠倒　　　D. 数字记错

2. 账簿与账户的关系是( )。

    A. 账户存在于账簿之中,账簿中的每一账页就是账户的存在形式和载体

    B. 没有账簿,账户就无法存在

    C. 账簿序时、分类地记载经济业务,是在个别账户中完成的

    D. 账簿只是一个外在形式,账户才是其真实内容

3. 下列关于会计账簿与账户关系的说法中,正确的有( )。

    A. 账户存在于账簿之中,账簿中的每一账页就是账户的存在形式和载体

    B. 没有账簿,账户就无法存在

    C. 账簿只是一个外在形式,账户才是其真实内容

    D. 账簿与账户的关系是形式和内容的关系

4. 关于会计账簿的更换,正确的说法有( )。

    A. 会计账簿的更换通常在新会计年度建账时进行

    B. 总账、日记账和多数明细账应每年更换一次

    C. 变动较小的明细账可以连续使用

    D. 各种备查账簿可以连续使用

193

5. 下列各项中，( )属于错账更正方法。

    A. 划线更正法　　　B. 红字更正法　　　C. 补充登记法　　　D. 平行登记法

6. 下列各项中，( )属于平行登记要点。

    A. 同一期间

    B. 同向

    C. 同时登记

    D. 计入总分类账的金额与计入明细账的合计金额相等

7. 常见的特种日记账主要是指( )。

    A. 现金日记账　　　　　　　　　B. 银行存款日记账

    C. 收入日记账　　　　　　　　　D. 固定资产日记账

8. 银行存款日记账通常是由出纳人员根据审核后的( )逐日逐笔按照先后顺序进行登记。

    A. 银行存款收款凭证　　　　　　B. 银行存款付款凭证

    C. 现金收款凭证登记　　　　　　D. 现金付款凭证登记

9. 登记会计账簿时，下列说法正确的有( )。

    A. 要使用蓝黑墨水钢笔书写

    B. 月末结账划线可用红色墨水笔

    C. 在某些特定条件下可使用铅笔

    D. 在规定范围内可以使用红色墨水

10. 下列关于会计账簿启用的说法中，正确的有( )。

    A. 启用会计账簿时，应在账簿封面上写明单位名称和账簿名称

    B. 启用会计账簿时，应在账簿扉页上附启用表

    C. 启用订本式账簿时应当从第一页到最后一页顺序编定页数，不得跳页、缺号

    D. 在年度开始启用新账簿时，应把上年度的年末余额记入新账的第一行

三、判断题

1. 错账查找方法中的逆查法属于局部抽查方法。　　　　　　　　　　　( )

2. 账簿只是一个外在形式，账户才是其真实内容。账簿与账户的关系，是形式和内容的关系。　　　　　　　　　　　　　　　　　　　　　　　　　　( )

3. 总分类账和明细分类账平行登记要求做到方向相同、期间一致、金额相等。

                                                    ( )

4. 各种账簿必须按照国家统一规定的保存年限妥善保管，保管期满后可以销毁。

                                                    ( )

5. 所有的账簿每年都要更换新账。　　　　　　　　　　　　　　　　( )

6. 费用明细账一般均采用三栏式账簿。　　　　　　　　　　　　　　( )

7. 明细账一般是逐笔登记，也可以定期汇总登记。　　　　　　　　　( )

8. 在登记各种账簿时，可以根据需要隔页、跳行。　　　　　　　　　( )

9. 启用订本式账簿时应当从第一页到最后一页顺序编定页数，可以跳页，不得缺号。

                                                    ( )

10.有些企业可以不设置总分类账。 （　　）

四、实务题

练习一

1.目的：练习总分类账与明细分类账的平行登记。

2.资料：本月发生下列经济业务。

(1)用银行存款支付行政管理部门的办公费300元。

(2)经批准，将盘盈材料450元冲减管理费用。

(3)结算本月行政管理人员工资6 900元。

(4)计提本月行政管理部门使用的固定资产折旧820元。

3.要求：根据上述业务编制记账凭证，登记管理费用总账和明细账。

练习二

1.目的：练习错账的更正方法。

2.资料：某企业将账簿与记账凭证进行核对，发现下列经济业务的凭证内容或账簿记录有错误。

(1)开出转账支票一张500元，支付管理部门购买办公用品费。原记账凭证如下，并登记入账。

借：管理费用　　　　　　　　　　　　　　　　500

　贷：库存现金　　　　　　　　　　　　　　　　　500

(2)签发转账支票6 000元，预付第三季度房租。原记账凭证如下，并登记入账。

借：预付账款　　　　　　　　　　　　　　　9 000

　贷：银行存款　　　　　　　　　　　　　　　　9 000

(3)用现金支付管理部门零星购置费78元。

借：管理费用　　　　　　　　　　　　　　　　78

　贷：库存现金　　　　　　　　　　　　　　　　　78

记账时现金付出栏记录为87元。

(4)从银行提取现金9 600元，原记账凭证如下，并登记入账。

借：库存现金　　　　　　　　　　　　　　　6 900

　贷：银行存款　　　　　　　　　　　　　　　　6 900

要求：判断上列各经济业务处理是否有误，如有错误采用适当方法加以更正。

练习三

1.目的：练习现金日记账的登记。

2.资料：某企业2021年7月1日现金日记账的期初余额为960元，该厂7月发生下列有关经济业务。

(1)1日，车间技术员李英借支差旅费300元，以现金支付。

(2)1日，厂长江海预借差旅费600元，以现金支付。

(3)2日，开出现金支票，从银行提取现金650元备用。

(4)2日，以现金购买财务科办公用品100元。

(5)3日，以现金支付工厂行政管理部门设备修理费170元。

（6）10 日，以现金支付法律咨询费 160 元。

（7）11 日，开出现金支票，从银行提取现金 29 000 元，以备发放职工薪酬。

（8）12 日，以现金 29 000 元发放薪酬。

（9）18 日，以现金 60 元购买车间办公用品。

（10）19 日，职工江英交来工具赔偿费 120 元。

（11）23 日，用现金支付采购材料运杂费 80 元。

（12）27 日，收到外单位职工借打长途电话费 6 元。

（13）30 日，车间技术员李英报销差旅费 260 元，其余 40 元以现金退回。

（14）30 日，厂长江海报销差旅费 660 元，多余部分以现金补付。

3. 要求：

（1）设置三栏式现金日记账，将 7 月 1 日期初余额记入现金日记账。

（2）根据以上业务登记现金日记账，并结出余额。

项目八

运用账务处理程序

知识目标

1. 了解账务处理程序的意义和种类
2. 理解各种账务处理程序的特点、核算步骤、优缺点及适用范围
3. 明确各种账务处理程序的异同
4. 掌握科目汇总表账务处理程序

技能目标

1. 能在不同的账务处理程序下合理设置有关的凭证和账簿
2. 能熟练编制记账凭证,并登记总分类账
3. 运用记账凭证账务处理程序处理经济业务
4. 能区分汇总记账凭证和科目汇总表账务处理程序的不同

课程思政目标

1. 秉承实践精神
2. 培养客观公正的职业道德
3. 提升解决问题的职业能力

案例导入

赵小洋是一名高职学生,他决定通过勤工俭学来维持大学三年的生活支出,在"学子超市"租赁一铺位开办了一家经营日常用品、图书等商品的小店面,每月租金100元,先预付200元(其中:100元为押金),同时,借来现金1 000元。

该店面发生以下业务。

(1) 支付广告费50元。

(2) 现款购入各种图书和日常用品,共计700元。

(3) 支付各种杂费50元。

(4) 推销日常用品和图书取得现金收入1 200元。

(5) 赵小洋个人支出现金300元。

(6) 月末盘点库存图书和日常用品,共计30元。

（7）结转本月收入、费用。

问题：

根据上述资料，请你帮赵小洋选择一个合理的账务处理程序，完整地记录该铺位的全部经济业务，并计算确定赵小洋的经营是否成功。

任务一 认识账务处理程序

任务描述

了解账务处理程序的概念、意义及会计核算组织程序的分类。

一、账务处理程序的概念与意义

（一）账务处理程序的概念

在会计工作中，会计凭证、账簿以及会计报表不是彼此孤立、互不联系的，而是按照一定的形式，形成了一个有机结合的整体。

账务处理程序也称会计核算形式，或称会计核算组织形式，它是指在会计循环中，会计主体每个会计期间从取得和填制凭证开始到编制会计报表为止的会计处理步骤和方法。

（二）账务处理程序的意义

采用合理的账务处理程序是做好会计工作的一个重要条件，对于保证会计工作顺利进行和工作质量，提高会计工作效率，发挥会计信息系统的作用，都具有重大意义。

由于企业、事业和行政单位的业务性质、规模大小和管理要求不同，所使用的凭证、账簿以及它们的格式和记账的过程也不完全一样。各企业、事业、行政单位必须根据各单位的具体情况和条件来确定合理的账务处理程序。选用适合会计主体经济业务特点和管理要求的账务处理程序，对会计核算工作有着以下几点重要意义。

（1）有利于规范会计核算组织工作，保证会计信息加工过程的严密性。会计核算工作需要会计部门和会计人员之间密切配合，有了科学合理的账务处理程序，会计机构和会计人员在进行会计核算的过程中就能够做到有序可循，按照不同的责任分工，有条不紊地处理好各个环节上的会计核算工作。

（2）有利于保证会计记录的完整性和正确性，增强会计信息的可靠性。在进行会计核算的过程中，保证会计核算工作的质量是对会计工作的基本要求。建立起科学合理的会计核算组织程序，形成加工和整理会计信息的正常机制，是提高会计核算工作质量的重要保障。

（3）有利于减少不必要的会计核算环节，提高会计核算工作效率，保证会计信息的及时性。会计核算工作效率的高低，直接关系到会计信息提供上的及时性和有用性。按照既定的会计核算组织程序进行会计信息的处理，将会极大提高会计核算工作效率。

（三）账务处理程序应符合的基本要求

合理、适用的账务处理程序一般应符合以下三项要求。

（1）在贯彻国家会计制度统一要求的前提下，从本单位实际出发，与本单位业务性质、规模大小、会计人员分工、经济业务繁简和管理要求相适应。

（2）应能正确、全面、及时地提供各种会计信息，以满足本单位经营管理和国家宏观管理的需要。

（3）应在保证会计工作有条不紊和会计信息质量的前提下，简化核算手续，节约核算费用，提高会计工作效率。

二、账务处理程序的种类

账务处理程序按照登记总分类账的依据和程序的不同，主要有以下三种。

（1）记账凭证账务处理程序。

（2）汇总记账凭证账务处理程序。

（3）科目汇总表账务处理程序。

各种不同的账务处理程序之间，既有其相互联系的共同之处，又有其相互区别的不同之处。共同之处就是每种核算程序都必须以经济业务为依据，顺次经由原始凭证→记账凭证→登记各种账簿→编制会计报表；各种账务处理程序不同之处就是取得登记总账数据的依据和方法不同。这三种账务处理程序的步骤和方法将在任务二～任务四中详细介绍。

任务二　运用记账凭证账务处理程序

任务描述

了解记账凭证账务处理程序的概念；掌握记账凭证账务处理程序的基本步骤；熟悉记账凭证账务处理程序优缺点以及适应范围。

一、记账凭证账务处理程序的概念及特点

记账凭证账务处理程序是指对发生的经济业务，先根据原始凭证或汇总原始凭证填制记账凭证，再直接根据记账凭证逐笔登记总分类账的一种账务处理程序。记账凭证账务处理程序是一种基本的账务处理程序，其他几种账务处理程序都是在此种账务处理程序基础上发展和演变而来的。这种账务处理程序的主要特点是直接根据记账凭证逐笔登记总分类账的程序。

二、记账凭证账务处理程序下凭证和账簿种类及格式的设置

（一）凭证格式设置

在记账凭证账务处理程序下，记账凭证一般采用通用记账凭证，也可以采用收、付、转三种格式的专用凭证。记账凭证种类及格式如图 8-1 所示。

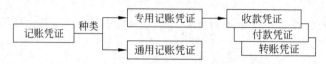

图 8-1　记账凭证账务处理程序下记账凭证种类

（二）账簿格式设置

在记账凭证账务处理程序下，会计账簿一般应设置收、付、余三栏式"现金日记账"和"银行存款日记账"。总分类账一般采用三栏式，明细分类账可根据需要采用三栏式、数量金额式和多栏式。各类账簿之间，日记账、总分类账和明细分类账都应根据记账凭证登记，并定期核对相符。账簿种类及格式如图 8-2 所示。

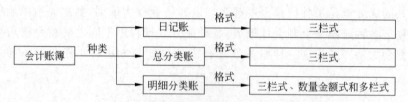

图 8-2　记账凭证账务处理程序下会计账簿种类

三、记账凭证账务处理程序的基本步骤

记账凭证务处理程序的基本步骤有以下六点，如图 8-3 所示。

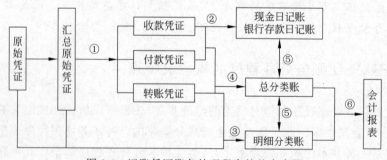

图 8-3　记账凭证账务处理程序的基本步骤

① 经济业务发生以后，根据有关的原始凭证或原始凭证汇总表填制专用记账凭证（即收款凭证、付款凭证和转账凭证）。

② 根据收款凭证、付款凭证逐笔登记现金日记账和银行存款日记账。

③ 根据记账凭证及所附原始凭证或原始凭证汇总表登记各种明细账。

④ 根据各种记账凭证逐笔登记总分类账。

⑤ 月末,将现金日记账、银行存款日记账和明细分类账分别与总分类账相互核对。

⑥ 月末根据总分类账和明细分类账的资料编制会计报表。

四、记账凭证账务处理程序的优缺点

(一)记账凭证账务处理程序的优点

记账凭证账务处理程序有以下优点。

(1)在记账凭证上能够清晰地反映账户之间的对应关系。

(2)总分类账上能够比较详细地反映经济业务的发生情况。

(3)总分类账登记方法简单,易于掌握。

(二)记账凭证账务处理程序的缺点

记账凭证账务处理程序的有以下缺点。

(1)总分类账登记工作量大。

(2)账页耗用多,预留账页多少难以把握。

五、记账凭证账务处理程序的适用范围

由于记账凭证账务处理程序优点是层次清楚,核算程序比较简单。缺点是登记总账的工作量比较繁重。因此,这种账务处理程序一般只适用于规模不大,经济业务较少的会计主体。

任务三　运用汇总记账凭证账务处理程序

任务描述

了解汇总记账凭证账务处理程序的概念;掌握汇总记账凭证账务处理程序的基本步骤;熟悉汇总记账凭证账务处理程序的优点和缺点以及适用范围。

一、汇总记账凭证账务处理程序的概念及特点

汇总记账凭证账务处理程序是根据原始凭证或原始凭证汇总表编制记账凭证,定期根据记账凭证分类编制汇总收款凭证、汇总付款凭证和汇总转账凭证,再根据汇总记账凭证登记总分类账的一种账务处理程序。

汇总记账凭证账务处理程序的主要特点是根据原始凭证填制记账凭证,再根据记账凭证编制各种汇总记账凭证,月末根据汇总记账凭证登记总分类账。

汇总记账凭证账务处理程序与记账凭证账务处理程序的主要区别如下。

(1) 在凭证组织中增设了汇总收款凭证、汇总付款凭证和汇总转账凭证。

(2) 改变了登记总分类账的依据和方法。

(3) 增加了编制汇总记账凭证的步骤。

二、汇总记账凭证账务处理程序下凭证和账簿种类及格式的设置

在汇总记账凭证账务处理程序下,除了设置收款凭证、付款凭证和转账凭证外,还应设置汇总收款凭证、汇总付款凭证和汇总转账凭证,作为登记总分类账的依据。使用的会计账簿与记账凭证账务处理程序基本相同,不再重述。汇总记账凭证账务处理程序下记账凭证与会计账簿的种类和格式如图8-4所示。

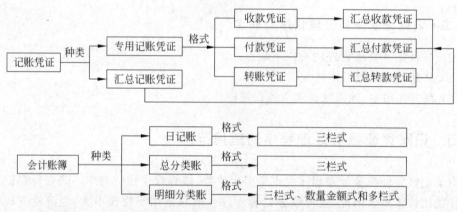

图8-4　汇总记账凭证账务处理程序下记账凭证与会计账簿的种类和格式

三、汇总记账凭证账务处理程序的基本步骤

汇总记账凭证账务处理程序的基本步骤如图8-5所示。

① 根据原始凭证或原始凭证汇总表编制收款凭证、付款凭证和转账凭证。

② 根据收款凭证、付款凭证逐笔登记现金日记账和银行存款日记账。

③ 根据收款凭证、付款凭证和转账凭证及所附原始凭证或原始凭证汇总表登记各种明细分类账。

④ 根据收款凭证、付款凭证和转账凭证分别编制汇总收款凭证、汇总付款凭证和汇总转账凭证。

⑤ 根据汇总收款凭证、汇总付款凭证和汇总转账凭证登记总分类账。

⑥ 月末,将现金日记账、银行存款日记账和明细分类账分别与总分类账进行核对。

⑦ 根据总分类账和明细分类账编制会计报表。

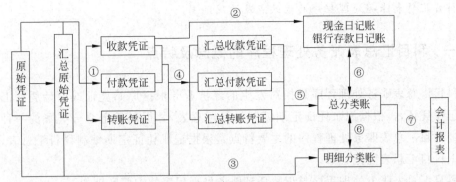

图 8-5 汇总记账凭证账务处理程序的基本步骤

四、汇总记账凭证账务处理程序的优缺点

（一）汇总记账凭证根据记账凭证账务处理程序的优点

汇总记账凭证根据记账凭证账务处理程序的优点如下。

（1）通过编制汇总记账凭证，并据以登记总账，可以减轻登记总分类账的工作量。

（2）同时账户对应关系清晰明确，便于分析经济业务的来龙去脉，也便于查账，减少差错。

（二）汇总记账凭证根据记账凭证账务处理程序的缺点

汇总记账凭证根据记账凭证账务处理程序具有如下两处缺点。

（1）汇总转账凭证是按每一贷方科目而不是按经济业务性质归类、汇总的，因此，不利于日常核算工作的合理分工。

（2）当转账业务较多时，编制汇总记账凭证工作量也较大。

五、汇总记账凭证账务处理程序的适用范围

汇总记账凭证账务处理程序适用于规模较大、业务量较多的企业。

如果一个企业的业务量较少，同一贷方科目的转账凭证不多，据以编制汇总转账凭证，不但起不到减少工作量的作用，反而会增加凭证汇总的手续。因此，业务量较少的小型企业不适合采用这种程序。

任务四　运用科目汇总表账务处理程序

任务描述

了解科目汇总表账务处理程序的概念；掌握科目汇总表账务处理程序的基本步骤；

熟悉科目汇总表账务处理程序的优缺点及适用范围。

一、科目汇总表账务处理程序的概念及特点

科目汇总表账务处理程序是指对发生的经济业务根据原始凭证或原始凭证汇总表编制记账凭证,再根据记账凭证定期编制科目汇总表,并据以登记总分类账的一种核算形式。科目汇总表账务处理程序的主要特点是根据记账凭证定期编制科目汇总表,然后再根据科目汇总表登记总账。

科目汇总表账务处理程序与记账凭证账务处理程序的主要区别如下。

(1)在凭证组织中增设了科目汇总表。

(2)改变了登记总分类账的依据和方法。

(3)在账务处理程序中增加了编制科目汇总表这一步骤。

二、科目汇总表账务处理程序下凭证和账簿种类及格式的设置

采用科目汇总表账务处理程序与记账凭证账务处理程序基本相同。不同的是,应另设置科目汇总表。科目汇总表账务处理程序下记账凭证与会计账簿的种类和格式如图 8-6 所示。

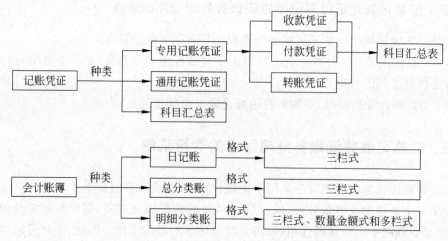

图 8-6　科目汇总表账务处理程序下记账凭证与会计账簿的种类和格式

三、科目汇总表账务处理程序的一般处理步骤

科目汇总表账务处理程序的基本步骤如下,示意图如图 8-7 所示。

① 根据原始凭证或汇总原始凭证编制收款凭证、付款凭证和转账凭证。

② 根据收款凭证和付款凭证逐笔登记库存现金日记账和银行存款日记账。

③ 根据原始凭证、汇总原始凭证和各种记账凭证登记各个明细分类账。

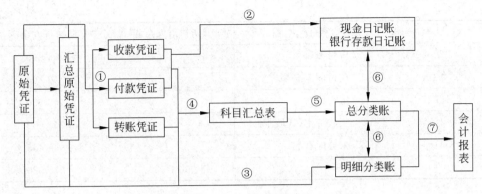

图 8-7　科目汇总表账务处理程序的基本步骤

④ 根据一定时期内的全部记账凭证编制科目汇总表。

⑤ 根据科目汇总表登记总分类账。

⑥ 月末,将库存现金日记账、银行存款日记账的余额及各种明细分类账的余额合计数,分别与总分类账中有关账户的余额核对相符。

⑦ 月末,根据核对无误的总分类账和各种明细分类账的记录编制会计报表。

四、科目汇总表账务处理程序举例

【例 8-1】　为了说明科目汇总表账务处理程序的运用,现以广州珠江实业有限公司2021 年 12 月发生的经济业务为例,具体步骤如下。

(1) 企业 2021 年 12 月初各总分类账户和明细分类账户余额如表 8-1~表 8-3 所示。

① 总分类账户余额。

表 8-1　总分类账户期初余额

2021 年 12 月　　　　　　　　　　　　　　金额单位:元

科目代码	科目名称	期初借方余额	期初贷方余额
1001	库存现金	4 370	0
1002	银行存款	56 125	0
1121	应收票据	16 800	0
1122	应收账款	8 000	0
1221	其他应收款	136 225	0
1403	原材料	20 000	0
1405	库存商品	30 000	0
1601	固定资产	300 000	0
1602	累计折旧	0	30 000
2001	短期借款	0	120 545

科目代码	科目名称	期初借方余额	期初贷方余额
2202	应付账款	0	78 390
2211	应付职工薪酬	0	2 800
2221	应交税费	0	40 330
4001	实收资本(或股本)	0	250 000
4104	未分配利润	0	49 455
合　计		571 520	571 520

② 明细分类账户余额(注:这里只列原材料、应付账款明细分类账户的余额,其他明细分类账户余额略)。

表 8-2　原材料明细分类账户期初余额

2021 年 12 月　　　　　　　　　　　　　金额单位:元

明细分类账户	计量单位	单价	期初余额	
			数量	金额
A 材料	公斤	200	60	12 000
B 材料	件	20	400	8 000
合　计				20 000

表 8-3　应付账款明细分类账户期初余额

2021 年 12 月　　　　　　　　　　　　　金额单位:元

明细分类账户	期初余额	
	借方	贷方
甲公司		18 390
三 A 公司		60 000
合　计		78 390

(2)根据企业 2021 年 12 月发生的经济业务编制记账凭证。为了简化起见,以表 8-4 列示的会计分录代替记账凭证。

表 8-4　企业 2021 年 12 月会计凭证

金额单位:元

2021 年		凭证种类、号数		摘要	借方		贷方	
月	日				账户名称	金额	账户名称	金额
12	1	银收	1	出售产品	银行存款	50 000	主营业务收入	50 000
	2	银付	1	购进 A 材料	原材料	3 000	银行存款	3 000
	3	现付	1	支付 A 材料款	原材料	50	库存现金	50
	4	银付	2	偿还甲公司欠款	应付账款	2 500	银行存款	2 500
	5	银付	3	偿还三 A 欠款	应付账款	20 000	银行存款	20 000

2021年		凭证种类、号数		摘　要	借　方		贷　方	
月	日				账户名称	金　额	账户名称	金　额
12	6	转	1	以票据付B材料款	原材料	7 500	应收票据	7 500
	7	现付	2	王五借差旅费	其他应收款	500	库存现金	500
	8	银收	2	收到乙单位欠款	银行存款	3 000	应收账款	3 000
	9	现付	3	李四借差旅费	其他应收款	400	库存现金	400
	10	转	2	向甲公司购A材料	原材料	6 000	应付账款	6 000
	11	银付	4	购进B材料	原材料	5 000	银行存款	5 000
	12	现付	4	支付B材料款	原材料	100	库存现金	100
	13	转	3	张三报差旅费	管理费用	300	其他应收款	300
	15	银付	5	提现	库存现金	1 000	银行存款	1 000
	16	转	4	王五报差旅费	管理费用	480	其他应收款	480
	18	转	5	李四报差旅费	管理费用	370	其他应收款	370
	19	转	6	出售产品	应收账款	10 000	主营业务收入	10 000
	21	银收	3	应收票据贴现	银行存款	9 300	应收票据	9 300
	22	银付	6	付甲公司欠货款	应付账款	8 000	银行存款	8 000
	23	现付	5	职工报医疗费	应付职工薪酬	520	库存现金	520
	24	现收	1	卖边角料的收入	库存现金	1 850	其他业务收入	1 850
	25	转	7	冲甲公司应付款	应付账款	3 500	营业外收入	3 500
	26	银付	7	支付捐赠款	营业外支出	10 000	银行存款	10 000
	27	现收	2	收到罚款	库存现金	500	营业外收入	500
	29	现付	6	支付职工住院费	应付职工薪酬	5 800	库存现金	5 800
	30	转	8	计提管理员工资	管理费用	5 000	应付职工薪酬	5 000
	30	转	9	计提福利费	管理费用	700	应付职工薪酬	700
	30	转	10	转已销产品成本	主营业务成本	25 000	库存商品	25 000
	30	转	11	结转损益	主营业务收入	60 000	本年利润	60 000
					其他业务收入	1 850	本年利润	1 850
					营业外收入	500	本年利润	500
	30	转	12	结转损益	本年利润	25 000	主营业务成本	25 000
					本年利润	6 500	营业外支出	6 500
					本年利润	6 850	管理费用	6 850
		合　计				281 070		281 070

（3）根据收款凭证、付款凭证登记现金日记账和银行存款日记账，分别如表8-5和表8-6所示。

207

项目八　运用账务处理程序

表 8-5　库存现金日记账　　　　　　　金额单位：元

2021年		凭证编号	摘　要	对方账户	收　入	支　出	结　存
月	日						
12	1		上年结存				4 370
	3	现付1	支付材料款	原材料		50	4 320
	7	现付2	王五借差旅费	其他应收款		500	3 820
	9	现付3	李四借差旅费	其他应收款		400	3 420
	12	现付4	支付材料款	原材料		100	3 320
	15	银付5	提取现金	银行存款	1 000		4 320
	23	现付5	职工报医疗费			520	3 800
	24	现收1	卖边角料的收入	其他业务收入	1 850		5 650
	27	现收2	收到罚款	营业外收入	500		6 150
	29	现付6	支付职工住院费			5 800	350
			本月发生额及余额		3 350	7 370	350

表 8-6　银行存款日记账　　　　　　　金额单位：元

2021年		凭证编号	摘　要	对方账户	收　入	支　出	结　存
月	日						
12	1		上年结存				56 125
	1	银收1	出售产品	主营业务收入	50 000		106 125
	2	银付1	购进材料	原材料		3 000	103 125
	4	银付2	偿还欠款	应付账款		2 500	100 625
	5	银付3	偿还欠款	应付账款		20 000	80 625
	8	银收2	收到某单位欠款	应收账款	3 000		83 625
	11	银付4	购进材料	原材料		5 000	78 625
	15	银付5	提取现金	库存现金		1 000	77 625
	21	银收3	应收票据贴现	应收票据	9 300		86 925
	22	银付6	支付前欠货款	应付账款		8 000	78 925
	26	银付7	支付捐赠款	营业外支出		10 000	68 925
			本月发生额及余额		62 300	49 500	68 925

（4）根据记账凭证及原始凭证或原始凭证汇总表登记各明细分类账户，如表8-7～表8-10所示。

表 8-7　原材料明细分类账

金额单位：元

账户名称：A材料　　　　　　　　　　　　　计量单位：千克

2021年		凭证		摘　要	收　入			发　出			结　存		
月	日	字	号		数量	单价	金额	数量	单价	金额	数量	单价	金额
12	1			期初余额							60	200	12 000
	2	银付	1	购进A材料15千克	15	200	3 000				75	200	15 000

2021年		凭证		摘　要	收　入			发　出			结　存		
月	日	字	号		数量	单价	金额	数量	单价	金额	数量	单价	金额
12	3	现付	1	购A材料0.25千克	0.25	200	50				75.25	200	15 050
	10	转	2	购进A材料30千克	30	200	6 000				105.25	200	21 050
				本期发生额及余额	45.25	200	9 050				105.25	200	21 050

表 8-8　原材料明细分类账

金额单位：元

账户名称：B材料　　　　　　　　　　　　　　　　　　　　　　　　　　　计量单位：件

2021年		凭证		摘　要	收　入			发　出			结　存		
月	日	字	号		数量	单价	金额	数量	单价	金额	数量	单价	金额
12	1			期初余额							400	20	8 000
	6	转	1	购进B材料375件	375	20	7 500				775	20	15 500
	11	银付	4	购进B材料250件	250	20	5 000				1 025	20	20 500
	12	现付	4	采购B材料5件	5	20	100				1 030	20	20 600
				本期发生额及余额	630	20	12 600				1 030	20	20 600

表 8-9　应付账款明细分类账

账户名称：甲公司　　　　　　　　　　　　　　　　　　　　　　金额单位：元

2021年		凭证		摘　要	借　方	贷　方	借或贷	余　额
月	日	字	号					
12	1			期初余额			贷	18 390
	4	银付	2	偿还甲公司欠款	2 500		贷	15 890
	10	转	2	向甲公司购进A材料		6 000	贷	21 890
	22	银付	3	支付甲公司前欠货款	8 000		贷	13 890
	25	转	7	冲销甲公司应付款	3 500		贷	10 390
				本期发生额及余额	14 000	6 000	贷	10 390

表 8-10　应付账款明细分类账

账户名称：三A公司　　　　　　　　　　　　　　　　　　　　　金额单位：元

2021年		凭证		摘　要	借　方	贷　方	借或贷	余　额
月	日	字	号					
12	1			期初余额			贷	60 000
	5	银付	3	偿还三A公司欠款	20 000		贷	40 000
				本期发生额及余额	20 000		贷	40 000

209

（5）根据记账凭证编制科目汇总表。

科目汇总表处理程序是根据收款凭证、付款凭证和转账凭证，按照相同的会计科目进行归类,定期汇总填制每一个会计科目的借方发生额和贷方发生额,并将发生额填入科目汇总表的相应栏目内。对于库存现金和银行存款科目的借方、贷方发生额,也可以根据库存现金日记账和银行存款日记账的收支数填列,而不再根据收款凭证和付款凭证归类汇总填列。按会计科目汇总后,分别加总借方、贷方发生额,进行发生额的试算平衡,并记入相应总分类账的借方或贷方。

科目汇总表的汇总时间应根据业务量的多少而定,可五天、十天、十五天或每月汇总一次,经济业务多,汇总时间间隔则短;经济业务少,汇总时间间隔可适当延长,但不宜过长。

在以上经济业务的记账凭证中,编制的会计分录涉及了很多会计科目。在对这些科目分别按借方、贷方发生额进行汇总时,可利用编制"科目汇总表工作底稿"方法进行。也可以利用Excel电子表格计算汇总。该企业按每旬末编制科目汇总表,如表8-11~表8-13所示。

表 8-11　科目汇总表

2021 年 12 月 1—10 日　　　　　　　　　　　　　科汇字第 1 号

金额单位:元

会 计 科 目	记账	本期发生额		记账凭证起讫号数
		借　方	贷　方	
银行存款	√	53 000	25 500	
库存现金	√	0	950	(1) 现金收款凭证第 0 号
其他应收款	√	900	0	(2) 现金付款凭证 1~3 号
原材料	√	16 550	0	(3) 银行存款付款凭证 1~3 号
应付账款	√	22 500	6 000	(4) 银行存款收款凭证 1~2 号
应收账款	√	0	3 000	(5) 转字凭证 1~2 号
应收票据	√	0	7 500	
主营业务收入	√	0	50 000	
合　　计		92 950	92 950	

表 8-12　科目汇总表

2021 年 12 月 11—20 日　　　　　　　　　　　　　科汇字第 2 号

金额单位:元

会 计 科 目	记账	本期发生额		记账凭证起讫号数
		借　方	贷　方	
银行存款	√	0	6 000	
库存现金	√	1 000	100	(1) 现金收款凭证第 0 号
其他应收款	√	0	1 150	(2) 现金付款凭证 4 号
原材料	√	5 100	0	(3) 银行存款付款凭证 4~5 号
应收账款	√	10 000	0	(4) 银行存款收款凭证 0 号
管理费用	√	1 150	0	(5) 转字凭证 3~6 号
主营业务收入	√	0	10 000	
合　　计		17 250	17 250	

表 8-13　科目汇总表

2021 年 12 月 21—31 日

科汇字第 3 号

金额单位：元

会 计 科 目	记账	本期发生额		记账凭证起讫号数
		借　方	贷　方	
银行存款	√	9 300	18 000	
库存现金	√	2 350	6 320	
库存商品	√	0	25 000	
应付账款	√	11 500	0	
应收票据	√	0	9 300	(1) 现金收款凭证第 1～2 号
管理费用	√	5 700	6 850	(2) 现金付款凭证 5～6 号
应付职工薪酬	√	6 320	5 700	(3) 银行存款付款凭证 6～7 号
主营业务收入	√	60 000	0	(4) 银行存款收款凭证 3 号
主营业务成本	√	25 000	25 000	(5) 转字凭证 8～12 号
其他业务收入	√	1 850	1 850	
营业外收入	√	4 000	4 000	
营业外支出	√	10 000	10 000	
本年利润		41 850	65 850	
合　　计		177 870	177 870	

(6) 根据科目汇总表汇总登记总分类账。

根据表 8-11～表 8-13 分别在 12 月 10 日、12 月 20 日和 12 月 31 日登记总分类账中的有关账户，如表 8-14～表 8-35 所示。

表 8-14　总分类账户

账户名称：库存现金

金额单位：元

2021 年		凭证号	摘　　要	借　方	贷　方	借或贷	余　额
月	日						
12	1		期初余额			借	4 370
	10		科汇字第 1 号	0	950	借	3 420
	20		科汇字第 2 号	1 000	100	借	4 320
	31		科汇字第 3 号	2 350	6 320	借	350
			本期发生额及余额合计	3 350	7 370	借	350

211

表 8-15　总分类账户

账户名称：银行存款   金额单位：元

2021年 月	2021年 日	凭证号	摘　要	借　方	贷　方	借或贷	余　额
12	1		期初余额			借	56 125
	10		科汇字第 1 号	53 000	25 500	借	83 625
	20		科汇字第 2 号		6 000	借	77 625
	31		科汇字第 3 号	9 300	18 000	借	68 925
			本期发生额及余额合计	62 300	49 500	借	68 925

表 8-16　总分类账户

账户名称：应收票据   金额单位：元

2021年 月	2021年 日	凭证号	摘　要	借　方	贷　方	借或贷	余　额
	1		期初余额			借	16 800
	10		科汇字第 1 号		7 500	借	9 300
	20		科汇字第 2 号			借	9 300
	31		科汇字第 3 号		9 300	借	0
			本期发生额及余额合计	0	16 800	借	0

表 8-17　总分类账户

账户名称：应收账款   金额单位：元

2021年 月	2021年 日	凭证号	摘　要	借　方	贷　方	借或贷	余　额
12	1		期初余额			借	8 000
	10		科汇字第 1 号		3 000	借	5 000
	20		科汇字第 2 号	10 000		借	15 000
	31		科汇字第 3 号			借	15 000
			本期发生额及余额合计	10 000	3 000	借	15 000

表 8-18　总分类账户

账户名称：其他应收款   金额单位：元

2021年 月	2021年 日	凭证号	摘　要	借　方	贷　方	借或贷	余　额
12	1		期初余额			借	136 225
	10		科汇字第 1 号	900		借	137 125
	20		科汇字第 2 号		1 150	借	135 975
	31		科汇字第 3 号			借	135 975
			本期发生额及余额合计	900	1 150	借	135 975

表 8-19　总分类账户

账户名称：原材料 　　　　　　　　　　　　　　　　　　　　　　　金额单位：元

2021年		凭证号	摘　要	借　方	贷　方	借或贷	余　额
月	日						
12	1		期初余额			借	20 000
	10	科汇字第 1 号	科汇字第 1 号	16 550		借	36 550
	20		科汇字第 2 号	5 100		借	41 650
	31		科汇字第 3 号			借	41 650
			本期发生额及余额合计	21 650	0	借	41 650

表 8-20　总分类账户

账户名称：库存商品 　　　　　　　　　　　　　　　　　　　　　　金额单位：元

2021年		凭证号	摘　要	借　方	贷　方	借或贷	余　额
月	日						
12	1		期初余额			借	30 000
	10		科汇字第 1 号			借	30 000
	20		科汇字第 2 号			借	30 000
	31		科汇字第 3 号		25 000	借	5 000
			本期发生额及余额合计	0	25 000	借	5 000

表 8-21　总分类账户

账户名称：固定资产 　　　　　　　　　　　　　　　　　　　　　　金额单位：元

2021年		凭证号	摘　要	借　方	贷　方	借或贷	余　额
月	日						
12	1		期初余额			借	300 000
	10		科汇字第 1 号			借	300 000
	20		科汇字第 2 号			借	300 000
	31		科汇字第 3 号			借	300 000
			本期发生额及余额合计	0	0	借	300 000

表 8-22　总分类账户

账户名称：累计折旧 　　　　　　　　　　　　　　　　　　　　　　金额单位：元

2021年		凭证号	摘　要	借　方	贷　方	借或贷	余　额
月	日						
12	1		期初余额			贷	30 000
	10		科汇字第 1 号			贷	30 000
	20		科汇字第 2 号			贷	30 000
	31		科汇字第 3 号			贷	30 000
			本期发生额及余额合计	0	0	贷	30 000

注：假设所有资产已提足折旧。

213

表 8-23　总分类账户

账户名称：短期借款　　　　　　　　　　　　　　　　　　　　　　　　　　金额单位：元

2021年		凭证号	摘　要	借　方	贷　方	借或贷	余　额
月	日						
12	1		期初余额			贷	120 545
	10		科汇字第 1 号			贷	120 545
	20		科汇字第 2 号			贷	120 545
	31		科汇字第 3 号			贷	120 545
			本期发生额及余额合计	0	0	贷	120 545

表 8-24　总分类账户

账户名称：应付账款　　　　　　　　　　　　　　　　　　　　　　　　　　金额单位：元

2021年		凭证号	摘　要	借　方	贷　方	借或贷	余　额
月	日						
12	1		期初余额			贷	78 390
	10		科汇字第 1 号	22 500	6 000	贷	61 890
	20		科汇字第 2 号			贷	61 890
	31		科汇字第 3 号	11 500		贷	50 390
			本期发生额及余额合计	34 000	6 000	贷	50 390

表 8-25　总分类账户

账户名称：应付职工薪酬　　　　　　　　　　　　　　　　　　　　　　　　金额单位：元

2021年		凭证号	摘　要	借　方	贷　方	借或贷	余　额
月	日						
12	1		期初余额			贷	2 800
	10		科汇字第 1 号	0	0	贷	2 800
	20		科汇字第 2 号			贷	2 800
	31		科汇字第 3 号	6 320	5 700	贷	2 180
			本期发生额及余额合计	6 320	5 700	贷	2 180

表 8-26　总分类账户

账户名称：应交税费　　　　　　　　　　　　　　　　　　　　　　　　　　金额单位：元

2021年		凭证号	摘　要	借　方	贷　方	借或贷	余　额
月	日						
12	1		期初余额			贷	40 330
	10		科汇字第 1 号			贷	40 330
	20		科汇字第 2 号			贷	40 330
	31		科汇字第 3 号			贷	40 330
			本期发生额及余额合计	0	0	贷	40 330

表 8-27　总分类账户

账户名称：实收资本　　　　　　　　　　　　　　　　　　　金额单位：元

2021年		凭证号	摘　要	借　方	贷　方	借或贷	余　额
月	日						
12	1		期初余额			贷	250 000
	10		科汇字第 1 号			贷	250 000
	20		科汇字第 2 号			贷	250 000
	31		科汇字第 3 号			贷	250 000
			本期发生额及余额合计	0	0	贷	250 000

表 8-28　总分类账户

账户名称：未分配利润　　　　　　　　　　　　　　　　　　　金额单位：元

2021年		凭证号	摘　要	借　方	贷　方	借或贷	余　额
月	日						
12	1		期初余额			贷	49 455
	10		科汇字第 1 号			贷	49 455
	20		科汇字第 2 号			贷	49 455
	31		科汇字第 3 号			贷	49 455
			本期发生额及余额合计	0	0	贷	49 455

表 8-29　总分类账户

账户名称：主营业务收入　　　　　　　　　　　　　　　　　　金额单位：元

2021年		凭证号	摘　要	借　方	贷　方	借或贷	余　额
月	日						
12	1		期初余额			贷	0
	10		科汇字第 1 号		50 000	贷	50 000
	20		科汇字第 2 号		10 000	贷	60 000
	31		科汇字第 3 号	60 000		贷	0
			本期发生额及余额合计	60 000	60 000	平	0

表 8-30　总分类账户

账户名称：其他业务收入　　　　　　　　　　　　　　　　　　金额单位：元

2021年		凭证号	摘　要	借　方	贷　方	借或贷	余　额
月	日						
12	1		期初余额			贷	0
	10		科汇字第 1 号			贷	0
	20		科汇字第 2 号			贷	0
	31		科汇字第 3 号	1 850	1 850	贷	0
			本期发生额及余额合计	1 850	1 850	平	0

表 8-31　**总分类账户**

账户名称：主营业务成本　　　　　　　　　　　　　　　　　　　　　　　　金额单位：元

2021年		凭证号	摘　要	借　方	贷　方	借或贷	余　额
月	日						
12	1		期初余额			借	0
	10		科汇字第 1 号			借	0
	20		科汇字第 2 号			借	0
	31		科汇字第 3 号	25 000	25 000	借	0
			本期发生额及余额合计	25 000	25 000	平	0

表 8-32　**总分类账户**

账户名称：管理费用　　　　　　　　　　　　　　　　　　　　　　　　　　金额单位：元

2021年		凭证号	摘　要	借　方	贷　方	借或贷	余　额
月	日						
12	1		期初余额			借	0
	10		科汇字第 1 号			借	0
	20		科汇字第 2 号	1 150		借	1 150
	31		科汇字第 3 号	5 700	6 850	借	0
			本期发生额及余额合计	6 850	6 850	平	0

表 8-33　**总分类账户**

账户名称：营业外收入　　　　　　　　　　　　　　　　　　　　　　　　　金额单位：元

2021年		凭证号	摘　要	借　方	贷　方	借或贷	余　额
月	日						
12	1		期初余额			贷	0
	10		科汇字第 1 号			贷	0
	20		科汇字第 2 号			贷	0
	31		科汇字第 3 号	4 000	4 000	贷	0
			本期发生额及余额合计	4 000	4 000	平	0

表 8-34　**总分类账户**

账户名称：营业外支出　　　　　　　　　　　　　　　　　　　　　　　　　金额单位：元

2021年		凭证号	摘　要	借　方	贷　方	借或贷	余　额
月	日						
12	1		期初余额			借	0
	10		科汇字第 1 号			借	0
	20		科汇字第 2 号			借	0
	31		科汇字第 3 号	10 000	10 000	借	0
			本期发生额及余额合计	10 000	10 000	平	0

表 8-35 **总分类账户**

账户名称：本年利润 金额单位：元

2021年		凭证号	摘 要	借 方	贷 方	借或贷	余 额
月	日						
12	1		期初余额			贷	0
	10		科汇字第1号			贷	0
	20		科汇字第2号			贷	0
	31		科汇字第3号	41 850	65 850	贷	24 000
			本期发生额及余额合计	41 850	65 850	贷	24 000

（7）根据总分类账和明细分类账的有关资料编制会计报表。本例只编制资产负债表和利润表，分别如表 8-36 和表 8-37 所示。

表 8-36 **资产负债表简表**

编制单位：广州珠江实业有限公司 时间：2021年12月31日 金额单位：元

资 产	行次	年初数	年末数	负债及所有者权益	行次	年初数	年末数
流动资产：	略			流动负债：	略		
货币资金		60 495	69 275	短期借款		120 545	120 545
应收票据		16 800	0	应付账款		78 390	50 390
应收账款		8 000	15 000	应付职工薪酬		2 800	2 180
其他应收款		136 225	135 975	应交税费		40 330	40 330
存货		50 000	46 650	流动负债合计		242 065	213 445
流动资产合计		271 520	266 900	所有者权益：			
固定资产：				实收资本		250 000	250 000
固定资产		270 000	270 000	资本公积			
固定资产合计		270 000	270 000	盈余公积			
				本年利润		0	24 000
				未分配利润		49 455	49 455
				所有者权益合计		299 455	323 455
资产合计		541 520	536 900	负债及所有者权益合计		541 520	536 900

表 8-37 **利润表**

编制单位：广州珠江实业有限公司 2021年12月 金额单位：元

项目名称	行次	本 月 数	本年累计数
一、营业收入	1	61 850	略
减：营业成本	2	25 000	
税金及附加	3	0	
销售费用	4	0	

项 目 名 称	行次	本 月 数	本年累计数
管理费用	5	6 850	
研发费用	6	0	
财务费用	7	0	
加：其他收益	8	0	
投资收益	9	0	
其中：对联营企业和合营企业的投资收益	10	0	
公允价值变动收益(损失以"－"号填列)	11		
信用减值损失(损失以"－"号填列)	12		
资产减值损失(损失以"－"号填列)	13		
资产处置收益(损失以"－"号填列)	14		
二、营业利润(亏损以"－"号填列)	15	30 000	
加：营业外收入	16	4 000	
减：营业外支出	17	10 000	
三、利润总额(亏损以"－"号填列)	18	24 000	
减：所得税费用	19	0	
四、净利润(亏损以"－"号填列)	20	24 000	

注：该企业上年亏损 50 000 元。

五、科目汇总表账务处理程序的优缺点

（一）科目汇总表账务处理程序优点

科目汇总表账务处理程序与记账凭证账务处理程序相比，主要有以下几个优点。

（1）根据科目汇总表登记总分类账，大大简化了登记总账的工作量。如果每 10 天编制 1 张科目汇总表，1 个月只要填 3 张表即可。

（2）通过科目汇总表的编制，可以根据各科目本期借、贷方发生额的合计数进行试算平衡，及时发现填制凭证和汇总过程中的错误，从而保证记账工作的准确性。

（二）科目汇总表账务处理程序缺点

科目汇总表账务处理程序不足之处在于：科目汇总表是按总账科目汇总编制的，只能作登记总账和试算平衡的依据，不便于检查经济业务的来龙去脉，不便于查对账目。

六、科目汇总表账务处理程序的适用范围

由于科目汇总表账务处理程序层次清楚，又具有能够进行账户发生额的试算平衡，减轻总分类账登记的工作量等优点，因此，无论会计主体的规模大小，都可以采用。

【项目训练】

一、单项选择题

1.科目汇总表的汇总范围是(　　)。
A. 全部科目的借、贷方发生额和余额
B. 全部科目的借、贷方余额
C. 全部科目的借、贷方发生额
D. 汇总收款凭证、汇总付款凭证和汇总转账凭证的合计数

2.以下项目中,属于科目汇总表账务处理程序缺点的是(　　)。
A. 不便于理解　　　　　　　　B. 增加了登记总分类账的工作量
C. 不便于检查核对账目　　　　D. 不便于进行试算平衡

3.记账凭证账务处理程序下,不能作为登记明细分类账依据的是(　　)。
A. 原始凭证　　　　　　　　　B. 汇总原始凭证
C. 记账凭证　　　　　　　　　D. 记账凭证汇总表

4.记账凭证账务处理程序是指对发生的经济业务事项,先根据原始凭证或汇总原始凭证填制记账凭证,再直接根据(　　)逐笔登记总分类账的一种账务处理程序。
A. 原始凭证　　　　　　　　　B. 原始凭证汇总表
C. 记账凭证　　　　　　　　　D. 会计凭证

5.规模较小、业务量较少的单位适用(　　)。
A. 记账凭证账务处理程序　　　B. 汇总记账凭证账务处理程序
C. 多栏式日记账账务处理程序　D. 科目汇总表账务处理程序

6.汇总记账凭证账务处理程序和科目汇总表账务处理程序的主要不同点是(　　)。
A. 登记日记账的依据不同　　　B. 编制记账凭证的依据不同
C. 登记总分类账的依据不同　　D. 编制汇总记账凭证的依据不同

7.在各种不同账务处理程序中,不能作为登记总账依据的是(　　)。
A. 记账凭证　　B. 汇总记账凭证　　C. 汇总原始凭证　　D. 科目汇总表

8.(　　)指会计凭证和会计账簿的种类、格式,会计凭证与账簿之间的联系方法。
A. 凭证组织　　B. 账簿组织　　C. 记账程序　　D. 报表组织

9.下列各项中,(　　)不属于科目汇总表账务处理程序步骤。
A. 根据原始凭证、汇总原始凭证和记账凭证,登记各种明细分类账
B. 根据各种记账凭证编制汇总记账凭证
C. 根据科目汇总表登记总分类账
D. 期末根据总分类账和明细分类账的记录,编制会计报表

10.科目汇总表是依据(　　)编制的。
A. 记账凭证　　　　　　　　　B. 原始凭证
C. 原始凭证汇总表　　　　　　D. 各种总账

二、多项选择题

1.以记账凭证为依据,按有关账户的贷方设置,按借方账户归类的有(　　)。

219

A. 汇总收款凭证　　B. 汇总转账凭证　　C. 汇总付款凭证　　D. 科目汇总表

2. 账簿组织包括(　　　)。

    A. 会计凭证、会计账簿的种类及格式

    B. 会计凭证与账簿之间的联系方法

    C. 会计机构及会计岗位的设置

    D. 会计工作人员的职责

3. 在科目汇总表账务处理程序下,月末应将(　　　)与总分类账进行核对。

    A. 现金日记账　　　　　　　　　　B. 明细分类账

    C. 银行存款日记账　　　　　　　　D. 备查账

4. 下列各项中,(　　　)属于记账凭证。

    A. 转账凭证　　　　　　　　　　　B. 收款凭证

    C. 科目汇总表　　　　　　　　　　D. 汇总记账凭证

5. 汇总记账凭证一般分为(　　　)。

    A. 汇总收款凭证　　　　　　　　　B. 汇总付款凭证

    C. 原始凭证汇总表　　　　　　　　D. 汇总转账凭证

6. 科目汇总表账务处理程序下不需要编制(　　　)。

    A. 科目汇总表　　B. 汇总收款凭证　　C. 汇总付款凭证　　D. 记账凭证

7. 科目汇总表账务处理程序与汇总记账凭证账务处理程序共同之处有(　　　)。

    A. 都适用于规模较大、业务量较多的企业

    B. 可以减少总分类账登记工作量

    C. 可以保持会计科目之间的对应关系

    D. 可以进行发生额试算平衡

8. 下列说法正确的有(　　　)。

    A. 将记账凭证通过科目汇总表汇总后登记总分类账,大大减轻了登记总账的工作量

    B. 通过编制科目汇总表,可以对发生额进行试算平衡,从而及时发现错误,保证记账工作质量

    C. 科目汇总表能反映账户之间的对应关系,有利于根据账簿记录检查和分析交易或事项的来龙去脉,便于查对账目

    D. 适用于业务量多的大、中型企业

9. 根据总账的登记依据对账务处理程序进行分类,下列各项中正确的有(　　　)。

    A. 记账凭证账务处理程序　　　　　B. 汇总记账凭证账务处理程序

    C. 科目汇总表账务处理程序　　　　D. 一般账务处理程序

10. 下列各项中,属于企业填制记账凭证依据的有(　　　)。

    A. 汇总记账凭证　　　　　　　　　B. 科目汇总表

    C. 原始凭证　　　　　　　　　　　D. 汇总原始凭证

三、判断题

1. 科目汇总表账务处理程序的优点之一是编制汇总记账凭证的程序比较简单。

                                                 (　　　)

2. 科目汇总表账务处理程序的缺点之一是在科目汇总表不反映各科目的对应关系。

                                                 (　　　)

3. 在不同的账务处理程序下,财务报表的编制依据不同。 （　　）

4. 汇总收款凭证是按贷方科目设置,按借方科目归类,定期汇总编制的。 （　　）

5. 科目汇总表账务处理程序具有试算平衡的作用,有利于保证总账登记的正确性。
（　　）

6. 记账凭证账务处理程序是其他账务处理程序的基础,其优点是登记账簿的工作量小。
（　　）

7. 汇总记账凭证账务处理程序是直接根据记账凭证逐笔登记总账的一种账务处理
程序。 （　　）

8. 记账凭证账务处理程序是直接根据记账凭证逐笔登记总分类账,是一种基本的账
务处理程序。 （　　）

9. 汇总记账凭证账务处理程序的缺点之一是按每一贷方科目编制汇总转账凭证,不
利于会计核算的日常分工。 （　　）

10. 科目汇总表只反映各个会计科目的本期借方发生额和本期贷方发生额,不反映
各个会计科目的对应关系。 （　　）

四、实务题

1. 目的:练习科目汇总表的编制。

2. 资料:某工业企业 2021 年 6 月 1—10 日发生下列经济业务。

1 日,从银行提取现金 1 000 元备用。

2 日,华丰厂购进材料一批,已验收入库,货款 5 000 元,增值税进项税 650 元,款项
尚未支付。销售给向阳工厂 A 产品一批,货款为 10 000 元,增值税销项税 1 300 元,款项
尚未收到。

3 日,厂部的王凌出差,借支差旅费 500 元,以现金付讫。

4 日,车间领用甲材料一批,其中用于 A 产品生产 3 000 元,用于车间一般消耗
500 元。

5 日,销售给华远公司 A 产品一批,货款为 20 000 元,增值税销项税 2 600 元,款项
尚未收到。从江南公司购进乙材料一批,货款 8 000 元,增值税进项税 1 040 元,款项尚
未支付。

6 日,厂部李青出差,借支差旅费 400 元,以现金付讫。

7 日,以银行存款 5 650 元,偿还前欠华丰工厂的购料款。

8 日,以银行提出现金 1 000 元备用。接银行通知,向阳厂汇来前欠货款 11 300 元,
已收妥入账。车间领用乙材料一批,其中用于 A 产品 5 000 元,用于车间一般消耗
1 000 元。

9 日,以银行存款 9 040 元偿还前欠江南公司购料款。

10 日,接银行通知,华远公司汇来前欠货款 22 600 元,已收妥入账。

3. 要求:

(1) 根据以上经济业务编制记账凭证。

(2) 根据所编记账凭证编制科目汇总表。

项目九　财产清查

知识目标

1. 了解财产清查的意义和种类
2. 掌握财产物资的盘存制度
3. 掌握各种财产的清查方法
4. 掌握财产清查结果处理的一般程序
5. 掌握财产清查结果的账务处理方法

技能目标

1. 能够使用正确的方法进行各种财产物资、债权债务的清查
2. 能够正确编制银行存款余额调节表
3. 能进行财产清查结果的账务处理

课程思政目标

1. 树立遵纪守法的理念
2. 培养求真务实的精神
3. 强化财务支持企业决策的服务意识

案例导入

2020年12月31日,"学子超市"进行了开业后的第一次年终财产物资的盘点,对日用品等实物资产进行了清查。发现库存洗衣粉500包,单价10元,共计5 000元,账面结存502包。试问,"学子超市"对实物资产的清查采用的是什么方法? 实物清查工作的一般步骤又是怎样的?

任务一　认识财产清查

任务描述

掌握财产清查的概念和意义,并能准确进行财产清查的分类。

一、财产清查的概念

财产清查是指通过对货币资金、实物资产和往来款项等财产物资进行盘点或核对，确定其实存数，查明账存数与实存数是否相符的一种专门方法。财产清查不仅是一种重要的会计核算方法，而且是财产物资管理制度的重要组成内容。

财产清查的关键是要解决账实不符的问题。造成账存数与实存数发生差异的原因是多方面的，一般有以下几种情况。

(1) 财产物资在运输、保管过程中的自然损耗或升溢。

(2) 在收发财产物资时，由于计量、检验不准确而发生的品种、数量或质量上的差错。

(3) 在财产物资发生增减变动时，没有按照有关规定办理会计手续，致使财产物资发生短缺或溢余。

(4) 由于管理不善或工作人员失职，造成财产物资的损坏、变质或短缺。

(5) 由于不法分子的贪污盗窃、徇私舞弊等造成的财产物资损失。

(6) 由于自然灾害和意外事故而造成的财产物资损失。

(7) 由于结算凭证传递不及时造成的未达账项。

(8) 在会计凭证填制、账簿登记过程中，出现漏记、重记和错记或计算上的错误，造成账实不符。

以上种种原因都会影响账实的一致性。因此，运用财产清查手段，对各种财产物资进行定期或不定期的盘点或核对，具有十分重要的意义。

二、财产清查的种类

(一) 全面清查与局部清查

按照清查的范围分类，可以分为全面清查与局部清查。

1. 全面清查

1) 全面清查的概念

全面清查是指对本单位所有财产物资进行全面、彻底的盘点和核对。全面清查的优点是内容全面，范围广泛，能够彻底查清单位的所有财产物资；其缺点是需要参加的部门和人员多，且费用高，时间长，因此企业并不经常进行全面清查。

2) 全面清查的对象

(1) 固定资产、材料、在产品、半成品、产成品、库存商品、在建工程和其他物资(实物资产)。

(2) 现金、银行存款及各种有价证券(货币资金)。

(3) 在途货币资金、在途材料、在途商品和委托加工物资(在途货币资金、在途实物资产)。

(4) 各项往来款项、银行借款、缴拨款项和其他结算账项(往来款项)。

3）全面清查发生的情况

（1）年终决算之前，为确保年终决算会计信息真实和准确。

（2）单位合并、撤销、改变原来隶属关系或中外合资、国内联营以及股份制改制时。

（3）开展资产评估、清产核资等活动时。

（4）单位主要负责人调离工作前。

2. 局部清查

1）局部清查的概念

局部清查是指根据需要对单位的一部分财产物资所进行的盘点和核对。局部清查范围小、内容少，但专业性和针对性较强，通常用于对一些流动性强且比较重要的物资的清查。

2）局部清查的对象及周期

（1）现金，每日终了，应由出纳人员自行盘点。

（2）银行存款，每月至少要同银行核对一次。

（3）存货，年内轮流盘点或重点抽查，各种贵重物资、每月都应清查盘点一次。

（4）债权债务，每年至少要核对一至两次。

（二）定期清查与不定期清查

按清查的时间分类可分为定期清查与不定期清查。

1. 定期清查

定期清查是指按管理制度的规定或预先计划安排的时间对财产物资所进行的清查。定期清查一般在年末、季末、月末进行。定期清查，可以进行全面清查，也可以进行局部清查。

2. 不定期清查

不定期清查是指事先不规定清查时间，而是根据实际需要所进行的临时性的财产清查。不定期清查，可以进行全面清查，也可以进行局部清查，应根据实际需要来确定清查的对象和范围。一般适用于以下四种情况。

（1）更换财产物资、库存现金保管人员时。

（2）发生自然灾害或意外损失时。

（3）有关财政、审计、银行等部门对本单位进行会计检查时。

（4）进行临时性的清产核资、资产评估时。

（三）内部清查与外部清查

按照清查的执行系统分类，可分为内部清查与外部清查。

1. 内部清查

内部清查是指由本单位内部自行组织清查工作小组所进行的财产清查工作。大多数财产清查是内部清查。

2. 外部清查

外部清查是指由上级主管部门、审计机关、司法部门、注册会计师根据国家有关规定或情况需要对本单位所进行的财产清查。一般情况下，进行外部清查时应有本单位相关人员参加。

224

三、财产清查的一般程序

财产清查工作涉及范围广、工作量大，为了保证财产清查工作有条不紊地进行，应该按照科学、合理的程序进行财产清查。财产清查的一般程序如下。

（1）建立财产清查组织。

（2）组织清查人员学习有关政策规定，掌握有关法律、法规和相关业务知识，以提高财产清查工作的质量。

（3）确定清查对象、范围，明确清查任务。

（4）制定清查方案，具体安排清查内容、时间、步骤、方法，以及必要的清查前准备。

（5）清查时本着先清查（如清查数量、核对有关账簿记录等）后认定质量的原则进行。

（6）填制盘存清单。

（7）根据盘存清单，填制实物、往来账项清查结果报告表。

四、财产清查的意义

（一）保证账实相符，提高会计资料的准确性

通过财产清查，可以查明各项财产物资的实存数，确定实存数与账存数之间的差异以及发生差异的原因，以便及时调整账面记录，使账存数与实存数一致，从而保证会计核算资料的真实可靠。

（二）加速资金周转，提高资金使用效益

通过财产清查，可以查明各项财产物资的储备和利用情况，以便采取措施，对储备不足的及时设法补充，保持合理的储备，以满足生产经营活动的正常需要；对积压、呆滞和不配套的财产物资及时进行处理，从而可以充分挖掘财产物资的潜力，避免损失浪费，加速资金周转。

（三）切实保障各项财产物资的安全完整

通过财产清查，可以发现各项财产物资有无被挪用、贪污、盗窃的情况，有无因管理不善而造成霉烂、变质、损失浪费等情况，查明原因，分清责任，以便及时采取措施，加强管理，从而保证各项财产物资安全完整。

五、财产清查盘存制度

实物资产是指具有实物形态的各种财产，主要包括原材料、在产品、库存商品、半成品、周转材料等存货和固定资产。实物资产数量大，占用的资金多，是管理的重点，也是清查的重点。对于实物资产的清查，首先应确定其账面结存数量，采用合适的盘点方法确定其实际结存数，其次对两者进行比较，以查明账实是否相符。确定各项实物资产账

面结存数量的方法称为盘存制度,分为永续盘存制和实地盘存制两种。

永续盘存制,又称账面盘存制,是指平时对各项财产物资的增减变动都要根据会计凭证在有关账簿中进行连续登记,并随时结出账面结存数的一种方法。

其计算公式为

$$账面期末结存数＝账面期初结存数＋本期增加数－本期减少数$$

永续盘存制的优点在于,财产的进出都有严密的手续,可以随时通过账面反映和掌握各项财产的增减和结存状况,有利于加强对财产的管理。在实际工作中,大多数单位采用永续盘存制。其缺点是,财产的明细分类核算工作量较大,特别是对财产品种复杂、繁多的企业需要投入大量的人力和物力,也可能发生账实不符的情况。因此,采用永续盘存制,仍需对财产进行清查盘点,以查明账实是否相符,以及账实不符的原因。

实地盘存制,又称定期盘存制,是指平时只在账簿记录中登记各项财产物资的增加数,不登记减少数,期末通过实物盘点确定其结存数,并据以倒算出本期财产物资减少数的一种盘存方法。

其计算公式为

$$本期减少数＝期初账面结存数＋本期增加数－期末实际结存数$$

实地盘存制度也称以存计耗(销)制。实地盘存制的优点主要是简化平时的记录和核算工作;缺点是不能及时反映各项财产的收付和结存情况,倒挤的各项财产的减少数中成分复杂,除正常耗用外,还有可能将物资的损耗、浪费、被盗等也包含在减少数中,不利于财产的管理。

任务二　运用财产清查的具体方法

任务描述

掌握财产清查的方法,能够正确进行货币资金、实物资产和往来款项的清查。

一、货币资金的清查方法

(一)库存现金的清查方法

库存现金的清查是采用实地盘点法确定库存现金的实存数,然后与库存现金日记账的账面余额相核对,确定账实是否相符。

企业库存现金的收支业务十分频繁,极容易出现差错,因此,在日常工作中出纳员应当每日清点库存现金实有数额,并与现金日记账的账面余额进行核对。在由专门清查人员进行的清查工作中,清查前出纳员应将现金收付款凭证全部登记入账。为了明确经济责任,盘点现金时出纳人员必须在场。盘点时,一方面要注意账实是否相符,另一方面要检查现金管理制度的遵守情况,例如有无超过现金库存限额、"白条抵库"、挪用等情况。

盘点结束时,根据盘点的结果及与现金日记账核对情况编制库存现金盘点报告表,并由盘点人员和出纳员共同签字或盖章;库存现金盘点报告表既是反映现金实存额,也是用于调整账簿记录的原始凭证,格式如表 9-1 所示。

表 9-1　库存现金盘点报告表

单位名称　　　　　　　　　　　　　年　月　日

实 存 金 额	账 存 金 额	实存与账存对比		备　注
		盘盈(长款)	盘亏(短款)	

单位负责人(印)　　　　会计主管(印)　　　　盘点人(印)　　　　实物保管人(印)

(二)银行存款的清查方法

银行存款的清查是采用与开户银行核对账目的方法进行的,即将本单位银行存款日记账的账簿记录与开户银行转来的对账单逐笔进行核对,发现差错如漏记、错记要及时查清更正,以查明银行存款的实有数额。银行存款的清查一般在月末进行。

1. 银行存款日记账与银行对账单不一致的原因

(1)双方或一方记账出现了差错。

(2)在银行与企业双方的记账均无差错的情况下,未达账项的存在造成双方银行存款余额不一致。

未达账项,是指企业和银行之间,由于凭证传递上的时间差所形成的记账时间不一致而发生的一方已经入账,而另一方尚未入账的事项,主要包含以下几种情况。

① 企业已收款入账,而银行未收款未记账的款项。

② 企业已付款入账,而银行未付款未记账的款项。

③ 银行已收款入账,而企业未收款未记账的款项。

④ 银行已付款入账,而企业未付款未记账的款项。

上述任何一种情况的发生,都会使企业和银行之间的账簿记录不一致。因此,在核对账目时必须注意有无未达账项。如果有未达账项,应编制银行存款余额调节表,进行检查核对,如果没有记账错误,调节后双方的账面余额应相等。

2. 银行存款清查的具体步骤

(1)将本单位银行存款日记账与银行对账单,以结算凭证的种类、号码和金额为依据,逐日逐笔核对。凡双方都有记录的,用铅笔在金额旁打上记号"√"。

(2)找出未达账项,即银行存款日记账和银行对账单中没有打"√"的款项。

(3)将日记账和对账单的月末余额及找出的未达账项填入银行存款余额调节表,并计算出调整后的余额。

(4)将调整平衡的银行存款余额调节表,经主管会计签章后,呈报开户银行。

银行存款余额调节表的编制,是以双方账面余额为基础,各自分别加上对方已收款入账而己方尚未入账的数额,减去对方已付款入账而己方尚未入账的数额。

其计算公式为

227

调整后的银行存款日记账＝企业银行存款日记账余额＋银行已收企业未收款－

　　银行已付企业未付款

调整后的银行对账单余额＝银行对账单存款余额＋企业已收银行未收款－

　　企业已付银行未付款

具体编写方法如例 9-1 所示。

【例 9-1】 2021 年 12 月 2 日,广州珠江实业有限责任公司出纳员王芳收到公司开户银行工商银行某支行营业部寄来的 11 月对账单。王芳发现银行对账单上所记录的截至 11 月 30 日公司银行存款的余额为 84 158 元,如表 9-2 所示,而自己所登记的银行存款日记账上同期账面余额为 102 594 元,如表 9-3 所示。

表 9-2　银行对账单

| 2021年 | | 摘　要 | 结　算　凭　证 | | 收　入 | 支　出 | 结　余 |
月	日		种　类	号　数			
11	1	以上记录略					91 430
	3	转账支取	支票	1 246		300	88 650
	11	转账支取	支票	1 247		39 360	52 070
	17	转账收入	支票	2 653	40 000		92 070
	28	付水电费	专托	7 321		3 120	88 950
	29	存款利息	特转	1 480	488		89 138
	29	收货款	委收	1 009	11 820		100 958
	30	转账支取	支票	1 248		16 800	84 158

表 9-3　银行存款日记账

| 2021年 | | 摘　要 | 结　算　凭　证 | | 借　方 | 贷　方 | 结　余 |
月	日		种　类	号　数			
11	1	以上记录略					91 430
	2	支付运杂费	支票	1 246		300	91 130
	9	购入材料	支票	1 247		39 360	51 770
	16	收回货款	支票	2 653	40 000		91 770
	28	支付广告费	支票	1 248		16 800	74 970
	30	收回货款	支票	3 203	28 000		102 970
	30	支付修理费	支票	1 249		376	102 594

王芳将银行对账单和银行存款日记账上所登记的每笔经济业务进行了逐笔核对,发现有些经济业务公司日记账上都已登记而银行对账单上没有登记,而有些经济业务银行对账单已记录而公司日记账上却没有登记。

为什么有些经济业务公司银行存款日记账和银行对账单不一致呢?是王芳或银行漏记了这些业务吗?王芳应该如何确认截至 11 月 30 日的银行存款的准确余额呢?

分析:王芳将银行对账单和银行存款日记账上所登记的每笔经济业务进行逐笔核对,发现有以下未达账项。

企业已收、银行未收的款项为 28 000 元；

企业已付、银行未付的款项为 376 元；

银行已收、企业未收的款项为 12 308 元(488＋11 820)；

银行已付、企业未付的款项为 3 120 元；

根据以上未达账项,填写表 9-4 银行存款余额调节表。

表 9-4　银行存款余额调节表

2021 年 11 月 30 日

项　　目	金　额	项　　目	金　额
企业银行存款日记账余额	102 594	银行对账单余额	84 158
加：银行已收,企业未收	12 308	加：企业已收,银行未收	28 000
减：银行已付,企业未付	3 120	减：企业已付,银行未付	376
调节后的存款余额	111 782	调节后的存款余额	111 782

3. 银行存款余额调节表的作用

(1)银行存款余额调节表是一种对账记录或对账工具,不能作为调整账面记录的依据,也不是原始凭证,即不能根据银行存款余额调节表中的未达账项来调整银行存款账面记录,未达账项只有在收到有关凭证后才能进行有关的账务处理。

(2)调节后的余额如果相等,通常说明企业和银行的账面记录没有错误,该余额通常为企业可以动用的银行存款实有数。

(3)调节后的余额如果不相等,通常说明一方或双方记账有误,须进一步追查,查明原因后予以更正和处理。

二、实物资产清查方法的具体运用

(一)清查方法

实物资产的清查,应从数量和质量两个方面进行,不仅要从数量上核对账面数与实物数是否相符,而且要查明这些物资是否有损坏、变质等情况。不同规格、品种的实物资产,由于其实物形态、体积、重量、存放方式等不尽相同,采用的清查方法也不同,一般有实地盘点法和技术推算法两种。

实地盘点法是指在财产物资存放现场,逐一清点数量或用计量仪器确定其实存数量的一种方法。采用这种方法得出的清查结果数字准确、可靠,清查质量高,但工作量大。适用于可以逐一点数、量尺、过磅的实物清查。大多数财产物资的清查都可以使用这种方法。

技术推算法是指对那些大量成堆、难以逐一点清的物品,按照一定的标准或数学方法推算出实物资产实存数量的一种方法。技术推算法是利用技术方法,如量方计尺根据比重等对财产物资的实存数进行推算的一种方法。这种方法适用于大量成堆、难以逐一清点的财产物资。

（二）清查记录

实物清查工作一般分为盘点实物、填写盘存单和编制实存账存对比表三个步骤进行。在实物盘点过程中，实物保管人员和清查人员必须同时在场，以明确经济责任。对各项财产物资的盘点结果，应逐一如实地登记在盘存单上，并由实物保管人员和有关参加盘点人员同时签字或签章。如实准确地登记盘存单，并由盘点人员和实物保管人员共同签字或盖章方能生效。盘存单是记录实物盘点后财产物资实存数，是反映盘点结果的书面证明文件，如表9-5所示。为了进一步查明盘点结果与账面结存余额是否一致，确定盘盈或盘亏情况，还应根据盘存单和有关账簿记录，编制实存账存对比表，又称盘盈盘亏报告表，如表9-6所示。实存账存对比表是调整账簿记录的原始凭证，盘存单不是调整账簿记录的原始凭证。

表9-5　盘存单

单位名称：　　　　　　　　　　盘点时间：　　　　　　　　　　编　　号：

财产类别：　　　　　　　　　　存放地点：　　　　　　　　　　金额单位：

编　号	名　称	计 量 单 位	数量	单价	金额	备注

单位负责人（印）　　　　　会计主管（印）　　　盘点人（印）　　　　　实物保管人（印）

表9-6　实存账存对比表

单位名称：　　　　　　　　　　年　月　日　　　　　　　　　　财产类别：

编　号	类别名称	计量单位	单 价	实　存		账　存		实存与账存对比				备注
								盘　盈		盘　亏		
				数 量	金 额	数 量	金 额	数 量	金 额	数 量	金 额	

单位负责人（印）　　　　　会计主管（印）　　　盘点人（印）　　　　　实物保管人（印）

【例9-2】　广州珠江实业有限责任公司对原材料等实物资产的清查采用的是实地盘点的方法。对各项财产物资的盘点结果，应逐一如实地登记在如表9-7所示的盘存单上。为了进一步查明盘点结果与账面结存余额是否一致，确定盘盈或盘亏情况，还应根据盘存单和有关账簿记录，编制实存账存对比表，如表9-8所示。

表9-7　盘存单

单位名称：广州珠江实业有限责任公司　　2021年12月31日　　　　编　　号：

财产类别：原材料　　　　　　　存放地点：材料库　　　　　　　　金额单位：元

编　号	名　称	计 量 单 位	数量	单价	金额	备注
13098	甲材料	吨	3 000	2 000	6 000 000	

单位负责人（印）　　　　　会计主管（印）　　　盘点人（印）　　　　　实物保管人（印）

表 9-8　实存账存对比表

单位名称：广州珠江实业有限责任公司　　　2021 年 12 月 31 日　　　财产类别：

编号	类别名称	计量单位	单价	实　存		账　存		实存与账存对比				备注
								盘盈		盘亏		
				数量	金额	数量	金额	数量	金额	数量	金额	
13098	甲材料	吨	2 000	3 000	6 000 000	2 998	5 996 000	2	4 000			

单位负责人（印）　　　　　会计主管（印）　　　　盘点人（印）　　　　　　实物保管人（印）

三、往来款项的清查

往来款项的清查是指对本单位发生的各种债权、债务等结算业务进行清查,如对应收账款、应付账款、预收账款、预付账款、其他应收款、其他应付款等进行清查。往来款项的清查一般是采用发函询证的方法进行核对。清查单位按每一个经济往来单位编制往来款项对账单(一式两份,其中一份作为回执联)送往各经济往来单位。对方经过核对相符后,在回执联上盖公章后退回,表示已核对;若核对不符,对方应在回联单上注明情况,或另抄对账单退回本单位,作为进一步核对的依据。委托加工物资、在途物资也采取发函询证的方法。往来款项对账单的常用格式如图 9-1 所示。

往来款项对账单

×××单位:

　　贵单位 20××年×月×日从我公司购入甲产品 200 件,已付货款 40 000 元,尚有 60 000 元货款未付,请核对后将回联单寄回。

　　　　　　　　　　　　　　　　　　　　　　　　　　　　　(清查)单位:(盖章)
　　　　　　　　　　　　　　　　　　　　　　　　　　　　　　　年　　月　　日

沿此虚线裁开,将以下回联单寄回!

- -

　　如核对相符,请在数据无误处盖章确认(沿此虚线剪下,将以下回联单寄回);如数据存在差异,请注明贵公司记载的金额。

　　　　　　　　　　　　　往来款项对账单(回联)

××(清查)单位:

　　贵单位寄来的"往来款项对账单"已收到,经核对相符无误。

　　　　　　　　　　　　　　　　　　　　　　　　　　　　　×××单位:(盖章)
　　　　　　　　　　　　　　　　　　　　　　　　　　　　　　　年　　月　　日

图 9-1　往来款项对账单的常用格式

清查单位收到对方的回单联后,应据以编制往来账项清查表,如表 9-9 所示。在往来款项清查后,要及时催收该收回的款项,偿还该支付的款项,对呆账和有争议的款项应及时研究处理,加强对往来款项的管理,以减少坏账损失的发生。

表 9-9 往来款项清查表

编制单位 _____   年　　月　　日

总账账户		明细账账户		清查结果		不同意原因			备注
账户名称	余额	账户名称	余额	同意	不同意	争执款项	无法收回(或偿还)款项	其他	

单位负责人(印)　　　　　　会计主管(印)　　　　　清查人员(印)　　　　　经管人员(印)

任务三　处理财产清查结果

任务描述

了解处理财产清查结果的步骤及内容。

一、处理财产清查结果的步骤

财产清查后,如果实存数与其账存数不一致,会出现两种情况:实存数大于账存数时,称为盘盈;实存数小于账存数时,称为盘亏。当实存数与账存数一致,但实存的财产物资有质量问题,不能正常使用,称为毁损。不论盘盈、盘亏还是毁损都说明企业在经营管理和财产保管中存在着一定的问题。其处理的主要步骤如下。

(1)核准盘盈、盘亏、毁损和其他损失的数字,查明性质与原因,明确责任,提出处理意见,报相关人员批准。

(2)根据已查明属实的财产盘盈、盘亏或毁损的数字,编制实存账存对比表,填制记账凭证,据以登记账簿,使各项财产物资做到账实相符。

(3)报经批准,进行会计处理。

为了正确反映和监督财产物资的盘盈、盈亏和处理情况,在会计上应设置和使用"待处理财产损溢"账户。该账户的借方登记待处理财产物资的盘亏、毁损数和经批准转销的盘盈数;贷方登记待处理财产物资的盘盈数和经批准转销的盘亏、毁损数。该账户处理前的借方余额反映企业尚未处理的各种财产的净损失;处理前的贷方余额反映企业尚未处理的各种财产的净溢余。为了分别反映和监督企业固定资产和流动资产的盈亏情况,应设置"待处理财产损溢——待处理固定资产损溢"和"待处理财产损溢——待处理流动资产损溢"两个二级明细分类科目进行核算。

二、财产物资盘盈的核算

流动资产发生盘盈时,借记"库存现金""原材料""库存商品"等科目,贷记"待处理财产损溢"科目。对于长余的现金,经批准处理后,借记"待处理财产损溢"科目,属于应支付给有关单位或人员的,贷记"其他应付款"科目;属于无法查明原因的,则贷记"营业外收入"科目。其他盘盈的流动资产经批准处理后,借记"待处理财产损溢"科目,贷记"管理费用"科目。盘盈的固定资产作为前期会计差错处理,通过"以前年度损益调整"科目进行核算。

三、财产物资盘亏的核算

流动资产发生盘亏和毁损时,借记"待处理财产损溢"科目,贷记"库存现金""原材料""库存商品"等科目。经批准处理后,借方应根据不同的原因做出不同的处理:收回的残料入库或变卖收入,应借记"原材料""银行存款"等科目;应收取保险公司的赔款以及因责任人造成的损失应由其赔偿的,借记"其他应收款"科目;盘亏和毁损总额扣除以上几部分的剩余净损失,若属于一般经营性损失或定额内损失,借记"管理费用"科目,若属于非常损失,则借记"营业外支出"科目;同时,按盘亏和毁损的总金额贷记"待处理财产损溢"科目。

固定资产发生盘亏和毁损,按账面已提折旧借记"累计折旧"科目,按固定资产的账面原始价值,贷记"固定资产"科目,按两者的差额借记"待处理财产损溢"科目。报经批准处理后,其损失数额借记"营业外支出"科目,贷记"待处理财产损溢"科目。若由于自然灾害造成固定资产盘亏和毁损,应向保险公司收取的保险赔偿款,借记"其他应收款"科目;所收回的残料入库或变卖收入,借记"原材料""银行存款"等科目,其净损失借记"营业外支出"科目。

【例9-3】 东方红公司在某月的一次财产清查中,发现了以下情况。

(1) 在现金清查中发现现金日记账的账面金额为1 950元,实际清点完毕的现金为1 900元。

(2) 在实物资产清查中发现甲材料账面数量为860千克,实际清查结果为880千克,盘盈甲材料20千克,价值800元。

(3) 在实物资产清查中发现乙材料账面数量为1 050千克,实际清查结果为1 020千克,盘亏乙材料30千克,价值1 200元。

(4) 在财产清查中发现盘亏车床一台,账面原值50 000元,已提折旧17 000元。

相应处理方式如下。

(1) 在现金清查中发现现金日记账的账面金额为1 950元,实际清点完毕的现金为1 900元。经核查,应由出纳人员赔偿。

① 在批准前,根据现金盘点报告表所确定的现金盘亏数字编制记账凭证,如表9-10所示。

② 经查明,盘亏的现金属于出纳人员失职造成,应由出纳人员赔偿,编制记账凭证,如表9-11所示。

表 9-10　付款凭证

2021 年 12 月 31 日　　　　　　　　　现付字第 001 号

摘　要	会 计 科 目		借方金额	贷方金额	记账符号
	一 级 科 目	明 细 科 目			
现金盘亏	待处理财产损溢	待处理流动资产损溢	50		
	库存现金			50	
合　　计			50	50	

会计主管：　　　　　记账：　　　　　审核：　　　　　制单：

表 9-11　转账凭证

2021 年 12 月 31 日　　　　　　　　　转字第 001 号

摘　要	会 计 科 目		借方金额	贷方金额	记账符号
	一 级 科 目	明 细 科 目			
转销现金盘亏	其他应收款	责任人	50		
	待处理财产损溢	待处理流动资产损溢		50	
合　　计			50	50	

会计主管：　　　　　记账：　　　　　审核：　　　　　制单：

（2）在实物资产清查中发现甲材料账面为 860 千克，实际清查结果为 880 千克，盘盈甲材料 20 千克，价值 800 元。

① 批准前，根据实存账存对比表中的记录编制记账凭证，如表 9-12 所示。

表 9-12　转账凭证

2021 年 12 月 31 日　　　　　　　　　转字第 002 号

摘　要	会 计 科 目		借方金额	贷方金额	记账符号
	一 级 科 目	明 细 科 目			
甲材料盘盈	原材料		800		
	待处理财产损溢	待处理流动资产损溢		800	
合　　计			800	800	

会计主管：　　　　　记账：　　　　　审核：　　　　　制单：

② 经查明，甲材料盘盈是因计量仪器不准造成生产领用少发多记，经批准冲减本月管理费用，编制记账凭证，如表 9-13 所示。

表 9-13　转账凭证

2021 年 12 月 31 日　　　　　　　　　转字第 003 号

摘　要	会 计 科 目		借方金额	贷方金额	记账符号
	一 级 科 目	明 细 科 目			
转销盘盈甲材料	待处理财产损溢	待处理流动资产损溢	800		
	管理费用			800	
合　　计			800	800	

会计主管：　　　　　记账：　　　　　审核：　　　　　制单：

（3）在实物资产清查中发现乙材料账面为 1 050 千克，实际清查结果为 1 020 千克，盘亏乙材料 30 千克，价值 1 200 元。

① 在批准前，根据实存账存对比表的记录编制记账凭证，如表 9-14 所示。

表 9-14 转账凭证

2021 年 12 月 31 日　　　　　　　　　　　　　　　转字第 004 号

摘　要	会 计 科 目		借方金额	贷方金额	记账符号
	一级科目	明细科目			
乙材料盘亏	待处理财产损溢	待处理流动资产损溢	1 200		
	原材料			1 200	
合　　计			1 200	1 200	

会计主管：　　　　　记账：　　　　　审核：　　　　　制单：

② 批准后，盘亏的乙材料是属于定额内的自然损耗，编制记账凭证，如表 9-15 所示。

表 9-15 转账凭证

2021 年 12 月 31 日　　　　　　　　　　　　　　　转字第 005 号

摘　要	会 计 科 目		借方金额	贷方金额	记账符号
	一级科目	明细科目			
转销盘亏乙材料	管理费用		1 200		
	待处理财产损溢	待处理流动资产损溢		1 200	
合　　计			1 200	1 200	

会计主管：　　　　　记账：　　　　　审核：　　　　　制单：

（4）在财产清查中发现盘亏车床一台，账面原值 50 000 元，已提折旧 17 000 元。

① 批准前，根据实存账存对比表确定的固定资产盘亏数编制记账凭证，如表 9-16 所示。

表 9-16 转账凭证

2021 年 12 月 31 日　　　　　　　　　　　　　　　转字第 006 号

摘　要	会 计 科 目		借方金额	贷方金额	记账符号
	一级科目	明细科目			
固定资产盘亏	待处理财产损溢	待处理固定资产损溢	33 000		
	累计折旧		17 000		
	固定资产			50 000	
合　　计			50 000	50 000	

会计主管：　　　　　记账：　　　　　审核：　　　　　制单：

235

② 批准后,转销盘亏的固定资产,编制记账凭证,如表 9-17 所示。

表 9-17 转账凭证

2021 年 12 月 31 日 　　　　　　　　　　　　　　　　转字第 007 号

摘　要	会 计 科 目		借方金额	贷方金额	记账符号
	一级科目	明　细　科　目			
转销盘亏固定资产	营业外支出		33 000		
	待处理财产损溢	待处理固定资产损溢		33 000	
合　　计			33 000	33 000	

会计主管: 　　　　　记账: 　　　　　审核: 　　　　　制单:

四、往来款项清查结果的账务处理

(一)应收款项的账务处理

在财产清查中,对于经查明确认无法收回的应收账款,应作为坏账损失予以核销。核销时,不必通过"待处理财产损溢"科目核算,应按规定的程序批准核销后作账务处理。由于企业按期提取坏账准备,因此核销坏账时,应冲减坏账准备并核销应收账款,借记"坏账准备"科目,贷记"应收账款"科目。

(二)应付款项的账务处理

在财产清查中,对于经查明确认无法支付的应付账款,应予以核销。核销时不必通过"待处理财产损溢"科目核算,应按规定的程序报经批准后,直接核销应付账款并转作营业外收入处理,会计分录为借记"应付账款"科目,贷记"营业外收入"科目。

【项目训练】

一、单项选择题

1. 某企业仓库本期期末盘亏原材料,原因已经查明,属于自然损耗,经批准后,会计人员应编制的会计分录为(　　)。

    A. 借:待处理财产损溢 　　　　　　　　B. 借:待处理财产损溢

        贷:原材料 　　　　　　　　　　　　　　贷:管理费用

    C. 借:管理费用 　　　　　　　　　　　　D. 借:营业外支出

        贷:待处理财产损溢 　　　　　　　　　　贷:待处理财产损溢

2. 企业的存货由于计量、收发错误导致的盘亏,由企业承担的部分应作为(　　)处理。

    A. 营业外支出 　　　　B. 其他业务支出 　　　　C. 坏账损失 　　　　D. 管理费用

3. 对于财产清查结果处理的要求不包括(　　)。

    A. 分析产生差异的原因和性质,提出处理建议

B. 向税务部门报告清查结果

C. 总结经验教训,建立健全各项规章制度

D. 及时调整账簿记录,保证账实相符

4. 对往来款项进行清查,应该采用的方法是( )。

    A. 技术推算法   B. 与银行核对账目法

    C. 实地盘存法   D. 发函询证法

5. 下列关于库存现金在盘点后应编制的原始凭证的各项中,正确的是( )。

    A. 实存账存对比表   B. 库存现金盘点报告表

    C. 银行存款余额调节表   D. 银行对账单

6. 企业开出支票一张,银行尚未入账,属于( )情况的未达账项。

    A. 银行已收,企业未收   B. 银行已付,企业未付

    C. 企业已收,银行未付   D. 企业已付,银行未付

7. 银行存款常用的清查方法是( )。

    A. 实地盘点法   B. 账单核对法   C. 技术推算法   D. 发函询证法

8. 库存现金的清查是通过( )进行的。

    A. 实地盘点法   B. 账账核对法   C. 技术分析法   D. 征询法

9. 财产清查的一般程序不包括( )。

    A. 建立财产清查组织

    B. 制定清查方案

    C. 编制复查报告

    D. 根据盘存清单,填制实物、往来账项清查结果报告表

10. 一般来说,单位撤销、合并、改变隶属关系时,要进行( )。

    A. 全面清查   B. 局部清查   C. 实地盘点   D. 技术推算

二、多项选择题

1. 库存现金盘亏的账务处理中可能涉及的科目有( )。

    A. 库存现金   B. 管理费用   C. 其他应收款   D. 营业外支出

2. 对于盘亏、毁损的存货,经批准后进行账务处理时,可能涉及的借方账户是( )。

    A. 其他应收款   B. 营业外支出   C. 营业外收入   D. 原材料

3. 下列各项应在"待处理财产损溢"科目贷方登记的是( )。

    A. 财产物资盘亏、毁损的金额   B. 财产物资盘盈的金额

    C. 财产物资盘盈的转销额   D. 财产物资盘亏的转销额

4. 下列各项中,( )适合采用实地盘点法进行财产清查。

    A. 原材料   B. 固定资产   C. 库存现金   D. 露天堆放的煤

5. 下列各项中,( )应当采用实地盘点法进行财产清查。

    A. 库存现金的清查   B. 银行存款的清查

    C. 实物资产的清查   D. 往来款项的清查

6. 现金清查的内容主要包括( )。

    A. 是否有未达账项   B. 是否有白条顶库

237

C. 有无挪用公款   D. 往来款项是否相符

7. 下列各项中,按照清查的时间对财产清查进行分类,正确的有(   )。

    A. 全面清查　　　　B. 局部清查　　　　C. 定期清查　　　　D. 不定期清查

8. 下列事项,需要进行局部清查的有(   )。

    A. 发生自然灾害　　　　　　　　　　B. 会计机构负责人调离时

    C. 财产物资保管人员发生变动　　　　D. 单位撤销

9. 财产清查的意义包括(   )。

    A. 有利于提高会计核算资料的准确性

    B. 有利于挖掘财产物资的潜力,加速资金周转

    C. 有利于保障财产物资的安全完整

    D. 有利于合理安排生产经营活动

10. 全面清查是指对企业的全部财产进行盘点和核对,包括属于本单位和存放在本单位的所有财产物资、货币资金和各项债权债务,其中的财产物资包括(   )。

    A. 在本单位的所有固定资产、库存商品、原材料、包装物、低值易耗品、在产品、未完工程等

    B. 属于本单位但在途中的各种在途物资

    C. 委托其他单位加工、保管的材料物资

    D. 存放在本单位的代销商品、材料物资等

三、判断题

1. 凡有几个银行户头以及开设有外币存款户头的单位,应分别按存款户头开设银行存款日记账。每月月底,应分别将各户头的银行存款日记账汇总后与汇总的银行对账单核对,编制银行存款余额调节表。　　　　　　　　　　　　　　　　　(   )

2. 永续盘存制的计算公式:期初结存数＋本期收入数－期末实存数＝本期发出数。

(   )

3. 固定资产盘盈可计入营业外收入。　　　　　　　　　　　　　　　　　(   )

4. 在处理建议得到批准之前,财务部门不得进行任何账务处理。　　　　(   )

5. 在进行财产物资盘点时,实物保管员必须在场。　　　　　　　　　　(   )

6. 对已委托外单位加工、保管的材料、商品、物资以及在途材料、商品、物资等,可以采取询证的方法与有关单位进行核对,来查明账实是否相符。　　　　　　(   )

7. 未达账项是指由于存款单位和银行之间对于同一项业务,由于取得凭证的时间不同,导致记账时间不一致,而发生的一方已取得结算凭证而登记入账,但另一方由于尚未取得结算凭证而尚未入账的款项。　　　　　　　　　　　　　　　(   )

8. 按清查的执行系统分类,分为定期清查和不定期清查。　　　　　　　(   )

9. 财产不定期清查可以是全面清查,也可以是局部清查。　　　　　　　(   )

10. 通过财产清查,可以查明各项财产物资的保管情况是否良好,有无因管理不善,造成霉烂、变质、损失浪费,或者非法被挪用、贪污盗窃的情况,以便采取有效措施,改善管理,切实保障各项财产物资的安全完整。　　　　　　　　　　　　　(   )

四、计算分析题

XYZ 公司 2021 年 9 月 30 日银行存款日记账余额为 54 000 元,与收到的银行对账单

的存款余额不符。经核对,公司与银行均无记账错误,但是发现有下列未达账款,资料如下。

(1) 9月28日,XYZ公司开出一张金额为3 500元的转账支票用以支付供货方货款,但供货方尚未持该支票到银行兑现。

(2) 9月29日,XYZ公司送存银行的某客户转账支票2 100元,因对方存款不足而被退票,而公司未接到通知。

(3) 9月30日,XYZ公司当月的水电费用750元银行已代为支付,但公司未接到付款通知而尚未入账。

(4) 9月30日,银行计算应付给XYZ公司的存款利息120元,银行已入账,而公司尚未收到收款通知。

(5) 9月30日,XYZ公司委托银行代收的款项14 000元,银行已转入公司的账户,但公司尚未收到通知入账。

(6) 9月30日,XYZ公司收到购货方转账支票一张,金额为6 000元,已经送存银行,但银行尚未入账。

要求:完成下列XYZ公司的银行存款余额调节表,如表9-18所示。

表 9-18　银行存款余额调节表

编制单位:XYZ公司 2021年9月30日 单位:元

项　目	金　额	项　目	金　额
企业银行存款日记账余额	54 000	银行对账单余额	62 770
加:银行已收企业未收的款项合计		加:企业已收银行未收的款项合计	
减:银行已付企业未付的款项合计	750	减:企业已付银行未付的款项合计	
调节后余额		调节后余额	

项目十　　处理财务报告业务

知识目标

1. 了解财务报告的目标及财务报表列报的基本要求
2. 理解资产负债表、利润表、所有者权益变动表和财务报表附注的作用及结构
3. 理解现金流量表的作用
4. 掌握财务报表的构成
5. 掌握资产负债表、利润表和所有者权益变动表的定义和结构
6. 掌握现金流量表和现金流量的定义和结构
7. 掌握现金流量表的结构

技能目标

1. 能够根据会计资料编制资产负债表、利润表
2. 能够理解所有者权益变动表、附注及其主要披露项目的格式和内容

课程思政目标

1. 培养责任担当意识
2. 培养遵纪守法的社会公德
3. 培养精益求精的工匠精神

案例导入

深喉揭航天通信子公司智慧海派秘密："C单业务"造假就像流水线 每个部门专人负责补齐资料

2019年10月14日,航天通信(600677,SH)的一纸公告,爆出惊天巨雷。上市公司公告称,子公司智慧海派存在近45亿元应收账款逾期、巨额债务违约、业绩虚假等重大风险事项。此消息一出,航天通信的股价连续三日一字跌停,市值蒸发近20亿元。

对于智慧海派的业绩造假,上交所迅速下发问询函,证监会介入调查,各大媒体纷纷跟踪报道,试图找出其巨额应收账款的流向,但航天通信一再延期回复问询函,至今仍未披露子公司业绩造假的具体情况。

2019 年 12 月初,某智慧海派前员工透露了智慧海派的造假真相:"造假在智慧海派内部统一叫作'C 单业务',每个部门都会有一个人专门负责这方面的内容,每次审计前大家都会把资料补齐。例如产品经理,就需要补齐产品定义、产品立项资料等,这是一个流水线。"

该员工还透露,智慧海派要求员工全部使用 QQ 邮箱进行虚假资料的传输,不允许使用公司邮箱。"当时我们也不知道这个是干什么的,领导让补资料就补,2017 年做得还比较少,2018 年开始,几乎每两个星期都会有一批单子,时间久了,其实大家心里都知道,只是不说破而已,而且懂行的人一看这些资料,就知道是漏洞百出的。"

（资料来源:http://finance.china.com.cn/stock/20200107/5167140.shtml）

问题:

(1) 为何国家严格查处虚假企业财务报告? 财务报告包含哪些内容?

(2) 应该如何披露案例中的舞弊内容?

任务一　认识财务报告

了解财务报告的目标及财务报表的列报的基本要求和财务报表的构成。

一、财务报告及其目标

财务报告是指企业对外提供的反映企业某一特定日期的财务状况和某一会计期间的经营成果、现金流量等会计信息的文件。财务报告包括财务报表和其他应当在财务报告中披露的相关信息和资料。

财务报告的目标是向财务报告使用者提供与企业财务状况、经营成果和现金流量等有关的会计信息,反映企业管理层受托责任履行情况,有助于财务报告使用者作出经济决策。财务报告使用者通常包括投资者、债权人、政府及其有关部门和社会公众等。

二、财务报表的定义与构成

财务报表是对企业财务状况、经营成果和现金流量的结构性表述。财务报表至少应当包括下列组成部分:①资产负债表;②利润表;③现金流量表;④所有者权益(或股东权益,下同)变动表;⑤附注。

财务报表可以按照不同的标准进行分类:①按财务报表编报期间的不同,可以分为中期财务报表和年度财务报表。中期财务报表是以短于一个完整会计年度的报告期间为基础编制的财务报表,包括月报、季报和半年报等。②按财务报表编报主体的不同,可以分为个别财务报表和合并财务报表。个别财务报表是由企业在自身会计核算基础上对账簿记录进行加工而编制的财务报表,它主要用以反映企业自身的财务状况、经营成果和现金流量情况。合并财务报表是以母公司和子公司组成的企业集团为会计主体,根据母公司和所属子公司的财务报表,由母公司编制的综合反映企业集团财务状况、经营成果及现金流量的财务报表。

三、财务报表列报的基本要求

(1)依据各项会计准则确认和计量的结果编制财务报表。企业应当根据实际发生的交易和事项,按照各项具体会计准则的规定进行确认和计量,并在此基础上编制财务报表。

(2)列报基础。在编制财务报表的过程中,企业董事会应当对企业持续经营的能力进行评价。

(3)重要性和项目列报。关于项目在财务报表中是单独列报还是合并列报,应当依据重要性原则来判断。《企业会计准则第 30 号——财务报表列报》第九条规定,性质或功能不同的项目,应当在财务报表中单独列报,但不具有重要性的项目除外。

性质或功能类似的项目,其所属类别具有重要性的,应当按其类别在财务报表中单独列报。某些项目的重要性程度不足以在资产负债表、利润表、现金流量表或所有者权益变动表中单独列示,但对附注却具有重要性,则应当在附注中单独披露。

(4)列报的一致性。财务报表项目的列报应当在各个会计期间保持一致,不得随意变更。

(5)财务报表项目金额间的相互抵销。财务报表项目应当以总额列报,资产和负债、收入和费用不能相互抵销,即不得以净额列报,但企业会计准则另有规定的除外。

(6)比较信息的列报。企业在列报当期财务报表时,至少应当提供所有列报项目上一项可比会计期间的比较数据,以及与理解当期财务报表相关的说明。

(7)财务报表表首的列报要求。财务报表一般分为表首、正表两部分,其中,在表首部分企业应当概括地说明下列基本信息:①编报企业的名称,如企业名称在所属当期发生了变更的,还应明确标明;②对资产负债表而言,须披露资产负债表日,而对利润表、现金流量表和所有者权益变动表而言,须披露报表涵盖的会计期间;③货币名称和单位,按照我国企业会计准则的规定,企业应当以人民币作为记账本位币列报,并标明金额单位,如人民币元、人民币万元等;④财务报表是合并财务报表的,应当予以标明。

(8)报告期间。企业至少应当编制年度财务报表。年度财务报表涵盖的期间短于一年的,应当披露年度财务报表的涵盖期间,以及短于一年的原因。

任务二　处理资产负债表业务

任务描述

理解资产负债表的作用及结构、能独立完成资产负债表的编制。

一、资产负债表概述

资产负债表是反映企业在某一特定日期的财务状况的报表,反映企业一定时期所拥有的资产、需偿还的债务以及股东(投资者)拥有的净资产的情况。

资产负债表可以帮助财务报表使用者全面了解企业的财务状况、分析企业的偿债能力等情况,从而为其作出经济决策提供依据。

二、资产负债表的内容和结构

(一)资产负债表的内容

1. 资产

资产负债表中的资产反映由过去的交易、事项形成并由企业在某一特定日期所拥有或控制的、预期会给企业带来经济利益的资源。资产应当按照流动性的强弱分为流动资产和非流动资产两大类别在资产负债表中列示,在流动资产和非流动资产类别下进一步按性质分项列示。

流动资产是预计在一个正常营业周期中变现、出售或耗用,或者主要为交易目的而持有,或者预计在资产负债表日期起一年内(含一年)变现的资产,或者自资产负债表日起一年内交换其他资产或清偿负债的能力不受限制的现金或现金等价物。

资产负债表中列示的流动资产项目通常包括:货币资金、交易性金融资产、应收票据、应收账款、预付款项、应收利息、应收股利、其他应收款、存货和一年内到期的非流动资产等。

非流动资产是流动资产以外的资产。资产负债表中列示的非流动资产项目通常包括:长期股权投资、固定资产、在建工程、工程物资、固定资产清理、无形资产、开发支出、长期待摊费用以及其他非流动资产等。

2. 负债

资产负债表中的负债反映在某一特定日期企业所承担的、预期会导致经济利益流出企业的现时义务。负债应当按照求偿权的顺序分为流动负债和非流动负债在资产负债表中进行列示,在流动负债和非流动负债类别下再进一步按性质分项列示。

流动负债是预计在一个正常营业周期中清偿,或者主要为交易目的而持有,或者自资产负债表日起一年内(含一年)到期应予以清偿,或者企业无权自主将清偿推迟至资产负债表日后一年以上的负债。资产负债表中列示的流动负债项目通常包括短期借款、应付票据、应付账款、预收款项、应付职工薪酬、应交税费、应付利息、应付股利、其他应付款、一年内到期的非流动负债等。

非流动负债是流动负债以外的负债。非流动负债项目通常包括长期借款、应付债券和其他非流动负债等。

3. 所有者权益

资产负债表中的所有者权益是企业资产扣除负债后的剩余权益,反映企业在某一特

243

定日期股东(投资者)拥有的净资产的总额,它一般按照实收资本、资本公积、盈余公积和未分配利润分项列示。

(二)资产负债表的结构

我国企业的资产负债表采用账户式结构。账户式资产负债表分左右两方,左方为资产项目,按资产的流动性大小排列;右方为负债及所有者权益项目,一般按要求清偿时间的先后顺序排列,在企业清算之前不需要偿还的所有者权益项目排在后面。

资产负债表左方和右方平衡。因此,通过账户式资产负债表,可以反映资产、负债和所有者权益之间的内在关系,即"资产＝负债＋所有者权益",这也是资产负债表编写的理论基础。

我国企业资产负债表格式如表 10-1 所示。

表 10-1　资产负债表

会企 01 表

编制单位:　　　　　　年　　月　　日　　　　　　　单位:元

资　　产	期末余额	上年年末余额	负债和所有者权益(或股东权益)	期末余额	上年年末余额
流动资产:			流动负债:		
货币资金			短期借款		
交易性金融资产			交易性金融负债		
衍生金融资产			衍生金融负债		
应收票据			应付票据		
应收账款			应付账款		
应收款项融资			预收款项		
预付款项			合同负债		
其他应收款			应付职工薪酬		
存货			应交税费		
合同资产			其他应付款		
持有待售资产			持有待售负债		
一年内到期的非流动资产			一年内到期的非流动负债		
其他流动资产			其他流动负债		
流动资产合计			流动负债合计		
非流动资产:			非流动负债:		
债权投资			长期借款		
其他债权投资			应付债券		
长期应收款			其中:优先股		
长期股权投资			永续债		
其他权益工具投资			租赁负债		
其他非流动金融资产			长期应付款		

244

资 产	期末余额	上年年末余额	负债和所有者权益（或股东权益）	期末余额	上年年末余额
投资性房地产			预计负债		
固定资产			递延收益		
在建工程			递延所得税负债		
生产性生物资产			其他非流动负债		
油气资产			非流动负债合计		
使用权资产			负债合计		
无形资产			所有者权益（或股东权益）：		
开发支出			实收资本（或股本）		
商誉			其他权益工具		
长期待摊费用			其中：优先股		
递延所得税资产			永续债		
其他非流动资产			资本公积		
非流动资产合计			减：库存股		
			其他综合收益		
			专项储备		
			盈余公积		
			未分配利润		
			所有者权益（或股东权益）合计		
资产总计			负债和所有者权益（或股东权益）总计		

三、资产负债表的编制

（一）资产负债表项目的填列方法

资产负债表的各项目均需填列"年初余额"和"期末余额"两栏。

1. 年初余额填列

资产负债表"年初余额"栏内各项数字,应根据上年年末资产负债表的"期末余额"栏内所列数字填列。如果上年度资产负债表规定的各个项目的名称和内容与本年度不一致,应对上年年末资产负债表各项目的名称和数字按照本年度的规定进行调整,填入本表"年初余额"栏内。

2. 期末余额填列方法

(1) 根据总账账户的余额填列。资产负债表中的有些项目,可直接根据有关总账账户的余额填列,如"交易性金融资产""短期借款""应付票据""应付职工薪酬"等项目。

(2) 根据总账账户的余额计算填列。资产负债表中的有些项目,需根据几个总账账户的余额计算填列,如"货币资金"项目,需根据"库存现金""银行存款"和"其他货币资金"三个总账账户余额合计填列。

(3)根据有关明细账户的余额计算填列。资产负债表中的有些项目,需要根据明细账户余额填列,如"应付账款"项目,需要分别根据"应付账款"和"预付账款"两个账户所属明细账户的期末贷方余额计算填列。

(4)根据总账账户和明细账户的余额分析计算填列。资产负债表的有些项目,需要依据总账账户和明细账户两者的余额分析填列,如"长期借款"项目,应根据"长期借款"总账账户余额扣除"长期借款"账户所属的明细账户中将在资产负债表日起一年内到期且企业不能自主地将清偿义务展期的长期借款后的金额填列。

(5)根据有关账户余额减去其备抵账户余额后的净额填列。如"固定资产"项目应根据"固定资产"账户期末余额减去"累计折旧""固定资产减值准备"账户余额后的净额填列;"无形资产"项目应根据"无形资产"账户期末余额减去"累计摊销""无形资产减值准备"账户余额后的净额填列。

(6)综合运用上述填列方法分析填列。如资产负债表中的"存货"项目,需根据"原材料""库存商品""委托加工物资""周转材料""材料采购""在途物资""发出商品""材料成本差异"等总账账户期末余额的分析汇总数,再减去"存货跌价准备"备抵账户余额后的金额填列。

(二)资产负债表项目的填列说明

1. 资产项目的填列说明

(1)"货币资金"项目应根据"库存现金""银行存款"和"其他货币资金"账户期末余额的合计数填列。

【例 10-1】 珠江公司 2021 年 12 月 31 日库存现金、银行存款和其他货币资金期末余额分别为:20 000 元、500 000 元、150 000 元,则期末编制资产负债表时,"货币资金"项目应填写金额为

$$20\ 000+500\ 000+150\ 000=670\ 000(元)$$

(2)"交易性金融资产"项目反映企业持有的以公允价值计量且其变动计入当期损益的为交易目的所持有的债权投资、股票投资、基金投资、权证投资等金融资产。该项目应根据"交易性金融资产"账户的期末余额填列。

(3)"应收票据""应收利息""应收股利""其他应收款"等项目反映企业因销售商品、提供劳务等而收到的商业汇票,包括银行承兑汇票和商业承兑汇票。该项目应根据"应收票据"账户的期末余额减去"坏账准备"账户中有关各项应收票据计提的坏账准备期末余额后的金额填列。

(4)"应收账款"项目反映企业因销售商品、提供劳务等经营活动应收取的款项。该项目应根据"应收账款"和"预收账款"账户所属各明细账户的借方期末余额合计减去"坏账准备"账户中有关应收账款计提的坏账准备期末余额后的金额填列。如"应收账款"账户所属明细账户期末有贷方余额的,应在资产负债表"预收款项"项目内填列。

【例 10-2】 珠江公司 2021 年 12 月 31 日应收账款余额为借方 300 000 元,其中应收

A 公司借方余额 420 000 元, 应收 B 公司贷方余额 120 000 元; 预收账款余额为贷方 250 000 元, 其中: 预收 C 公司贷方余额 280 000 元, 预收 D 公司借方余额 30 000 元, 坏账准备为贷方余额 50 000 元。则期末编制资产负债表时, "应收账款"项目应填写的金额为

$$420\,000 + 30\,000 - 50\,000 = 400\,000(元)$$

(5) "预付款项"项目反映企业按照购货合同规定预付给供应单位的款项等。该项目应根据"预付账款"和"应付账款"账户所属各明细账户的期末借方余额合计数, 减去"坏账准备"账户中有关预付款项计提的坏账准备期末余额后的金额填列。如"预付账款"账户所属明细账户期末有贷方余额的, 应在资产负债表"应付账款"项目内填列。

【例 10-3】 珠江公司 2021 年 12 月 31 日, 预付账款余额为借方 200 000 元, 其中预付 A 公司借方余额 220 000 元, 预付 B 公司贷方余额 20 000 元; 应付账款余额为贷方 350 000 元, 其中应付 C 公司贷方余额 480 000 元, 应付 D 公司借方余额 130 000 元, 则期末编制资产负债表时, "预付账款"项目应填写的金额为

$$220\,000 + 130\,000 = 350\,000(元)$$

(6) "其他应收款"项目, 应根据"应收利息""应收股利"和"其他应收款"账户的期末余额合计数, 减去"坏账准备"账户中相关坏账准备期末余额后的金额填列。其中的"应收利息"账户仅反映相关金融工具已到期可收取但于资产负债表日尚未收到的利息, "应收股利"账户反映企业应收的现金股利和应收其他单位分配的利润。

(7) "存货"项目反映企业期末在库、在途和加工中的各种存货的可变现净值。存货包括各种材料、商品、在产品、半成品、包装物、低值易耗品、委托代销商品等。该项目应根据"材料采购""原材料""低值易耗品""库存商品""周转材料""委托加工物资""委托代销商品""生产成本"等账户的期末余额合计, 减去"代销商品款""存货跌价准备"账户中期末余额后的金额填列。材料采用计划成本核算, 以及库存商品采用计划成本核算或售价核算的企业, 还应按加减材料成本差异、商品进销差价后的金额填列。

【例 10-4】 珠江公司 2021 年 12 月 31 日, 有关存货类账户期末余额分别为在途物资借方余额 20 000 元、原材料借方余额 80 000 元、库存商品借方余额 500 000 元、生产成本借方余额 120 000 元、存货跌价准备贷方余额 160 000 元。则期末编制资产负债表时, "存货"项目应填写的金额为

$$20\,000 + 80\,000 + 500\,000 + 120\,000 - 160\,000 = 560\,000(元)$$

(8) "一年内到期的非流动资产"项目反映企业将于一年内到期的非流动资产项目金额。该项目应根据有关账户的期末余额填列。

(9) "长期股权投资"项目应根据"长期股权投资"账户的期末余额减去"长期股权投资减值准备"账户的期末余额后的金额填列。

(10) "固定资产"项目反映资产负债表日企业固定资产的期末账面价值和企业尚未清理完毕的固定资产清理净损益。该项目应根据"固定资产"账户的期末余额, 减去"累计折旧"和"固定资产减值准备"账户的期末余额后的金额, 以及"固定资产清理"账户的期末余额填列。

(11) "在建工程"项目反映资产负债表日企业尚未达到预定可使用状态的在建工程的期末账面价值和企业为在建工程准备的各种物资的期末账面价值。该项目应根据"在

247

建工程"账户的期末余额减去"在建工程减值准备"账户的期末余额后的金额,以及"工程物资"账户的期末余额减去"工程物资减值准备"账户的期末余额后的金额填列。

(12)"无形资产"项目反映企业持有的无形资产,包括专利权、非专利技术、商标权、著作权、土地使用权等。该项目应根据"无形资产"账户的期末余额减去"累计摊销"和"无形资产减值准备"账户期末余额后的金额填列。

(13)"开发支出"项目反映企业开发无形资产过程中能够资本化形成无形资产成本的支出部分。该项目应根据"研发支出"账户中所属的"资本化支出"明细账户期末余额填列。

(14)"长期待摊费用"项目反映企业已经发生但应由本期和以后各期负担的分摊期限在一年以上的各项费用。长期待摊费用其中在一年内(含一年)摊销的部分,在资产负债表"一年内到期的非流动资产"项目填列。该项目应根据"长期待摊费用"账户的期末余额减去将于一年内(含一年)摊销的数额后的金额填列。

(15)"其他非流动资产"项目反映企业除长期股权投资、固定资产、在建工程、工程物资、无形资产等以外的其他非流动资产。该项目应根据有关账户的期末余额填列。

(16)其他项目根据总账期末余额填列即可。

2. 负债项目的填列说明

(1)"短期借款"项目反映企业向银行或其他金融机构等借入的期限在一年以下(含一年)的各种借款。该项目应根据"短期借款"账户的期末余额填列。

(2)"应付票据"项目反映企业因购买材料、商品和接受劳务供应等而开出、承兑的商业汇票,包括银行承兑汇票和商业承兑汇票。该项目应根据"应付票据"账户的期末余额填列。

(3)"应付账款"项目反映企业因购买材料、商品和接受劳务供应等经营活动应支付的款项。该项目应根据"应付账款"和"预付账款"两个账户所属明细账户的期末贷方余额合计数填列;如"应付账款"账户所属明细账户期末有借方余额的,应在资产负债表"预付账款"项目内填列。

【例 10-5】 珠江公司 2021 年 12 月 31 日,预付账款余额为借方 200 000 元,其中预付 A 公司借方余额 220 000 元,预付 B 公司贷方余额 20 000 元;应付账款余额为贷方 350 000 元,其中应付 C 公司贷方余额 480 000 元,应付 D 公司借方余额 130 000 元,则期末编制资产负债表时,"应付账款"项目应填写的金额为

$$20\ 000 + 480\ 000 = 500\ 000(元)$$

(4)"预收款项"项目反映企业因购货合同规定预收的款项。该项目应根据"预收账款"和"应收账款"账户所属明细账户的期末贷方余额合计数填列;如"预收账款"账户所属明细账户期末有借方余额的,应在资产负债表"应收账款"项目内填列。

【例 10-6】 珠江公司 2021 年 12 月 31 日应收账款余额为借方 300 000 元,其中应收 A 公司借方余额 420 000 元,应收 B 公司贷方余额 120 000 元;预收账款余额为贷方 250 000 元,其中:预收 C 公司贷方余额 280 000 元,预收 D 公司借方余额 30 000 元,坏账准备为贷方余额 50 000 元。则期末编制资产负债表时,"预收账款"项目应填写的金额为

$$120\ 000 + 280\ 000 = 400\ 000(元)$$

(5)"应付职工薪酬"项目反映企业根据有关规定应付给职工的工资、职工福利、社会保险费、住房公积金、工会经费、职工教育经费、非货币性福利、辞退福利等各种薪酬。外商投资企业按规定从净利润中提取的职工奖励及福利基金,也在该项目列示。

(6)"应交税费"项目反映企业按照税法规定计算应缴纳的各种税费,包括增值税、消费税、所得税、资源税、土地增值税、城市维护建设税、房产税、土地使用税、车船税、教育费附加、矿产资源补偿费等。企业代扣代交的个人所得税,也通过该项目列示。企业所交纳的税金不需要预计应交数的,如印花税、耕地占用税等,不在该项目列示。该项目应根据"应交税费"账户的期末余额填列,如"应交税费"账户期末为借方余额,应以"一"号填列。

(7)"其他应付款"项目应根据"应付利息""应付股利"和"其他应付款"账户的期末余额合计数填列。其中的"应付利息"仅反映相关金融工具已到期应支付但于资产负债表日尚未支付的利息。基于实际利率法计提的金融工具的利息应包含在相应金融工具的账面余额中。

(8)"一年内到期的非流动负债"项目反映企业非流动负债中将于资产负债表日后一年内到期部分的金额,如将于一年内偿还的长期借款。该项目应根据有关账户的期末余额填列。

(9)"长期借款"项目反映企业向银行或其他金融机构等借入的期限在一年以上(不含一年)的各种借款。该项目应根据"长期借款"账户的期末余额减去将于一年内偿还的长期借款余额填列。

【例10-7】 珠江公司2021年12月31日长期借款余额为贷方800 000元,其中2019年10月1日借入的三年期借款为250 000元,2018年11月20日借入的三年期借款为550 000元。则期末编制资产负债表时,"长期借款"项目应填写的金额为550 000元。

注意:2019年10月1日借入的三年期借款为250 000元,在2021年12月31日将于一年内到期偿还应填写在"一年内到期的非流动负债"项目。

(10)"应付债券"项目反映企业为筹集长期资金而发行的债券本金和利息。该项目应根据"应付债券"账户的期末余额填列。

(11)"长期应付款"项目反映资产负债表日企业除长期借款和应付债券以外的其他各种长期应付款项的期末账面价值。该项目应根据"长期应付款"账户期末余额减去相关的"未确认融资费用"账户的期末余额后的金额,以及"专项应付款"账户的期末余额填列。

(12)"其他非流动负债"项目反映企业除长期借款、应付债券等项目以外其他非流动负债。该项目应根据有关账户的期末余额填列。其他非流动负债项目应根据有关账户的期末余额减去将于一年内(含一年)到期偿还数后的余额填列,非流动负债各项目中将于一年内(含一年)到期的非流动负债,应在"一年内到期的非流动负债"项目内单独反映。

(13)"合同资产"和"合同负债"项目。应分别根据"合同资产"科目、"合同负债"科目的相关明细科目的期末余额分析填列,同一合同下的合同资产和合同负债应当以净额列示,其中净额为借方余额的,应当根据其流动性在"合同资产"或"其他非流动资产"项目中填列,已计提减值准备的,还应减去"合同资产减值准备"科目中相关的期末余额后的金额填列;其中净额为贷方余额的,应当根据其流动性在"合同负债"或"其他非流动负债"项目中填列。

249

（14）其他项目根据总账期末余额填列即可。

3. 所有者权益项目的填列说明

（1）"实收资本（或股本）"项目反映企业各投资者实际投入的资本（或股本）总额。该项目应根据"实收资本（或股本）"账户的期末余额填列。

（2）"资本公积"项目反映企业资本公积的期末余额。该项目应根据"资本公积"账户的期末余额填列。

（3）"专项储备"项目反映高危行业企业按国家规定提取的安全生产费的期末账面价值。该项目应根据"专项储备"账户的期末余额填列。

（4）"盈余公积"项目反映企业盈余公积的期末余额。该项目应根据"盈余公积"账户的期末余额填列。

（5）"未分配利润"项目反映企业尚未分配的利润。该项目应根据"本年利润"账户和"利润分配"账户的余额计算填列。未弥补的亏损在本项目内以"－"号填列。

【例 10-8】 珠江公司 2021 年 12 月 31 日，本年利润为借方余额 600 000 元，利润分配为贷方余额 950 000 元。则期末编制资产负债表时，"未分配利润"项目应填写的金额为

$$950\ 000-600\ 000=350\ 000（元）$$

四、资产负债表编制案例

（一）资料

珠江公司 2020 年 12 月 31 日资产负债表（年初余额略）及 2021 年 12 月 31 日的账户余额如表 10-2 和表 10-3 所示。假设该公司 2021 年度除计提固定资产减值准备导致固定资产账面价值与其计税基础存在可抵扣暂时性差异外，其他资产和负债项目的账面价值均等于其计税基础。坏账准备全部是为应收账款计提的。假定珠江公司未来很可能获得足够的应纳税所得额用来抵扣暂时性差异，适用的所得税税率为 25%。请编制珠江公司 2021 年 12 月 31 日的资产负债表。

表 10-2　资产负债表

会企 01 表

编制单位：珠江公司　　　　　2020 年 12 月 31 日　　　　　单位：元

资　　产	期末余额	负债和所有者权益	期末金额
流动资产：		流动负债：	
货币资金	1 406 300	短期借款	300 000
以公允价值计量且其变动计入当期损益的金融资产	15 000	以公允价值计量且其变动计入当期损益的金融负债	0
应收票据	246 000	应付票据	200 000
应收账款	299 100	应付账款	953 800
预付款项	100 000	预收款项	0
其他应收款	5 000	应付职工薪酬	110 000

资　产	期末余额	负债和所有者权益	期末金额
存货	2 580 000	应交税费	36 600
一年内到期的非流动资产	0	应付股利	0
其他流动资产	100 000	其他应付款	51 000
流动资产合计	4 751 400	一年内到期的非流动负债	1 000 000
非流动资产：		其他流动负债	
可供出售金融资产	0	流动负债合计	2 651 400
持有至到期投资	0	非流动负债：	
长期应收款	0	长期借款	600 000
长期股权投资	250 000	应付债券	0
投资性房地产		长期应付款	
固定资产	1 100 000	预计负债	0
在建工程	1 500 000	递延收益	0
生产性生物资产	0	递延所得税负债	0
油气资产	0	其他非流动负债	0
无形资产	600 000	非流动负债合计	600 000
开发支出	0	负债合计	3 251 400
商誉		所有者权益：	
长期待摊费用	0	实收资本	5 000 000
递延所得税资产	0	资本公积	0
其他非流动资产	200 000	减：库存股	0
非流动资产合计	3 650 000	盈余公积	100 000
		未分配利润	50 000
		所有者权益合计	5 150 000
资产合计	8 401 400	负债和所有者权益总计	8 401 400

表 10-3　账户余额表

编制单位：珠江公司　　　　　　　2021 年 12 月 31 日　　　　　　　　　单位：元

账 户 名 称	借方余额	账 户 名 称	贷方余额
库存现金	2 000	短期借款	50 000
银行存款	805 831	应付票据	100 000
其他货币资金	7 300	应付账款	953 800
以公允价值计量且其变动计入当期损益的金融资产	0	其他应付款	50 000
应收票据	66 000	应付职工薪酬	180 000
应收账款	600 000	应交税费	226 731

账 户 名 称	借方余额	账 户 名 称	贷方余额
坏账准备	−1 800	应付利息	0
预付账款	100 000	应付股利	32 215.85
其他应收款	5 000	一年内到期的非流动负债	0
材料采购	275 000	长期借款	1 148 000
原材料	45 000	实收资本	5 000 000
周转材料	38 050	资本公积	0
库存商品	2 122 400	其他综合收益	12 000
材料成本差异	4 250	盈余公积	124 770.4
其他流动资产	100 000	利润分配(未分配利润)	218 013.75
长期股权投资	262 000		
固定资产	2 401 000		
累计折旧	−170 000		
固定资产减值准备	−30 000		
工程物资	300 000		
在建工程	428 000		
无形资产	600 000		
累计摊销	−60 000		
递延所得税资产	7 500		
其他长期资产	188 000		
合　计	8 095 531	合　计	8 095 531

注:"应收账款"账户余额 600 000 元分别为"应收账款——甲公司"借方余额 800 000 元,"应收账款——乙公司"贷方余额 200 000 元,"应付账款"账户余额 953 800 元分别为"应付账款——丙公司"贷方余额 720 000 元,"应付账款——丁公司"贷方余额 233 800 元。

(二)编制 2021 年 12 月 31 日资产负债表

(1)"年初余额"栏,各项目直接根据 2020 年 12 月 31 日资产负债表的"期末余额"栏填列。

(2)"期末余额"栏中各项目的计算过程及结果如下。

① "货币资金"项目="库存现金"+"银行存款"+"其他货币资金"账户余额合计=2 000+805 831+7 300=815 131(元)。

② "应收票据"项目="应收票据"借方余额−"坏账准备"贷方余额(属于应收票据计提部分)=66 000−0=66 000(元)。

③ "应收账款"项目="应收账款"明细账户借方余额+"预收账款"明细账户借方余额−"坏账准备"贷方余额(属于应收账款计提部分)=800 000+0−1 800=798 200(元)。

④"预付款项"项目="预付账款"明细账户借方余额＋"应付账款"明细账户借方余额－"坏账准备"贷方余额(属于预付账款计提部分)＝100 000＋0＝100 000(元)。

⑤"其他应收款"项目="其他应收款"账户余额－"坏账准备"贷方余额(属于其他应收款计提部分)＝5 000－0＝5 000(元)。

⑥"存货"项目="材料采购"＋"原材料"＋"周转材料"＋"材料成本差异"(贷方为负)＋"库存商品"账户余额合计－"存货跌价准备"贷方余额＝275 000＋45 000＋38 050＋2 122 400＋4 250＝2 484 700(元)。

⑦"其他流动资产"项目="其他流动资产"账户期末余额＝100 000(元)。

⑧"长期股权投资"项目="长期股权投资"账户余额－"长期股权投资减值准备"账户余额＝262 000－0＝262 000(元)。

⑨"固定资产"项目="固定资产"－"累计折旧"－"固定资产减值准备"＝2 401 000－170 000－30 000＝2 201 000(元)。

⑩"在建工程"项目="在建工程"账户余额－"在建工程减值准备"＋"工程物资"账户余额＝428 000－0＋300 000＝728 000(元)。

⑪"无形资产"项目="无形资产"账户余额－"累计摊销"账户余额－"无形资产减值准备"账户余额＝600 000－60 000－0＝540 000(元)。

⑫"递延所得税资产"项目="递延所得税资产"账户余额＝7 500(元)。

⑬"其他非流动资产"项目="其他长期资产"账户余额＝188 000(元)。

⑭"短期借款"项目="短期借款"账户余额＝50 000(元)。

⑮"应付票据"项目="应付票据"账户余额＝100 000(元)。

⑯"应付账款"项目="应付账款"明细账户贷方余额＋"预付账款"明细账户贷方余额＝720 000＋233 800＝953 800(元)。

⑰"预收款项"项目="预收账款"明细账户贷方余额＋"应收账款"明细账户贷方余额＝0＋200 000＝200 000(元)。

⑱"应付职工薪酬"项目="应付职工薪酬"账户余额＝180 000(元)。

⑲"应交税费"项目="应交税费"账户余额＝226 731(元)。

⑳"其他应付款"项目="其他应付款"账户余额＋"应付股利"账户余额＝50 000＋32 215.85＝82 215.85(元)。

㉑"长期借款"项目="长期借款"账户余额－"长期借款"中将在一年内到期的长期借款数＝1 148 000－0＝1 148 000(元)。

㉒"实收资本"项目="实收资本"账户余额＝5 000 000(元)。

㉓"其他综合收益"项目="其他综合收益"账户余额＝12 000(元)。

㉔"盈余公积"项目="盈余公积"账户余额＝124 770.4(元)。

㉕"未分配利润"项目="未分配利润"账户余额＝218 013.75(元)。

（三）编制资产负债表

根据上述计算分析编制2021年12月31日的资产负债表,如表10-4所示。

表 10-4 资产负债表

会企 01 表

编制单位：珠江公司　　　　　　2021 年 12 月 31 日　　　　　　单位：元

资　产	期末余额	年初余额	负债和所有者权益	期末余额	年初余额
流动资产：			流动负债：		
货币资金	815 131	1 406 300	短期借款	50 000	300 000
以公允价值计量且其变动计入当期损益的金融资产	0	15 000	以公允价值计量且其变动计入当期损益的金融负债	0	0
应收票据	66 000	246 000	应付票据	100 000	200 000
应收账款	798 200	299 100	应付账款	953 800	953 800
预付款项	100 000	100 000	预收款项	200 000	0
其他应收款	5 000	5 000	应付职工薪酬	180 000	110 000
存货	2 484 700	2 580 000	应交税费	226 731	36 600
一年内到期的非流动资产	0	0	应付利息	0	1 000
其他流动资产	100 000	100 000	其他应付款	82 215.85	82 215.85
流动资产合计	4 369 031	4 751 400	一年内到期的非流动负债	0	1 000 000
非流动资产：			其他流动负债	0	0
可供出售金融资产	0	0	流动负债合计	1 792 746.85	2 651 400
持有至到期投资	0	0	非流动负债：		
长期应收款	0	0	长期借款	1 148 000	600 000
长期股权投资	262 000	250 000	应付债券	0	0
投资性房地产	0	0	长期应付款	0	0
固定资产	2 201 000	1 100 000	预计负债	0	0
在建工程	728 000	1 500 000	递延收益	0	0
固定资产清理	0	0	递延所得税负债	0	0
生产性生物资产	0	0	其他非流动负债	0	0
油气资产	0	0	非流动负债合计	1 148 000	600 000
无形资产	540 000	600 000	负债合计	2 940 746.85	3 251 400
开发支出	0	0	所有者权益：		
商誉	0	0	实收资本	5 000 000	5 000 000
长期待摊费用	0	0	资本公积	0	0
递延所得税资产	7 500	0	减：库存股	0	0
其他非流动资产	188 000	200 000	其他综合收益	12 000	0
非流动资产合计	3 926 500	3 650 000	盈余公积	124 770.4	100 000
			未分配利润	218 013.75	50 000

资　　产	期末余额	年初余额	负债和所有者权益	期末余额	年初余额
			所有者权益合计	5 354 784.15	5 150 000
资产总计	8 295 531	8 401 400	负债和所有者权益总计	8 295 531	8 401 400

知识拓展

小企业资产负债表中的资产类应当单独列示反映下列信息的项目：货币资金、应收及预付款项、存货、长期债券投资、长期股权投资、固定资产、生产性生物资产、无形资产以及长期待摊费用。负债类应当单独列示反映下列信息的项目：短期借款、应付及预收款项、应付职工薪酬、应交税费、应付利息、长期借款以及长期应付款。所有者权益类应当单独列示反映下列信息的项目：实收资本、资本公积、盈余公积以及未分配利润。

任务三　处理利润表业务

任务描述

理解利润表的定义、作用及结构，能独立完成利润表的编制。

一、利润表

利润表是反映企业在一定会计期间的经营成果的报表。

利润表可以反映企业在一定会计期间收入、费用、利润（或亏损）的数额、构成情况，帮助财务报表使用者全面了解企业的经营成果，分析企业的获利能力及盈利增长趋势，从而为其作出经济决策提供依据。

二、利润表的内容及结构

常见的利润表结构主要有单步式和多步式两种。在我国，企业利润表大多数采用多步式结构，即通过对当期的收入、费用、支出项目按性质加以归类，按利润形成的主要环节列示一些中间性利润指标，分步计算当期净损益，分以下五个步骤进行编制。

（1）以营业收入为基础，减去营业成本、税金及附加、销售费用、管理费用、财务费用、资产减值损失，加上公允价值变动收益（减去公允价值变动损失）和投资收益（减去投资损失），计算出营业利润。其中，营业收入为主营业务收入和其他业务收入之和；营业成本为主营业务成本和其他业务成本之和。

（2）以营业利润为基础，加上营业外收入，减去营业外支出，计算出利润总额。

（3）以利润总额为基础，减去所得税费用，计算出净利润（或净亏损）。

255

（4）以净利润（或净亏损）为基础，计算每股收益。

（5）以净利润（或净亏损）和其他综合收益为基础，计算综合收益总额。

我国企业利润表通常格式如表 10-5 所示。

表 10-5　利润表

会企 02 表

编制单位：　　　　　　　　　　年　月　日　　　　　　　　　　单位：元

项　目	本期金额	上期金额
一、营业收入		
减：营业成本		
税金及附加		
销售费用		
管理费用		
研发费用		
财务费用		
其中：利息费用		
利息收入		
加：其他收益		
投资收益（损失以"－"号填列）		
其中：对联营企业和合营企业的投资收益		
以摊余成本计量的金融资产终止确认收益（损失以"－"号填列）		
净敞口套期收益（损失以"－"号填列）		
公允价值变动收益（损失以"－"号填列）		
信用减值损失（损失以"－"号填列）		
资产减值损失（损失以"－"号填列）		
资产处置收益（损失以"－"号填列）		
二、营业利润（亏损以"－"号填列）		
加：营业外收入		
减：营业外支出		
三、利润总额（亏损总额以"－"号填列）		
减：所得税费用		
四、净利润（净亏损以"－"号填列）		
（一）持续经营净利润（净亏损以"－"号填列）		
（二）终止经营净利润（净亏损以"－"号填列）		
五、其他综合收益的税后净额		
（一）不能重分类进损益的其他综合收益		
1.重新计量设定受益计划变动额		

256

项　目	本期金额	上期金额
2. 权益法下不能转损益的其他综合收益		
3. 其他权益工具投资公允价值变动		
4. 企业自身信用风险公允价值变动		
……		
（二）将重分类进损益的其他综合收益		
1. 权益法下可转损益的其他综合收益		
2. 其他债权投资公允价值变动		
3. 金融资产重分类计入其他综合收益的金额		
4. 其他债权投资信用减值准备		
5. 现金流量套期储备		
6. 外币财务报表折算差额		
……		
六、综合收益总额		
七、每股收益		
（一）基本每股收益		
（二）稀释每股收益		

三、利润表的编制

（一）利润表项目的填列方法

利润表各项目均需填列"本期金额"和"上期金额"两栏。利润表"本期金额"栏内各项数字除"每股收益"项目外，应当按照相关账户的发生额分析填列。

1. "上期金额"栏的填列方法

"上期金额"栏内各项目数字，应根据上年该期利润表的"本期金额"栏内所列数字填列。如果上年度利润表的项目名称与本年度不一致，应对上年利润表各项目的名称和数字按照本年度的规定进行调整，填入本表"上期金额"栏。

2. "本期金额"栏的填列方法

在编制中期利润表时，"本期金额"栏应分为"本期金额"和"年初至本期末累计发生额"两栏，分别填列各项目本中期（月、季或半年）各项目实际发生额，以及自年初起至本中期（月、季或半年）末止的累计实际发生额。"上期金额"栏应分为"上年可比本中期金额"和"上年初至可比本中期末累计发生额"两栏，应根据上年可比中期利润表"本期金额"下对应的两栏数字分别填列。

年终结账时，由于全年的收入和支出已全部转入"本年利润"账户，并且通过收支对比结出本年净利润的数额，因此，应将年度利润表中的"净利润"数字与"本年利

257

润"账户结转到"利润分配——未分配利润"账户的数字相核对,检查账簿记录和报表编制的正确性。

利润表"本期金额"和"上期金额"栏内各项数字,应当按照相关账户的发生额分析填列。

(二)利润表项目的填列说明

(1)"营业收入"项目反映企业经营主要业务和其他业务所确认的收入总额。该项目应根据"主营业务收入"和"其他业务收入"账户的发生额分析填列。

(2)"营业成本"项目反映企业经营主要业务和其他业务所发生的成本总额。该项目应根据"主营业务成本"和"其他业务成本"账户的发生额分析填列。

(3)"税金及附加"项目反映企业经营业务应负担的消费税、城市维护建设税、资源税、教育费附加及房产税、土地使用税、车船使用税、印花税等相关税费。该项目应根据"税金及附加"账户的发生额分析填列。

(4)"销售费用"项目反映企业在销售商品过程中发生的包装费、广告费等费用和为销售本企业商品而专设的销售机构的职工薪酬、业务费等经营费用。该项目应根据"销售费用"账户的发生额分析填列。

(5)"管理费用"项目反映企业为组织和管理生产经营发生的管理费用。该项目应根据"管理费用"账户的发生额分析填列。

(6)"研发费用"项目反映企业进行研究与开发过程中发生的费用化支出,以及计入管理费用的自行开发无形资产的摊销。该项目应根据"管理费用"账户下的"研究费用"明细账户的发生额,以及"管理费用"账户下的"无形资产摊销"明细账户的发生额分析填列。

(7)"财务费用"项目反映企业为筹集生产经营所需资金等而发生的筹资费用。该项目应根据"财务费用"账户的发生额分析填列。

(8)"投资收益"项目,反映企业以各种方式对外投资所取得的收益。该项目应根据"投资收益"账户的发生额分析填列。如为投资损失,该项目以"-"号填列。

(9)"公允价值变动收益"项目反映企业应当计入当期损益的资产或负债公允价值变动收益。该项目应根据"公允价值变动损益"账户的发生额分析填列。如为净损失,该项目以"-"号填列。

(10)"资产减值损失"项目反映企业各项资产发生的减值损失。该项目应根据"资产减值损失"账户的发生额分析填列。

(11)"信用减值损失"项目反映企业按照《企业会计准则第金融工具确认和计量》(财会〔2017〕7号)的要求计提的各项金融工具信用减值准备所确认的信用损失。该项目应根据"信用减值损失"账户的发生额分析填列。

(12)"营业利润"项目反映企业实现的营业利润。若为亏损,该项目以"-"号填列。

(13)"营业外收入"项目反映企业发生的与经营业务无直接关系的各项收入。该项目应根据"营业外收入"账户的发生额分析填列。

（14）"营业外支出"项目反映企业发生的与经营业务无直接关系的各项支出。该项目应根据"营业外支出"账户的发生额分析填列。

（15）"利润总额"项目反映企业实现的利润。若为亏损，该项目以"－"号填列。

（16）"所得税费用"项目反映企业按照应纳税所得额乘以所得税税率而计算出的税费。该项目应根据"所得税费用"账户的发生额分析填列。

（17）"净利润"项目反映企业以利润总额减去所得税费用而实现的税后利润。若为亏损，该项目以"－"号填列。

（18）"其他综合收益的税后净额"项目反映企业根据企业会计准则规定未在损益中确认的各项利得和损失扣除所得税影响后的净额。

（19）"综合收益总额"项目反映企业净利润与其他综合收益的合计金额。

四、利润表编制案例

（一）各损益类账户的本期累计发生额

珠江公司2021年各损益类账户的本期累计发生额如表10-6所示。

表10-6 利润表有关账户累计发生额

编制单位：珠江公司　　　　　　　　2021年　　　　　　　　单位：元

项　　目	借方发生额	贷方发生额
主营业务收入	－	1 200 000
其他业务收入		50 000
投资收益		31 500
营业外收入		50 000
主营业务成本	720 000	
其他业务成本	30 000	
税金及附加	2 000	
销售费用	20 000	
管理费用	157 100	
财务费用	41 500	
资产减值损失	30 900	
营业外支出	19 700	
所得税费用	85 300	

（二）编制利润表

根据上表各损益类账户的本期发生额编制利润表，如表10-7所示。

259

表 10-7 利润表

会企 02 表

编制单位：珠江公司　　　　　　2021 年　　　　　　　　　单位：元

项　　目	本期金额	上期金额（略）
一、营业收入	1 250 000	
减：营业成本	750 000	
税金及附加	2 000	
销售费用	20 000	
管理费用	157 100	
研发费用	0	
财务费用	41 500	
其中：利息费用	（略）	
利息收入	（略）	
加：其他收益		
投资收益（损失以"－"号填列）	31 500	
其中：对联营企业和合营企业的投资收益		
以摊余成本计量的金融资产终止确认收益（损失以"－"号填列）		
净敞口套期收益（损失以"－"号填列）		
公允价值变动收益（损失以"－"号填列）		
信用减值损失（损失以"－"号填列）		
资产减值损失（损失以"－"号填列）	－30 900	
资产处置收益（损失以"－"号填列）		
二、营业利润（亏损以"－"号填列）	280 000	
加：营业外收入	50 000	
减：营业外支出	19 700	
三、利润总额（亏损总额以"－"号填列）	310 300	
减：所得税费用	85 300	
四、净利润（净亏损以"－"号填列）	225 000	
五、其他综合收益的税后净额	12 000	
（一）不能重分类进损益的其他综合收益	（略）	
（二）将重分类进损益的其他综合收益	12 000	
1. 权益法下可转损益的其他综合收益	12 000	
2. 其他债权投资公允价值变动		
3. 金融资产重分类计入其他综合收益的金额		
4. 其他债权投资信用减值准备		

260

项　　目	本期金额	上期金额(略)
5.现金流量套期储备		
6.外币财务报表折算差额		
……		
六、综合收益总额	237 000	
七、每股收益		
(一)基本每股收益	(略)	
(二)稀释每股收益	(略)	

【项目训练】

一、单项选择题

1. 下列说法中,对于至少应当提供所有列报项目上一个可比会计期间的比较数据的基本要求表述不正确的是(　　)。

　　A. 当期财务报表的列报,至少应当提供所有列报项目上一个可比会计期间的比较数据,以及与理解当期财务报表相关的说明

　　B. 对可比数据进行调整不切实可行的,应当在附注中披露不能调整的原因

　　C. 财务报表的列报项目发生变更的,应当至少对可比期间的数据按照当期的列报要求进行调整,并在附注中披露调整的原因和性质,以及调整的各项目金额

　　D. 对资产负债表而言,须披露资产负债表日;对利润表、现金流量表和所有者权益变动表而言,须披露报表涵盖的会计期间

2. 下列各项中,(　　)不会影响营业利润金额增减。

　　A. 资产减值损失　　B. 投资收益　　　　C. 财务费用　　　　D. 营业外收入

3. 利润表中的"本期金额"栏内各项数字一般应根据损益类账户的(　　)填列。

　　A. 本期发生额　　　B. 期末余额　　　　C. 期初余额　　　　D. 累计发生额

4. 为了具体反映利润的形成情况,我国现行的利润表的结构一般采用(　　)报告结构。

　　A. 报告式　　　　　B. 多步式　　　　　C. 账户式　　　　　D. 单步式

5. 某公司"应收账款"总分类科目下设"A公司"和"B公司"两个明细科目。2021年12月末,"A公司"明细科目为借方余额500 000元,"B公司"明细科目为贷方余额100 000元,则资产负债表中"应收账款"项目为(　　)元。

　　A. 借方余额500 000　　　　　　　　B. 贷方余额100 000

　　C. 借方余额400 000　　　　　　　　D. 贷方余额600 000

6. 编制资产负债表时,根据明细账户的余额计算填列的项目是(　　)。

A. 货币资金　　　　　B. 应付账款　　　　　C. 存货　　　　　D. 应付票据

7. 资产负债表中的各报表项目(　　)。

A. 必须对账户发生额和余额进行分析计算才能填列

B. 都按有关账户期末余额直接填列

C. 应根据有关账户的发生额填列

D. 有的项目可以直接根据账户期末余额填列,有的项目需要根据有关账户期末余额计算分析填列

8. 下列关于资产流动性的表述中,正确的是(　　)。

A. 交易性金融资产的流动性强于银行存款

B. 应收账款的流动性强于交易性金融资产

C. 固定资产的流动性强于银行存款

D. 库存现金的流动性强于固定资产

9. 下列资产项目中,属于"非流动资产"项目的是(　　)。

A. 应收票据　　　　　　　　　　　B. 存货

C. 长期待摊费用　　　　　　　　　D. 交易性金融资产

10. 以"资产＝负债＋所有者权益"这一会计等式作为编制依据的财务报表是(　　)。

A. 利润表　　　　　　　　　　　　B. 所有者权益变动表

C. 资产负债表　　　　　　　　　　D. 现金流量表

二、多项选择题

1. 下列各项中,(　　)应在年末将余额转入"本年利润"账户。

A. 主营业务收入　　B. 营业外收入　　C. 管理费用　　　D. 制造费用

2. 下列各项中,影响营业利润的账户有(　　)。

A. 主营业务收入　　　　　　　　　B. 其他业务成本

C. 营业外支出　　　　　　　　　　D. 营业税金及附加

3. 利润表的金额栏分为(　　)。

A. 本期金额　　　B. 期初金额　　　C. 上期金额　　　D. 期末余额

4. 某企业 2021 年 12 月 31 日"固定资产"账户余额为 3 000 万元,"累计折旧"账户余额为 900 万元,"固定资产减值准备"账户余额为 100 万元,"工程物资"账户余额为 200 万元,则该企业 2021 年 12 月 31 日资产负债表中"固定资产"项目的金额不可能为(　　)万元。

A. 2 000　　　　　B. 2 900　　　　　C. 2 100　　　　　D. 2 200

5. 下列账户中,可能影响资产负债表中"预付款项"项目金额的有(　　)。

A. 应付账款　　　B. 预付账款　　　C. 预收账款　　　D. 应收账款

6. 下列各项中,属于长期负债的是(　　)。

A. 应付职工薪酬　　B. 长期借款　　　C. 其他应付款　　　D. 应付债券

7. 下列关于资产负债表的说法,正确的有(　　)。

A. 提供某一日期资产的总额及其结构,表明企业拥有或控制的资源及其分布情况

B. 提供某一期间的负债总额及其结构,表明企业未来需要用多少资产或劳务清偿债务以及清偿时间

C. 反映所有者所拥有的权益,据以判断资本保值、增值的情况以及对负债的保障程度

D. 提供某一日期的负债总额及其结构,表明企业未来需要用多少资产或劳务清偿债务以及清偿时间

8. 下列各项中,属于资产负债表中"流动资产"项目的有(　　)。

　　A. 货币资金　　　　B. 应收账款　　　　C. 预收款项　　　　D. 存货

9. 财务报表按其编报主体的不同可以分为(　　)。

　　A. 对内财务报表　　B. 个别财务报表　　C. 对外财务报表　　D. 合并财务报表

10. 下列说法中正确的有(　　)。

　　A. 财务会计报告包括财务报表和其他应当在财务会计报告中披露的相关信息和资料

　　B. 中期财务报表是指以中期为基础编制的财务报表

　　C. 中期是指短于一个完整的会计年度的报告期间

　　D. 中期财务报表又可分为月度财务报表、季度财务报表、半年度财务报表和年初至本中期末的财务报表

三、判断题

1. 利润表中"营业成本"项目反映企业销售产品和提供劳务等主要经营业务的各项销售费用和实际成本。　　　　　　　　　　　　　　　　　　　　　　(　　)

2. 企业利润表中的利润总额由营业利润和营业外收支净额组成。　　　(　　)

3. 在编制资产负债表时,"实收资本"项目和"盈余公积"项目都是根据其明细账户余额计算填列。　　　　　　　　　　　　　　　　　　　　　　　　　(　　)

4. 在编制资产负债表时,"资本公积"项目和"盈余公积"项目都根据其总账账户余额填列。　　　　　　　　　　　　　　　　　　　　　　　　　　　　　(　　)

5. "应收账款"科目所属明细科目期末有贷方余额,应在资产负债表"预付款项"项目内填列。　　　　　　　　　　　　　　　　　　　　　　　　　　　　(　　)

6. 长期负债各项目将于一年内到期的且企业不能自主地将清偿义务展期的,应在"一年内到期的非流动负债"项目单独反映。　　　　　　　　　　　　　　(　　)

7. 资产负债表中的资产各项目的合计数等于负债和所有者权益各项目的合计数之和。　　　　　　　　　　　　　　　　　　　　　　　　　　　　　　　(　　)

8. 资产负债表中"固定资产"项目应根据"固定资产"账户余额直接填列。(　　)

9. 为了实现财务报表的编制目的,最大限度地满足财务报表使用者的信息需求,单位编制的财务报表应当符合国家统一的会计制度和会计准则的有关规定。　(　　)

10. 财务报表是可以反映企业财务状况、经营成果和现金流量的书面文件。(　　)

四、实务题

1. 资料:金地公司 2021 年 12 月 31 日总分类账户及明细账户的期末余额如表 10-8 和表 10-9 所示。

表 10-8　总分类账户余额汇总表　　　　　　　　　　　　　　单位：元

总分类账户名称	借方余额	贷方余额
库存现金	1 895	
银行存款	129 800	
应收账款	4 000	
坏账准备		200
原材料	72 500	
库存商品	62 000	
生产成本	18 000	
固定资产	358 700	
累计折旧		24 700
无形资产	20 000	
累计摊销		3 500
预收账款		8 500
短期借款		27 500
应付账款		23 000
预付账款	5 000	
长期借款		200 000
实收资本		350 000
盈余公积		18 095
利润分配		16 400
合　计	671 895	671 895

表 10-9　有关明细账户余额汇总表　　　　　　　　　　　　　单位：元

账户名称	余额方向	金额
应收账款	借	4 000
——A公司	借	5 500
——奇盛公司	贷	1 500
预收账款	贷	8 500
——C公司	贷	10 000
——D公司	借	1 500
预付账款	借	5 000
——E公司	借	6 200
——F公司	贷	1 200
应付账款	贷	23 000
——G公司	贷	23 000

　　长期借款中将于一年内到期归还的长期借款为 60 000 元。坏账准备为应收账款计

提的坏账准备。

2.要求：根据上述资料，计算金地公司 2021 年 12 月 31 日资产负债表的下列项目金额。

（1）应收账款（　　）元。

（2）资产合计（　　）元。

（3）应付账款（　　）元。

（4）预收款项（　　）元。

（5）流动负债合计（　　）元。

265

参 考 文 献

[1] 企业会计准则编审委员会. 企业会计准则详解与实务[M].北京：人民邮电出版社,2021.

[2] 高丽萍. 会计基础[M]. 2 版. 北京：高等教育出版社,2018.

[3] 王媚莎,陈旭生. 会计基础[M].大连：东北财经大学出版社,2020.

[4] 谭亚娟,余静,伍启凤. 会计基础[M]. 上海：立信会计出版社,2020.

[5] 崔智敏,陈爱玲. 会计学基础[M]. 7 版. 北京：中国人民大学出版社,2020.

[6] 中华会计网校. 会计基础[M].北京：人民出版社,2019.